WIZARD

システムトレード 検証と実践

A Trader's Journey From Data Mining to
Monte Carlo Simulation to Live Trading

Kevin J. Davey

ケビン・J・ダービー[著]

長尾慎太郎[監修] 山下恵美子[訳]

自動売買の
再現性と
許容リスク

Pan Rolling

Building Winning Algorithmic Trading Systems : A Trader's Journey from Data Mining to Monte Carlo Simulation to Live Trading
by Kevin J. Davey

Copyright © 2014 by Kevin J. Davey. All rights reserved.

This translation published under license with the original publisher John Wiley & Sons, Inc. through Japan UNI Agency, Inc., Tokyo

監修者まえがき

　本書は、ワールドカップ・チャンピオンシップ・オブ・フューチャーズ・トレーディングの優勝者であるケビン・J・ダービーの著した"Building Winning Algorithmic Trading Systems：A Trader's Journey From Data Mining to Monte Carlo Simulation to Live Trading"の邦訳である。トレードコンテストの優勝者の書いた相場書と聞くと、読者はその投資手法そのものに強く興味を引かれることだろう。著者がコンテスト時に使った具体的な手法は本文中に詳しく記載されている。だが、システムの評価は使い手の価値観によって変わる問題である。本文中に書かれているように件のコンテストではリターンのみを考慮しリスクは度外視している。このため、その投資手法をそのまま使えるかどうかは、あくまで「パフォーマンスの優劣」を読者自身がどのように定義するのかによって決まる。だが、心配には及ばない。実際にはこの本の価値はまったく別のところにある。これはシステムパフォーマンスの再現性にとことんこだわった解説書なのだ。

　一般にトレードシステムのアルゴリズム構築においては、モデルのバックテストでのパフォーマンスは大したことがなくても構わない。なぜならどうせ実際のトレードではパフォーマンスは劣化するからだ。メカニカルなトレードシステムの開発においては、過去のマーケットを完璧に説明することが目的ではないし、通常、そうした美しいモデルほどアウトオブサンプル期間の劣化は激しい。投資家やトレーダーとしての私たちが目指すのは将来においてパフォーマンスの再現性が高いシステムを作ることである。したがって、どういった説明変数、目的変数、ユニバース、時間枠、モデルの構造・機構、評価関数を使えば再現性が高くなるのか（劣化が少なくなるのか）を知ることが欠か

1

せない。それが優れたシステムを設計するための重要なノウハウである。

　本書で詳しく解説されているウオークフォワードテストやモンテカルロシミュレーション、インキュベーションのプロセスは、再現性の高いモデルをデザインするための有力な手段のひとつである。そして、もうひとつの有力な手段は分散化である。これは著者が簡潔に書いているようにトレードシステムを分散化するというアプローチもあるし、本書には記載がないが、互いにプロファイルの異なるモデルでアンサンブル学習を行うというアプローチもある。単一のアルゴリズムで普遍的に説明力の高いモデルを作るのは困難であるか、あるいはそんなものはそもそも初めから存在しないこともある。だが、システムの分散やアンサンブル学習はだれにとっても容易に実行可能である。その意味でも、個々のモデルのインサンプルでの精度に固執するよりも、ほどほどのレベルのモデルをいくつも考案し、ウオークフォワードテストやアンサンブル学習に注力するほうがはるかにゴールに近い。著者がトレードコンテストで3年連続して優れた成績を収められたのは、素晴らしいトレード手法を発見したからではなく、再現性の高いシステムを構築できたからである。本書の知見が読者の成功に資すればとてもうれしい。

　翻訳にあたっては以下の方々に心から感謝の意を表したい。まず翻訳では山下恵美子氏に正確で分かりやすい訳出を実現していただいた。そして阿部達郎氏は丁寧な編集・校正を行っていただいた。また本書が発行される機会を得たのはパンローリング社社長の後藤康徳氏のおかげである。

2017年3月

　　　　　　　　　　　　　　　　　　　　　　　　　　長尾慎太郎

システムトレード 検証と実践

目次

CONTENTS

監修者まえがき 1
謝辞 9
序論 11

第1部　トレードの旅路　19

第1章　トレーダー誕生 21
第2章　もううんざり 31
第3章　ワールドカップ・チャンピオンシップ・オブ・フューチャーズ・トレーディングでの勝利 43
第4章　大いなる飛躍――フルタイムトレーダーへの転身 55

第2部　トレードシステム　67

第5章　トレードシステムの検証と評価 69
第6章　予備分析 83
第7章　詳細な分析 93
第8章　システムの設計と開発 107

第3部　戦略の開発　117

第9章　戦略開発――達成目標 119
第10章　トレードアイデア 127
第11章　データについての話をしよう 143
第12章　限定的検証 157
第13章　掘り下げた検証――ウオークフォワード分析 175

第14章	モンテカルロ分析とインキュベーション	195
第15章	分散化	201
第16章	ポジションサイジングとマネーマネジメント	209
第17章	プロセスの文書化	221

第4部　システムの構築　231

| 第18章 | 目標、初期検証、ウオークフォワードテスト | 233 |
| 第19章 | モンテカルロテストとインキュベーション | 243 |

第5部　リアルタイムでトレードする前に考えなければならないこと　261

第20章	口座とポジションサイジング	263
第21章	トレード心理	279
第22章	リアルタイムでトレードする前に考えなければならないそのほかのこと	291

第6部　ライブ戦略のモニタリング　303

| 第23章 | ライブ戦略のモニタリングの詳細 | 305 |
| 第24章 | リアルタイムトレード | 323 |

第7部　教訓となる話　343

| 第25章 | 誇大妄想 | 345 |
| 結論 | | 357 |

付録A ── モンキートレードの例（トレードステーションのイージーランゲージコード）　361

付録B ── ユーロナイト戦略（トレードステーションのイージーランゲージフォーマット）　371

付録C ── ユーロデイ戦略（トレードステーションのイージーランゲージフォーマット）　377

本書のウェブサイトについて　380

本書をエイミー、オーウェン、キャスリン、アンドリュー、守護天使アンソニーに捧げる ―― 私のありったけの愛をこめて、そして私の子供たちと私の人生に幸あれと願って

謝辞

　本書を書くに当たっては本当に多くの人々のお世話になった。私がトレードにかかわっていられるのも彼らのおかげである。まずは父と母に感謝したい。自立心を持ち、自分の行動に責任を持つことを教えてくれたのは彼らである。自立心を持つことと、自分の行動に責任を持つことはどんな人にとっても大切なことだが、特にトレーダーにとっては必要不可欠な要素である。私が人生のスタートを切れたのは父と母のおかげだ。

　そして、妻のエイミーがいなければ私の成功はあり得なかっただろう。素晴らしい経歴を捨てトレーダーになるという私の夢を彼女は心から支えてくれた。90％の人が失敗すると言われるトレーダーへの転身を常に前向きな気持ちで支えてくれた彼女がいなければ、私はトレーダーとして、また人として生き残ることはできなかっただろう。彼女は100万人に1人の人物だ。彼女に出会えた私は本当にラッキーだと言えるだろう。

　また長年にわたって私にコンタクトしてくれた多くのトレーダーやトレーダー志望者がいなければ、本書が日の目を見ることはなかっただろう。私の言葉が人々がこの業界でたちの悪い人々を避けるのに役立ったことを考えると、大きな喜びを感じる。本書がこれと同じような役割を果たしてくれることを心から祈っている。

　あなたのトレードに幸あれ。

2014年5月

ケビン・J・ダービー

序論

　吐き気がのど元まで上がってきた。胃のなかの胆液はもはや我慢できないレベルに達していたが、近くにトイレはなかった。まるでハイウエーを時速120キロで疾走しているようだったが、出口はない。生つばを飲み込みながら、呪われた運命を受け入れるしかなかった。体を丸めて死にたいくらいだった。いや、まず吐いて、それから体を丸めて死ぬと言ったほうが正確だ。

　豚肉はよく焼いて食べないと旋毛虫病になるから、と母はよく言っていたが、よく焼かない豚肉を食べたために旋毛虫病にかかったのだろうか。いや違う。じゃあ、肉汁がほとばしる生焼けのハンバーガーに大腸菌が混入していたのだろうか。これも違う。犯人は生牛だった。正確に言えば、生牛先物だ。私に吐き気を催させたのは、4万ポンドの生牛だった。牛海綿状脳症、いわゆる狂牛病というやつだ。ただし、かかったのは私ではなくて、私の哀れな投機だった。

　それは2003年12月末のことだった。私生活も仕事も順調なスタートを切ったばかりだった。私が働いていたのは中規模の航空宇宙会社アルゴテックという会社で、私は最近品質保証部門のバイスプレジデントに昇進したばかりだった（会社はのちに無情なマンモス企業に買収される）。また、クレインズ・クリーブランド・ビジネス誌の「40アンダー40」（ビジネス界において最も影響を与えた若者の年間ランキング）も受賞し、オハイオ州クリーブランドの40歳未満の前途有望なビジネススターの1人として認められた。先物トレードも順調で、手応えを感じていた（このすぐあとで市場から何倍も強い平手打ちを食らうことになるのだが）。そして、あと数カ月もすれば初めての子供も生まれる。怖いくらいの幸運続きだった。

　そして、災難はやってくる。それまでの幸福の3倍の災難が……。し

かも突然に。

　私たちに初めての子供のアンソニーが誕生したのは2003年12月12日だったが、予定より２カ月も早く生まれ、死産だった。初めての子供の誕生を祝うはずの喜びのセレモニーが、突然、葬儀と埋葬へと変わった。心の準備などできているはずもない。子供を亡くすという心が張り裂けんばかりの悲しみは、経験した者でなければ分からない。あまりにも突然のことで、私は動転した。その日、夢は打ち砕かれた。こんな人生はフェアじゃない！　希望と喜びは記憶のかなたに消えていった。言うまでもなく、エイミーと私は精神的にも肉体的にも感情的にも奈落の底に突き落とされた。

　それから１週間もたたない12月17日、第２の災難がやってきた。父が75歳の誕生日の日に亡くなったのだ。彼は過去30年にわたって３回の心臓切開のバイパス手術を受けた。しかし、皮肉なことに、彼を死に追いやったのは動脈血栓ではなく、ガンだった。それは煙突掃除人がよくかかるガンだった。元消防士で、最盛期には害虫駆除会社の共同オーナーとして煙突からアライグマを追い払う仕事をしていた父である。煙突掃除人がよくかかるガンになったのは、なるほどと思えた。命の灯がゆっくりと消えゆこうとしている父がベッドに横たわっている姿を見たとき、私の頭はコマのようにぐるぐる回り始めた。まともに考えることができないなんて、言葉では表現できないほどの悲しみに襲われた。

　１週間のうちに２回も人生を変えてしまうような出来事に遭遇した人間が、トレードや知的作業などできるはずがないとあなたは思うだろう。でも、私はそれでもトレードを続けていた。今にして思えば、私はムキになっていたように思う。そして、12月23日の引けの１時間ほど前、「そうだ、生牛先物を買わなければ！」と思ったのだ。もちろん理由はあった。しかし、その理由はそのトレードを正当化するために私の心が作り出したものだった。私は正気ではなかった。それはビジ

図A　狂牛病によって生牛先物は崩壊

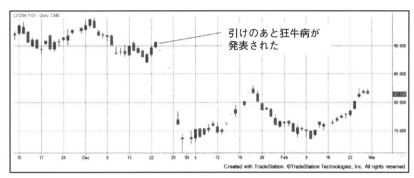

ネスなんかではなかった。

　この話の結末はもうお分かりだろう。12月23日の引けのあと、米国農務省は米国で狂牛病が確認されたと発表した。市場は大打撃を受けるだろう。私は生牛先物を買っていて、市場は急落。当然ながら口座はじわじわと死を迎えつつあった。口座は当面は先物市場の日々の値幅制限だけ減少していった。私の1日の損失限度額は1枚当たり600ドルだった。そして取引所は1日の値幅制限幅を拡大した。私の口座サイズを考えると、ストップ安の値幅制限が拡大すれば、保有が1枚としても大打撃になる。

　それから1週間後、市場が3日続けてストップ安（ストップ安ではどんな価格でも手仕舞いできない）の値幅制限を拡大したあと、ようやく5400ドルの損失で手仕舞いすることができた（図A）。

　それは私が予測していた最大損失のおよそ7倍の損失だった。口座のパーセンテージで言えば、残酷なほどの損失だった。これが世界の終わりというわけではないが、いろいろな疑問がわいてきた。この1カ月はトレードにおける、そして私の人生における、長く続く連敗の始まりだったのだろうか。精神的な打撃を受けたにもかかわらず、トレードなんかやって、自分は一体何をしていたのか。気まぐれなトレ

ード。直観だったって？　そんな破壊的行為をやめようとしただろうか。そんな破壊的行為をやめれば、勝てるトレーダーになれたのだろうか。不幸な出来事の連鎖は、打撃から立ち直るきっかけとなり、トレードを好転させてくれるのだろうか。疑問は次から次へと浮かんだ。しかし、答えは見つからなかった。

　今にして思えば、おそらくは最悪の狂牛病によって私のトレードライフは救われた。本書は私のトレード話をありのまま記録したものである。本書を書いている間も私のメカニカルトレードシステムの開発スキルは向上していった。本書ではこのあと、勝てるアルゴリズムトレードシステムの開発プロセスを紹介していく。

本書の読者対象

　あなたがどういったタイプのトレーダーであろうと、トレード経験がどうであろうと、共鳴する何かを本書から見つけることができるはずだ。

　トレード初心者の場合、本書は目からウロコになるものと思っている。トレードの利益は空から降ってくるものではない。トレードは簡単だと言う人がいるが、そんなのは大ウソだ。トレードでは大金を儲けることができるが、それと同時に、大きな損失やドローダウンやリスクのあることを忘れてはならない。トレードなんてちょろいもんさ、なんていう人はいい加減な人だと思う。時として痛みを伴う私の話は、個人投資家たちのたどる道である。初心者にはいつも、私の書いたものを読めと言っているのだが、ほかのトレーダーが書いた本も読んでほしい。何事に対しても心をオープンにすべきだ。いろいろなものを読むことで、何が正しいのか、BSとは何なのか、またあなたは何が好きで何が嫌いなのかに対する判断ができるようになるはずだ。世の中にはトレードについての間違った情報がはびこっている。だから、初

心者は注意が必要だ。

　中級レベルのトレーダーや若干経験はあるもののうまくいっていないトレーダーの場合、これまでの失敗は心理や自信のなさが原因ではない。昨今のトレード本は心理面を強調したものが多いが、戦略を正しく開発しなければ、いくら心理的な準備をしても何の役にも立たない。戦略を最適化した直後にトレードで損失を出した場合、おそらくあなたは何か間違ったことをしてしまったことに気づいているはずだ。本書で説明するプロセスはあなたを正しい方向に導いてくれるだろう。

　ベテラントレーダーは本書に書いてあることはすでにどこかで見たことがあるだろう。確かに本書で議論しているような問題を扱ったトレード本は多いが、本書を読めば違うアプローチや違う考え方など、学ぶべき新しいことは必ずある。本書では今のあなたのやり方とは違ういろいろなことを発見できるはずだ。本書で発見した新しいアイデアをあなたのトレードに取り入れることで、あなたのトレードは進化するだろう。

　本書は、私が主としてやっているアルゴリズムトレードやメカニカルトレードについて書かれたものだが、自由裁量的トレーダーにも役立つ概念が満載だ。あなたの自由裁量的アプローチの一部は統計学的に検証できるはずだ。例えば、あなたの自由裁量的な仕掛けが移動平均の交差とあなたの直感から成り立っているとしよう。あなたの直感を検証することはできないが、移動平均の交差はウオークフォワードテストが可能で、最適化することができる。あるいは、ブレークイーブンで手仕舞ったり、損切りの位置を変えたいと思っているかもしれない。この検証を行うのに、間違った方法は山ほどあるが、正しい方法はほんの2～3しかない。本書では正しい方法を学ぶことができる。したがって、本書に示した概念を利用することで、あなたの自由裁量的アプローチは大幅に改善されるはずだ。なぜなら、あなたは本書でトレードシステムの正しい設計と検証方法を学ぶことができるからだ。

それが100%メカニカルな戦略であろうと、一部メカニカルで一部自由裁量的なシステムであろうと、仕掛けと手仕舞いに実際の数値を入力してこそ、あなたに自信を与え、より優れたトレードアプローチが生みだされるのである。

本書は7部に分かれている。どの部でも下記の用語は同じものとして扱われている。

戦略とトレードシステム　トレードするのに用いられるアプローチ。厳密なルールの場合もあれば、一般的なガイドラインや原理の場合もあれば、まったくでたらめな推測の場合もある。その結果として得られるのが、戦略やトレードシステムである。

メカニカルトレード、ルールベースのトレード、アルゴリズムトレード　ルールが100%定義されるトレードスタイル。自由裁量は一切含まれず、トレーダーが意思決定することもない。

ハイブリッドシステム、あるいは混合トレードシステム　アルゴリズムトレードと自由裁量的トレードを組み合わせたトレードスタイル。例としては、メカニカルシステムが仕掛けのシグナルと手仕舞いのシグナルを出してくるが、トレーダーにそのシグナルを受け入れるか却下するかの選択肢が与えられているようなシステムが挙げられる。

第1部は、私のトレードの歴史についての話である。トレードを始めた当初、私は多くの浮き沈みを経験した——ほとんどは沈んでいたが。トレード初心者はだいたいこんなものである。長年にわたって市場に「授業料」を払い続けたが、それに耐え抜き、2006年にはワールド・カップ・チャンピオンシップ・オブ・フューチャーズ・トレーディングで優勝し、2005年と2007年は2位を獲得した。こうした栄冠を手にしたあと、パートタイムトレーダー、トレードが趣味のトレーダーを経て、個人トレーダーたちが夢見る境地に達した。前途有望なキ

ャリアを捨て、フルタイムトレーダーになるという夢をついに叶えたのである。

　第２部は、私が今やっていることについての話である。トレードシステムの評価から、新しいトレードシステムの設計まで、私が使っているプロセスについて説明する。プロセスはけっして完璧ではないし、絶えず進化している。でも、このプロセスには私がトレードを始めたころに知っていればよかったと思える重要な情報が含まれている。私がやっていることに断片的に従うだけでも、市場に払う授業料を何千ドルも節約できるはずだ。

　第３部から第７部では、概念からスタートし、実際にトレードで使えるトレードシステムを構築していく。これは良いトレードシステムだが、聖杯ではない（聖杯など存在しない）。さらに、聖杯に最も近づけるものであると私が思っているもの —— 分散化 —— についても議論する。そして最後に、戦略をリアルタイムでモニターする方法について、何カ月にもわたる私のトレードの進歩をつづったリアルタイムの日記を使って説明する。

　私のストーリーを読むことで、私が犯した過ちを犯すことなく、そうした過ちから多くを学んでもらいたい。これまでに私は星の数ほどの過ちを犯してきた。こんな私だからこそ、読者のみなさんに多くのことを伝えることができるのである。

第1部

トレードの旅路

A Trader's Journey

第1章

トレーダー誕生

The Birth of a Trader

　1989年、私はカリフォルニアを夢見ていた。実際にはすでにカリフォルニアに住んでいて、独身生活を謳歌していたわけだから、夢見ていたわけではない。大学を出てからの1年かそこら、カリフォルニアの太陽がさんさんと降り注ぐマンハッタンビーチの小さなアパートに住んでいた。アパートはマンハッタンビーチから3ブロックほど離れたところにあった。この柔らかい白砂はハワイのワイキキビーチを作るのに使われたほど素晴らしいものだった。1年前、一流のエンジニアリングスクールであるミシガン大学の航空宇宙工学科を最優秀の成績で卒業した。マサチューセッツ工科大学（MIT）、カリフォルニア・インスティチュート・オブ・テクノロジー（カルテック）、スタンフォード大学、パーデュー大学、ミシガン大学では修士課程への参加が認められたが、生まれたときからの夢だった太陽が降り注ぐカリフォルニアで生活して働くために、これらのオファーはすべて辞退した。

　この重大な決定をしたその瞬間のことを今でもはっきり覚えている。凍てつくある冬の日、私は最終学期の授業を受けるためにミシガン州アナーバーのサウス・ユニバーシティー・アベニューを歩いていた。強風が顔をたたきつけるように吹いていた。あまりにも強風だったので、風が私を支えることができるかどうか確かめようと、風に倒れ掛かってみた。その瞬間、凍結した歩道に転倒して顔をぶつけてしまった。で

も、私にとっては顔に吹きつける刺すような風のほうがよっぽど痛かった。私は強風のなか、すっくと立ち上がった。私のような航空宇宙工学科の卒業生が職を求めて南カリフォルニアに集結しているというときに、こんなに寒いところになんて住みたくない、どうしてそんな必要があるのだ。私の心は決まった。太陽と砂のある場所に行くんだ。

　卒業から数週間後、私は持ち物をまとめ、姉のカレンをドライビングの旅のともにして、暖かくて太陽が降り注ぐロサンゼルスへと向かった。

　それから1年後、ロサンゼルスにも住み慣れてきた。親しい友人グループもできた。彼らのほとんどは、私と同じく中西部からの移転組だった。週末はビーチバレーをやりながらのんびり過ごし、休日の締めくくりとして地元のパブで一杯やるのがいつものコースだった。ビーチでの生活も、娯楽も私をとりこにした。ビーチの街を赤い小さなスポーツオープンカーで走り回りながら、私は人生を謳歌していた。

　でも、何かが足りなかった。

　それが何なのかは分からなかったが、これは私の人生ではないと感じていた。ビーチライフは確かに楽しかったが、私は仕事の選択を間違ってしまったのではないか。未来の戦闘機を設計し、政府の秘密のプロジェクトで働くのにはある程度は満足していた。でも、私の未来はここにはない。こんな仕事を5年も続けるなんて想像できなかった。ましてや、30年も40年も働き続けるなんて……。私を目覚めさせてくれるカンフル剤のようなものが必要だった。それはある日、私のメールボックスに届いたジャンクメールという形で訪れた。そのジャンクメールによってすべてが変わった。

　一連のジャンクメールは商品先物トレーダーのケン・ロバーツからのもので、それは彼の売り込みメールのようにも思えた。今にして思えば、彼はトレーダーというよりもセールスマンだった。愛想のよいスマイルとカウボーイハットのロバーツは、先物をトレードする勇気

図1.1　砂糖価格の急騰（利益は無限？）

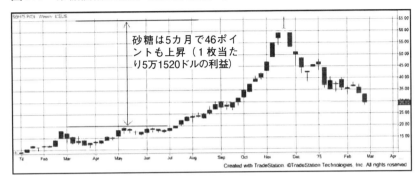

のある者を待ち受ける富について説明していた。先物は当時はコモディティーと呼ばれていた。

　彼の話には説得力があった。正直言って、私は一瞬のうちにとりこになった。図1.1の砂糖のチャートを見て、利益が私を待っていると思った。トレードをやらずして何をやれと言うのだ？

　もちろんそのときは、ドローダウン、破産リスク、感情のコントロールなんて言葉は私の辞書にはなかった。しかし、莫大な利益、イージーマネー、シンプルトレードは突然私の辞書に現れた。ロバーツの商材には返金保証があるのだから、失敗のしようなんてない。無限の利益の世界へのリスクフリーのエントリーパス。何も知らない私はこう勝手に思い込んだのである。私は彼に小切手を送り、間もなく私の元に流れ込んでくるであろう富を夢見て、その夜はベッドについた。

　数週間後、私はトレードコースを受講することになった。利益の出る例が示してあるチャート満載の大量のマニュアルが届いた。最初、私は感動した。でも細かく見ていくと、そのコースは何とほとんどが1－2－3ヘッド・アンド・ショルダーズパターンだったのである。トレーダーや投資家なら知っていると思うが、このパターンは典型的なチャートパターン（図1.2）で、どんなチャートにも現れるパターン

図1.2 ヘッド・アンド・ショルダーズの良いパターンかダマシのシグナルか

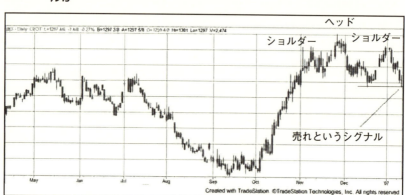

である。どんなチャートでも、どんな投資対象でも、どんな時間枠でも、利益の出る例の1つや2つは必ず見つけられる。

　困ったことに、ヘッド・アンド・ショルダーズパターンにはダマシのシグナルが多い。あとで見るとよく見えるのが普通だ。もちろん、こんなことは最初は知らなかった。チャートを見て、ヘッド・アンド・ショルダーズパターンを見つけると、非常にうまくいくかに見えた。

　しかし、パズルの重要なピースが2つ欠けていた。1つは、ヘッド・アンド・ショルダーズなどのパターンの含まれたチャートを見ると、パターンと結果の両方を見ているのだから、勝てるトレードを見つけることは簡単だということである。結果を隠してみると、良いパターンを見つけるのは難しくなる。

　もう1つは、パターンの存在それ自体は必ずしもトレードを仕掛けるべきであることを意味しないということである。ヘッド・アンド・ショルダーズパターンを見つけるたびにトレードすれば、すぐに破産してしまうだろう（図1.3）。もちろん、トレーダーを志望するおバカな私はこの事実に気づくはずもなかった。

　すべてのヘッド・アンド・ショルダーズシグナルに忠実に従って、1

図1.3　ヘッド・アンド・ショルダーズパターンはよく見えるも最終的には失敗

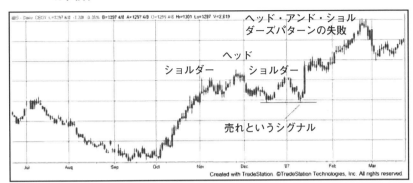

カ月間つもり売買をしたが、そのほとんどで利益は出なかった。私はマニュアルと私のトレード記録を送り返して返金を求めた。ロバーツ氏は約束どおり返金してくれた。

トレードで富を手に入れるという私の夢は打ち砕かれた。少なくとも当面は。明るい面を挙げれば、先物こそが私の進むべき道であることが分かったことである。私のやるべきことはヘッド・アンド・ショルダーズパターンなんかではない。私は１－２－３ヘッド・アンド・ショルダーズパターンですぐに金持ちになるという考えを捨て、数字指向の科学的な人々がやっていることをやり始めた。つまり、数学的な公式を使って意思決定をするということである。とりあえずは、多くの人々が使っている移動平均からスタートした。

移動平均による大失敗

どんなトレーダーや投資家でもトレードキャリアのなかで１回は移動平均を使ったことがあるはずだ。移動平均は市場の一般的な方向性を見るための優れた方法であり、時には混沌とした値動きを単純化し

図1.4 大きなトレンドが形成されているが、レンジ相場では移動平均システムは機能しない

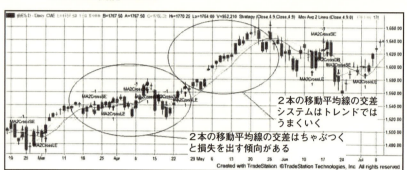

てくれるものだ。しかし、移動平均にはタイムラグという代償が伴う。移動平均はそれを算出する基になるものに対して、必ずタイムラグが発生する。これが移動平均の最大の問題である。

移動平均を使ってトレードする方法はたくさんある。簡単なところでは、価格が移動平均を上回ったら買い、移動平均を下回ったら売る。この方法はトレンドが長く続いているときには非常にうまくいくが、価格がレンジ相場になると大打撃を受ける（**図1.4**）。

初期のテクニカルアナリストの先駆者は、2つ、あるいは3つの移動平均線を使ってこの欠点を補った。複数の移動平均線を使うことで、レンジ相場でのちゃぶつきをフィルタリングして、長期的な利益の出るトレンドトレードだけを残そうということである。

チャートパターンで先物を始めて失敗したあと、3つの移動平均線の素晴らしさとシンプルさに感銘した。チャートを見ると、利益の出るトレードを見つけるのは簡単だったが、利益の出ないちゃぶつきを見つけるのはそれよりもはるかに難しかった（**図1.5**）。ちゃぶつきの期間は、移動平均線は互いに近づくため、交差したかどうかを判断するのは非常に難しかった。私がヘッド・アンド・ショルダーズの経験から何も学んでいないのは明らかだった。だって、チャートで私が見

図1.5　３本の移動平均線の交差のダマシには要注意

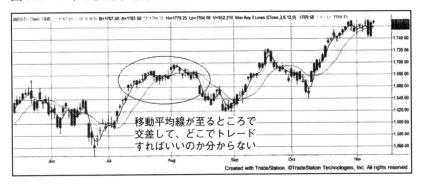

たものは私をだましていたのだから。

　私はすぐに移動平均に完全転向した。簡単な検証（このときは、何百というトレードを検証する必要があることを私は理解していなかった。10や20のトレードを手動で計算すれば十分だと思っていた）を行い、何回か成功したあと、初めての口座を開設した。私はその直前に南カリフォルニアの高額マンションを買い、貯金のほとんどをはたいてしまったが、口座を開設するための5000ドルは何とかかき集めることができた。当然ながら、私は信じられないくらい神経質になっていた。移動平均のために、なけなしの金をはたいたのだから。今にして思えば、狂っていたとしか言いようがない。私の頭には利益のことしかなかった。

　私の３本の移動平均線の交差システムは生豚（live hog）で完璧にうまくいくと私は思った。検証の結果、生豚がベストに思えたのか、それとも生豚の委託証拠金が比較的少なかったからなのかはよく覚えていない。おそらくは後者ではないかと思っている。また、ポークベリーや大豆などのほかの農産物に比べると、生豚のボラティリティが低いのも気に入っていた。

　信頼できる計算機、新聞、５列の線を引いた紙を使って、毎日仕事

に行く前に、日付と終値を記録し、4日、9日、13日移動平均を計算した。仕事中はブローカーに電話して、必要な発注をした。

　最初の数日、そして最初の数週間は、私の初めてのトレードシステムは非常にうまくいった。しかしそのあとは利益よりも損失が多くなった。私は直接体験することで、スリッページやブローカーのエラー、電話で発注することの非効率性を知った。でも、私は生き延びていた。これこそが最も重要なことなのだ。

　そして、悲劇はやってきた。私は生豚を買っていた。ある朝、400ドルの利益が出ていた。気分はもう最高だった。金持ちへの切符を手にしたも同然だった。昼食時間に超保守的でリスク回避的なエンジニアリングの同僚のデーブに、商品先物の投機は技術に長けた人間にとっては簡単だと30分間延々と話して聞かせた。ちょっとばかり計算して、簡単な数学（微積分などは不要）の知識があれば、アラ不思議。お金が口座に転がり込んでくるのだ。でも、彼は生豚を買おうとはしなかった。なぜなんだろう、と私は思った。

　昼食のあと、その理由が分かった。昼食のあと生豚の価格をチェックすると、400ドルの利益が800ドルの損失に変わっていた。1時間かそこらで1200ドルも動くなんて。口座の25％が一瞬のうちに消えた。体が麻痺して何も感じられなかった。でも、私のシステムは手仕舞いシグナルを出してこないので、ポジションは保有のままだった。

　それから数日後、この大損害を被ったあと何回か立て続けにちゃぶついて、損失は1500ドルにまで拡大した。口座の30％である。こんな結果になるなんて夢にも思わなかった。私はパニックに陥り、当面はトレードを中止した。損失を穴埋めするためにポジションサイズを2〜3倍にしたい気持ちはやまやまだったが、何とか押しとどまった（この間違った行為を、私はあとでやってしまうことになる）。

　私は週末を使って自分を取り戻し、次なる対策を考えた。ほんの何回かトレードしたあと、3本の移動平均システムは役に立たないのは

明らかだ、と誤って思い込んでしまったのは明らかだった。このシステムがダメなら、逆のシステムだったらいいんじゃないか、と大きな損失を出して混乱した心が私に語りかけてきた。ジョージ・コスタンザだってそれまでにやってきたこととまったく逆のことをやるようになって成功したじゃないか（米コメディTV番組『となりのサインフェルド』より）。

　「これだ！」と私は膝をたたいた。最初のシステムがひどかったのなら、逆のシステムはきっとうまくいくはずだ。しかも、このプランは検証する必要も、評価する必要もなかった。やらなければならないことはただ1つ――最初の口座残高に1500ドル加えることだけ（私のねじれた根拠によれば、手数料とスリッページはどういうわけだかマネーメーカーになってしまった。余談はこれくらいにして本題に戻ろう）。日曜日の夜、実際には最初のシステムで1500ドルの損失を出していたにもかかわらず、逆のトレードシステムですでに1500ドル儲けたかのように思いながら眠りについた。私はワクワクして、ハッピーだった。月曜日の朝には両足で飛び立つのだ。

　数週間を早送りしよう。生豚は最終的には大きなトレンド相場になった。3本の移動平均システムが完璧に機能するトレンドだった。あぁ、最初のシステムでトレードしていれば良かった。当然ながら、「逆の」システムにとって大きなトレンドは致命的だった。これが市場が私に提供してくれたものだった――大きな負けトレード。私の口座は今や3000ドルの損失を出していた。3本の移動平均システムと逆の3本の移動平均システムのおかげで、口座は60％も消失してしまったのである。もうたくさんだ。私は白旗を揚げて、しばらくの間、トレードをやめることにした。私にはもっと勉強が必要だった。

第2章

もううんざり

Enough Is Enough

　先物トレードでの私の大損話にはまだまだ先があるが、その前に、「なぜこいつは失敗したのか」と考えたくなるのは当然だろう。毎日、先物やFXトレードの広告を目にするが、脳みそが半分しか入っていない間抜けにも金儲けが簡単にできるような広告ばかりだ。それなのになぜこのケビンは失敗したのか。視点を変えると、「トレードがそれほど簡単なら――毎日5分間だけコンピューターで注文を入力して、あとは白砂のカリブ海のビーチでのんびり過ごすことができるのなら、あなたに99ドルでこの素晴らしいシステムを売っている人は、なぜそのシステムでトレードをしないのだろうか。なぜその人は増え続ける山ほどの自分のお金をトレードするのではなくて、彼の秘密を明かすのだろうか」ということになる。

　トレードは骨の折れる仕事なのである。いわゆるグルと呼ばれる人にとっても大変な仕事なのである。でも、彼らのほとんどはどう見てもグルではないが……。こんなこと、あなたは百も承知だろう。ざっと見積もってみると、売られているトレードシステムの90％以上はジャンク（これでも寛大なほうだ。実際の数字はおそらくは99％に近いと思う）で、新米トレーダーにシステムを売るのは、実際にトレードするよりも、ちょろくてはるかにおいしい商売だと思っているからなのだ。およそ80～90％のトレーダーは損をする、ということを聞いた

ことがあると思うがこれはウソではない。なぜなら、トレードは本当に、本当に難しいからである。私のトレードの旅路の記録を読み、私のトレードプロセスを学べば、それが分かるはずだ。同時に、トレードで成功することは不可能ではないが、近道などないことも分かってくるはずだ。

リサーチ

　先物トレードを始めてたちまちのうちに奈落の底に突き落とされ、口座の60％を失ったあと、怖くてトレードができなくなった。同時に、私には知らないことがまだまだたくさんあり、トレード「戦争」を勝ち抜くには、移動平均線の交差だけではなくて、もっともっと武器を持たなければならないことを痛感した。そこで私はトレード本を読み漁った。古典と呼ばれる『欲望と幻想の市場――伝説の投機王リバモア』（東洋経済新報社）も読んだし、『マーケットの魔術師』（パンローリング）も読んだ。さらに、おそらくトレードなんてしたことがないと思われる著者によって書かれた手っ取り早く儲ける本も読んだ。先入観を持たずに、ただひたすら読み続けた。10冊ほど読んだあと、何が何だか分からなくなってきた。これらの本から私が学んだことは以下のとおりである。

- 損切りは絶対必要。損切りは負けるトレーダーのツール。
- 重要なのは仕掛け。重要なのは手仕舞い。
- 金持ちになるための鍵はマネーマネジメントをアグレッシブにやること。マネーマネジメントをアグレッシブにやれば、破産する。
- トレンドフォローは最高のトレード方法。トレンドフォローはすでに死んだ手法。

これ以上書く必要はないだろう。ある本ではこのトレード「原理」が良いと書かれているが、別の本ではまったく逆のことが良いと書かれている。一体どっちが正しくて、どっちが間違っているんだ。私はめまいで頭がくらくらした。それでももっと多くの情報を得ようと、私は読み続けた。最終的に私が下した結論は、すべての本は正しくて、すべての本は間違っているということだった。例えば、あるトレードスタイルにとって損切りは素晴らしいアイデアだが、別の手法にとっては損切りはお金儲けを阻害するものでしかない。そこでひらめいたのがこの概念だった――トレードするのにただ１つの正しい方法は存在しない。重要なのは、自分がトレードしたい方法を正しく評価することである。

　まさに目からウロコの瞬間だった。このあと、私は日々の先物価格のデータベースと、プログラミングソフトを買いに出かけた。高額なトレードソフト（1990年代初期にはトレードソフトはそれほどポピュラーなものではなく、比較的高かった）を使うのではなくて、マイクロソフトのExcelとVBA（ビジュアルベーシック）を使って自分でバックテストプログラムを作成しようと思ったのである。詳細については述べないが、素晴らしく見えるトレードシステムを問題なく構築することができたと言えば十分だろう。手数料とスリッページを無視すれば、素晴らしく見える資産曲線を作成するのはいとも簡単であることが分かってきた。あなたのシステムが10の変数を持っているとき、これらの変数のいろいろな組み合わせでテストを100万回繰り返すことも簡単だ。これは新米トレーダーがよく犯す過ちだが、私は１つひとつの組み合わせを何回も繰り返しテストした。結果はものすごく良かった。利益は信じられないくらい多かった。おそらくはデータが悪かったか、私のソフトが間違っているに違いないと思ったが、根本的原因はこれではなかった。私のテスト方法が間違っていたのである。

　私の手作りのシステムは、「信じられないくらい良すぎる」と感じた

ため、これらの「聖杯」システムで実際のトレードを行わなかったのはラッキーだった。リアルマネートレードをしなくて本当に良かった。私はテストを断念して、舵を切り替えた。すべては、トレードでは損をすることはない、と書いてあったある本のおかげだ。単純バカって、このことだね。

損などするはずがない —— それとも、損をする？

　トレードシステムを系統立ててテストすることを中断させる原因となったのは、ロバート・ウィーストの『ユー・キャント・ルーズ・トレーディング・コモディティーズ（You Can't Lose Trading Commodities)』という本だった。この本を読んだのは1990年代初期で、本書は出版されてからすでに５年がたっていた。地元の本屋で目立ったところに陳列してあったのを覚えている。５年たっても売られているなんて、これはきっとお金を儲けさせてくれる本に違いないと私は思った。これはスケールトレード（ナンピン）について書かれた本で、価格が長年の安値近くにあるコモディティーを見つけたら、価格が近い将来上昇するファンダメンタルな理由を探し、価格が下がったら買って、小さな利益が出たら売るというものだ。例えば、小麦価格は現在10年来の安値にあり、１ブッシェル300セントだとする。また、天候不順によって小麦の次の収穫高はかなり低いことが予想されている。あなたの分析によれば、小麦は次の６カ月間は上昇する可能性が高い。したがって、あなたは小麦を300セントで買い、305セントで売れることを期待する（１枚当たり250ドルの儲け）。価格が290セントに下がったら、もう１枚買って、295セントで売れることを期待する。10セント下がるたびにポジションを１枚増やし、仕掛けから５セント上を目標値とする。理想的には、価格が若干下がって、３枚以上買ったあと、価格が305セントに上昇することである。そうすればそれぞれのポジションで

利益が出る。価格が再び下がれば、これを繰り返す。

　著者はこの手法では90％から95％が勝ちトレードになると書いていた。これは可能だが、勝率は実際には無意味でしかない。重要なのは、口座のリターンとドローダウンなのである。スケールトレードは正しくやっても、リターンは低く（10～20％）、ドローダウンは高い（20％以上）。なぜなら、価格が下がるたびに買い続けるには多額の資金が必要になるからである。十分な資金がなければ買い続けることはできないし、価格の有利な上下動を利用することもできない。そして、状況が切迫すれば追証を求められ、スケールトレードはあえなく終了する。

　スケールトレードは欠点はあるものの、経験のない私にとっては魅力的に映った。価格が長年の安値近くにあるコモディティーを見つけ、価格が一定額下がったら買い増しを繰り返すだけでいいのだから。私はリターンが10％や20％では不満だったので、若干の調整が必要だった。その１つは、推奨される口座サイズよりもはるかに小さな口座サイズでトレードすることだった。これは初年はうまくいった。１年の終わりにはおよそ90％の年次リターンを達成した。これはすべてスケールトレードによるものだった。

　どんな分野でも最初に成功するとあとで災難が待っていると言われるが、私のスケールトレードもこの運命をたどった。１年目に90％の年次リターンを達成したあと、スケールトレードの恐ろしさを知った。損失は少なく、しかもそれほど頻繁には発生しない。しかも、勝ちトレードを次々と手仕舞うたびに口座の現金は増えていく。こんなことを考えている私にマーケットは平手打ちをくらわした。しかも、激しく。どのコモディティーが痛みの原因だったのかさえも思い出せない。小麦、トウモロコシ、綿花、あるいはコーヒーだったのか。私の２年目のスケールトレードはひどいものだった。１年目の利益はすべて吹っ飛び、口座に残っていたお金もほとんど失った。『ユー・キャント・ルーズ・トレーディング・コモディティーズ（商品先物トレードで損

をすることはない)』というタイトルは、「方向性を無視すれば、商品先物トレードでは多額の損失に見舞われる」としたほうがよっぽどお似合いだ。もちろん、スケールトレードなんて二度とやらないと心に決めた。

ナンピンで平均値を下げる —— 負けトレードの買い増し

スケールトレードは断念したものの、価格が逆行したときにポジションを増し玉するという考え方には魅力を感じた。価格が逆行すれば——しかも頻繁に——、もっと安い価格で買えるのだから。そして私の市場分析が正しいことが証明されれば、もっと多くの利益を得ることができるのだ。私はこれを、積み立て投資を使って投資信託ですでにやっていた。つまり、価格が下がったときに買い増しするということである。こうすることでより良い結果を得ることができた。

このアプローチは素晴らしすぎて信じられないくらいだった。そして実際にそうだった。負けトレードを買い増すという戦略は投資信託ではうまくいった。なぜなら、①時間がたてば投資信託は必ず上昇する、②投資信託にはレバレッジが掛かっていない——からである。小麦(私は個人的には小麦に負けトレードの買い増し戦略を使うのが好きだ)などの先物の場合、価格は5年や10年で必ずしも上昇するとは限らない。価格は長期にわたって下げたままのこともあり、そのため山ほどの負けトレードが未決済のまま残される。しかも、小麦を1枚買うたびに、さらなる委託証拠金が必要になり、結局は価格が小さく動いても、資産は大きくスイングする。これが私に起こったことである。

それは1998年のことだった。私は正気を失っていたのかもしれない。小麦は必ず上昇すると思い込んでしまったのである。1998年の中ごろ、

図2.1　1998年に小麦は5年来の安値を付けた

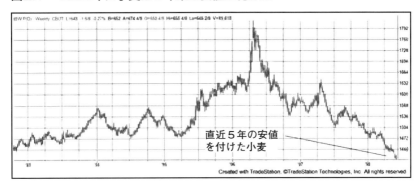

小麦は5年来の安値を付けた（**図2.1**）。

　小麦が5年来の安値を付けたことと、いい加減なファンダメンタル分析とによって、小麦は1996年の高値に向かって動くはずだと私は思った。それで小麦を買った。ところが価格は下落した。そこでさらに小麦を買った。価格はさらに下がった。これが5月から9月まで続いた。小麦を買うたびに、私は深みにはまっていった。

　小麦の価格が下がり続ければ、やがては追証が求められることは分かっていた。これは心理的に受け入れがたいものだった。そこで私は1週間に1～2回昼食時に銀行に走り、1000ドルから5000ドルを私のトレード口座に送金してもらった。どういうわけだか、考えただけでも恐ろしい追証が求められるよりも、こっちのほうがよっぽどマシだと私は思ってしまったのである。昼食はそっちのけで、銀行に走り、それでまた仕事に戻るということを私は何回も繰り返した。だから、私専用の送金係がいたくらいだ。彼女の名前はクッキーで、何回も送金依頼に行くうちに、彼女とは顔馴染みになり、彼女の家族のこと、孫のこと、人生についていろいろなことを知るに至った。彼女に小さなプレゼントをあげたり、孫におもちゃをプレゼントしたりもした。金切り声をあげてもいいはずの警報ベルは、このときはまだ静かだった。

図2.2　小麦をナンピンした私の最後のあがき

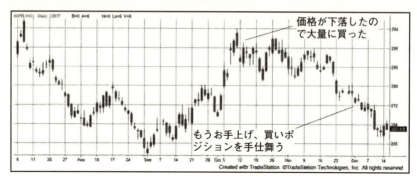

膨大な赤字を抱えるトレード口座に頻繁に送金するのが良い考えだと思っているなんて、おかしくはないか。

　幸いなことに、1998年9月の初めになると小麦価格は上昇し始めた。もう送金しなくてもすむと思うと、胸をなでおろす思いがした。10月中旬にはブレークイーブンに近づいていた。価格の上昇を受けて、レバレッジを上げて私はさらに買い増しし始めた。もう底は付けた。だったら、買わない理由はない。今の損失はおよそ2万ドルで、口座サイズの割には大きな損失だった。でも、価格は上昇している。王様にでもなったような気分だった。そして、1998年10月13日はやってきた（図2.2）。

　1998年10月13日のことは忘れられない。そのとき私は仕事でシアトルにいた。市場が引けたあと、小麦は6ポイントも上昇していた。それに、私の地元の野球チームであるクリーブランド・インディアンズがアメリカンリーグチャンピオンシップシリーズでニューヨーク・ヤンキースと戦っていた。私はホテルの部屋で第6戦を観ていた。インディアンズのジム・トーミが5回で満塁ホームランを打った。すべてが上々だ。インディアンズは勝ちそうだし、小麦価格も上昇中だ。私の心のなかでは小麦とインディアンズの運命は連動していた。

この話の結末がどうなるかはもうお分かりだろう。次の回でヤンキーズは３本のホームランを打った。インディアンズは負け、プレーオフから姿を消した。そして、小麦価格はゆっくりと着実に下落していった。価格が以前に上昇したときに買ったものについては、小さな修正でさえ命取りだった。12月初頭にはそのトレードだけで７万ドルの損失を喫し、口座に送金する資金も尽きた。クッキーは私以外の人から孫へのおもちゃをもらわなければならなくなるだろう。だって、私のトレードは終わったのだから。少なくとも、１年か２年はトレードはやらないと決めた。

ワイルドマン、現る

　ナンピン戦略に失敗したあと、次の数年はこじんまりとしたトレードに集中し、トレード資金の立て直しに専念した。余剰的資金がたくさんあるとき、私は「ワイルドマン」アプローチに走った。ワイルドマンアプローチでは、実際のお金を使ってトレードする前にアイデアをテストしたり評価したりする必要はなかった。コーヒーは下落するというアイデアが浮かぶと売り、OPEC（石油輸出国機構）が原油の減産を議論していれば、原油を買う。私のトレードにはリズムも理由もなかった。聞いた噂、脳に流れ込んだ思考によって、ただやみくもにトレードしていただけだった。損失は小さく抑え、利益は大きくしようとした。しかし、どういうわけだか、その逆のほうが心理的にははるかに簡単だった。しかも、負けトレードに買い増しするといった以前のトレードからの癖が抜けきれないでいた。私のブローカーは私のことを気に入っていたが、口座資産からは見放されていた。私の口座はこの行き当たりばったりのアプローチで足踏み状態だったが、しばらくして、口座にもう未来はないことを知った。それでも私はこのアプローチを続けた。それは以前に話した破滅的な狂牛病トレードまで

続いた。このトレードとそれを取り巻く状況は私に冷たい平手打ちを食らわせた。何か別の方法が必要だった。

評価のとき

2004年になっても、狂牛病で被った傷は癒やされることはなかった。そこで私は自分のトレードを見直すことにした。目も当てられないような状況だった。

- 移動平均線の交差システム —— 損をした
- 逆移動平均線の交差システム —— 損をした
- 何千というシステムをテストした —— 信じられないくらい良い結果。でもトレードはしなかった
- スケールトレード —— 損をした
- ナンピン —— 損をした
- ワイルドマンアプローチ —— 損をした

何をやっても損ばかりだった。しかし、これらの手法はしばらくはうまくいき、私に理由のない自信を与えた。当然ながら、これらの手法が機能し続けることはなかった。自信があっただけに、失敗したときの衝撃は心理的にも経済的にもことさら大きかった。

でも、私のトレードの歴史を見ると、1つだけ明るいスポットがあった。それは、実際のお金を使ってトレードすることはなかったが、メカニカルなトレードアルゴリズムの開発に成功したことだった。問題は、それが本当に良いシステムなのか、それとも間違ったテストプロセス（悪いデータ、過剰最適化、悪いプログラミングなど）の結果なのかが分からなかったことである。2004年初期、これは私が一貫して利益を上げられるようになるチャンスだと思い、メカニカルなアルゴ

リズムを開発してテストすることにした。

　2004年の前半は、トレードアイデアを調べ、ソフトにはどんなものがあるのかを調べ、ウオークフォワードテストを手動でやる方法を決めることに専念した。戦略としては、シンプルなX日の終値のブレイクアウトを使うことにした。つまり、今日の終値がその前のX日の終値のなかで最も高かったら翌日の始値で買うということである。売りの場合にはこれと逆になる。手仕舞いとしては、ATR（真の値幅の平均。アベレージトゥルーレンジ）に基づくシンプルなストップ、固定金額ストップ、利が乗ってきたらトレーリングストップ、大きな含み益が出たときにのみ使うタイトなストップを使うことにした。これは非常にシンプルなシステムだったが、最初の結果を見るとうまくいくことが分かった。この戦略の仕掛けと手仕舞いは特に驚くようなものではない。このアプローチはこれまでにも多くの人が使っている。これはシンプルなトレンドフォローアプローチで、トレンドがあるかぎりお金を稼いでくれるシステムだ。

　これまでは自分で開発したバックテストソフトを使ってきたが、結果は十分に信用できるものではなかった。そこで私はトレードステーションを入手した。このソフトは当時最も優れていて、最も人気のあるソフトだった（今でも最高のソフトだと言う人は多く、私も主要ツールとして使っているが、今ではほかにも優れたバックテストプログラムはたくさんある）。このソフトを使えばテストが簡単にできるうえ、結果も信用できた。唯一の問題は、私はウオークフォワードテスト（詳しくはのちほど）をやりたかったのだが、当時のトレードステーションはそれができないことだった。そこで、トレードステーションには最適化だけをやらせ、ウオークフォワード分析は自分で手動でやることにした。これは大変な作業だったが、ウオークフォワードテストが機能するというはっきりとした感触を得ることができた（最初のウオークフォワードテストは手動で行い、理解を深めることをぜひともお

勧めする）。

　2004年の第4四半期には、これでトレードできると思えるシステムが開発できた。最初は慎重に2～3のトレードをこのシステムを使って行った。結果はバックテストに見事に一致した。2005年には新しいシステムで本格的にトレードを開始できる。2004年が終わり、いろいろなアプローチを試行錯誤した10年以上に及ぶ苦痛のときを経て、長いトンネルの先にようやく明るい光が見えてきた。それが電車でなくてよかったと思っている。実際のお金を使って儲けられる検証されたシステムを手にした私は、山の頂から「私は良いトレーダーだぁ～」と叫びたい気分だった。私は山のないオハイオに住んでいるので、山の頂から叫ぶことはできない。それで次に最高と思えることをやった。世界規模の公開トレードコンテストに参加したのである。コンテストには2004年にも参加したが、使ったのは疑似メカニカルで、ほとんどは自由裁量的なシステムだった。しばらくはうまくいったが、最終的には失敗した。でも、今回は素晴らしいメカニカルなシステムを携えての参加だ。できれば醜態はさらしたくない。この決意を胸に、私のトレードアドベンチャーは続いていく。

第3章

ワールドカップ・チャンピオンシップ・オブ・フューチャーズ・トレーディングでの勝利

World Cup Championship of Futures Trading Triumph

　2004年に完成したシステムは、十分機能するシステムだという手応えがあった。もちろん、世界の人々とこの「成功」を共有したい気持ちはあったが、戦略をばらすつもりはなかった。それで次にベストなことをやった。それは公開トレードコンテストへの参加だった。

　知らない人のために言うと、ワールドカップ・チャンピオンシップ・オブ・フューチャーズ・トレーディングはロビンス・トレード社が主催するもので、実際のお金を使って1年かけて先物をトレードするという世界規模のコンテストである。世界中から最良で最も賢明なトレーダーたちが参加し、ほかの参加者と知恵を競い合う。これは非常にプレッシャーのかかるコンテストで、結果は随時公表され多くの人の目にさらされる（結果は昔はトレード雑誌で毎月発表されていたが、今はワールドカップのウェブサイト［http://www.worldcupchampionships.com/］で毎日更新されている）。1987年には伝説のトレーダーであるラリー・ウィリアムズが1万ドルを110万ドルにしたことで有名だ。これでコンテスト参加者たちの手腕の高さが分かるだろう。

　コンテストに参加すると決めた以上、システムは十分に良いものである必要があった。過去の勝者のパフォーマンスを見てみた。年次リターンが100％以上だと上位3位に入るチャンスは十分あると思った。年次リターン100％以上というのが私の目標になった。最高のパフォー

マンスは運によるものである場合が多い。しかし、コンテストに勝つのに運に頼るわけにはいかない。絶対に上位を目指さなければ。1年間にわたって100％のリターンを達成するには、非常に大きな最大ドローダウンを覚悟しなければならないことは分かっていた。そこで、およそ75％の最大ドローダウンを設定した。普通のトレーダーにとっては非常識と思うだろう。しかし、詳しくはのちほど話すが、あなたの目標と期待は今の状況に基づくものでなければならない。コンテストにおいて成功を判断する唯一の基準が口座リターンであることを考えると、大きなドローダウンを設定するのは理にかなっている。もしコンテストがリターンとリスクの両方を評価するもの（つまり、カルマーレシオの高い人が勝利するということ）であったなら、私は違った方法を採っていただろう。これについてはあとで話すが、今のところは、トレードシステムの開発プロセスは最初に決めた達成目標によって決まると考えてもらいたい。

　前にも述べたが、私は2004年にそこそこのトレード戦略を開発していた。2004年にコンテストに参加していれば、おそらくは2位か3位には入っていたと思う。でも、まだその時点ではコンテストに参加する準備ができていなかった。しかし、2005年のコンテストには次のシステムで参加することを決めた。

仕掛け

　48期間の高値（売りの場合は安値）で引けたら次の足で買う。ただし、30期間RSI（相対力指数）は50よりも大きくなければならない（売りの場合は小さくなければならない）。

手仕舞い

損切りは、①固定金額（1000ドル）、②仕掛けからY×ATR
利食いは、仕掛けからZ×ATR

その他のルール（私の心理状態に基づき、私が必要と感じたもの）

　前のトレードが負けトレードだった場合、5期間待ってから次のトレードを仕掛ける（ちゃぶつきを最小限に抑えるため）
　前のトレードが勝ちトレードだった場合、20期間待ってから次のトレードを仕掛ける（勝ったあとも忍耐力が必要）

　このシステムではトレードシグナルに対しては日足を使った。私のようなフルタイムの仕事を持っている人にとっては便利だ。毎晩チャートを見直して、翌日の注文を入れる。日中の値動きは気にする必要はない。日中にポジションをチェックする時間には制約があるため、これは理想的な設定だ。
　トレードする市場としては9つの先物市場を使った。

- トウモロコシ
- 綿花
- 銅
- 金
- 砂糖
- Tノート（5年物または10年物国債）
- コーヒー
- 日本円

●日経平均

　これらの市場を選んだのは、過去のパフォーマンスが良かったこと、委託証拠金が比較的安いこと、互いに相関がないことが理由だ。しかし、今振り返ると、非常に大きな初心者の過ちを犯した。1つは、システムをテストするとき、20～25以上の市場をテストして、そのパフォーマンスを見て最高のパフォーマンスの市場を選んだことである。つまり、私は市場に基づいて最適化してしまったのである。これはシステム開発では絶対にやってはならないことだ。2番目の過ちは、ポートフォリオを選ぶとき、相関を計算しなかったことである。相関はおおよそこうなるだろうと推測したのだ（「トウモロコシと日経平均はおそらくは相関はない。だったら、両方ともトレードできる」といった具合）。そのときは正しいように思えたが、それ以降の経験によれば、相関は常識とは違うこともあるため、必ず計算しなければならないのである。さらに、今は相関のない市場でも市場がパニックに陥れば相関が高くなる場合もあるので注意が必要だ。システム開発の途中で初心者の過ちを犯したにもかかわらず、私のトレードシステムは依然としてうまくいっていた。

　資金が少なかった（毎年1万5000ドルの口座でスタートした）ため、各市場はそれぞれ1枚しかトレードできなかった。委託証拠金が準備できないときは、シグナルを見送ることもあった。しかし、追証を避けながら、最大限の買い余力を使って、常に「目いっぱい」トレードするように努力した。資金に制約があるなかで、できるだけすべてのシグナルを受け入れ、システムに従うことを目指した。

　2005年から2007年までの各年のパフォーマンスと、そのときどきで私がどのように思ったかは以下のとおりである。

図3.1　2005年のロビンズカップコンテスト口座の資産曲線

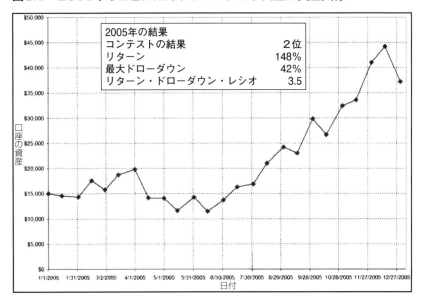

2005年

　2005年の資産曲線は**図3.1**に示したとおりである。2005年の最初の月の終わり、少しだけ損失が出た。私はこの戦略でトレードの世界を支配するつもりではなかったのか。それなのに損失を出すなんて。なんでいつもこうなるんだ。ある戦略でトレードを始めると、必ず損失を出す。本当に落ち込む。わずか4～5％の損失だったが、その年の最初には華々しい成功でスタートするほうがいい。ありがたいことに、4月中旬には上向いてきた。30％を超える儲けが出た。年次換算すれば120％のリターンになる。私は興奮した。すべてが計画どおりだった。

　当然のごとく、ハリウッド映画のように、ストーリーには暗部がある。私にとってそれは4月中旬から8月中旬までの4カ月にわたるドローダウンだった。ドローダウンは長く続いたばかりでなく、かなり

厳しいもので、40％を超えるドローダウンだった。ドローダウンが最大になったとき、コンテストでの優勝はあきらめた。というよりも、利益を出すことさえ絶望的に感じた。でも、私は自分のプランに従った。私はまだどうにかこうにかそのシステムでベストを尽くしてトレードしていたが、委託証拠金不足のためにいくつかのトレードは見送らなければならなかった。その夏は私のコンテスト口座にとって最悪の時期だった。

　少し明るい兆しが見えてきたのは６月中旬だった。資産が高値を更新するのにはもう数カ月を要した。しかし、12月中旬には口座資産は当初資産の３倍になっていた。これは、2005年９月に日本円と銅でいくつかの良いトレンドが発生し、11月にはコーヒーでもトレンドが発生したおかげだった。トレンドトレードがうまくいくことはこれで証明された。トントンからダウンパフォーマンスが何カ月も続くことがあるが、いくつかのトレンドをとらえることができれば１年分の稼ぎが得られる。問題は、トレンドトレードをとらえ損なうと、パフォーマンスは惨憺たるものになるということである。例えば、何回もダマシのブレイクアウトに引っかかって損失を出したために、トレンドが現れる前にあきらめてしまったり、すべてのトレードシグナルを受け入れるだけの十分な資金がなかったりすれば、トレンドトレードをとらえ損なう。トレンドトレードは従うことが心理的に難しいこともあるため、だれにでも向く手法とは言えない。

　2005年12月中旬に資産がピークに達したとき、万事好調で、２位か３位にはなれるだろうと思った。１位は問題外だった。なぜなら、コンテストのリーダー格のエド・トワードスがその年は250％を超えるリターンを出していたからだ。自信過剰になった私は、その年の終わりごろにかけてシステムに違反して、コーヒーをナンピンしてしまった。そのとき、私は200％のリターンを目指していた。昔の癖はなかなかなくならないものだ。私はまたもやナンピンしてしまったのだ（私には

学習能力というものがないのだろうか)。こうして12月の最後の2週間は、かなりの資産を市場に戻してしまった。ここでまた同じ教訓を学ぶことになる――ナンピンはするな、絶対に!

2006年

2005年に成功したあと、私のシステムは本当に良いシステムだと思った。感情抜きで正しくトレードすれば、2006年もおそらくはうまくやれるだろう。公開トレードコンテストの問題点は、ある月にトップ3になり、翌月にトップ3から脱落すると、ばつの悪い思いをすることである。トップトレーダーのすぐ後ろに付けているときはさらに悪い。そんなときはトップトレーダーに追いつくために野心的なトレードをしたくなってしまうからだ。私は2004年にそれをやってしまった。最終勝者のカート・サカエダに追いつこうとしたが、結局は失敗した。私に幾分かのチャンスがあったかというと、そういうわけではない。サカエダはその年を929%のリターンで終えた。度肝を抜くパフォーマンスだ。しかし、彼は常に自分のパフォーマンスを謙遜していた(トレーダーはこうありたいものだ)。

2006年のトレードが始まると、私は望みを高く持ち、計画もしっかり立て、頭もすっきりしていた。私の2006年のパフォーマンスは**図3.2**に示したとおりである。2005年とは打って変わって、2006年の最初の月は上々だった。資産はおよそ30%も上昇。チャンス到来だ。でも、気を良くすると、必ずドローダウンが待っている。2月と3月にドローダウンが発生して、ブレークイーブンに逆戻りした。日本円と10年物Tノートの何回かの負けトレードによるものだった。

しかし、このドローダウンの最中である2月中旬にあるトレードを行った。これがすべてを変えた。銅を買ったのだ(**図3.3**)。この1つのトレード(ロールオーバーしたので、実際には2つのトレードにな

第1部　トレードの旅路

図3.2　1位になった2006年のロビンズカップコンテスト口座の資産曲線

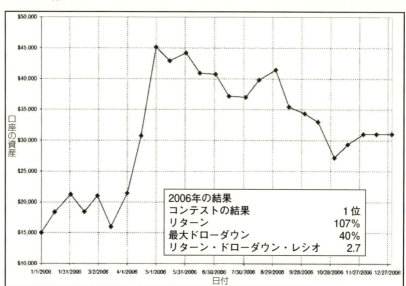

る）を2006年2月17日から2006年5月1日まで保有し、1枚当たり2万8875ドルの純利益になった。これはめったにないタイプのトレードで、市場がいきなり急上昇して、私はその波に乗っただけだった。5月1日の私の口座残高は4万5122ドルだった。1つの銅のトレードがその年の利益の95％を占めていたことになる。

　2006年5月の初めには、口座は200％も上昇し、天にも昇る気分だった。それがその年のピークとは知らずに。その年はそれ以降、下り坂を下るがごとく下降していった。それでもプランどおりトレードし、各トレードでは1枚しかトレードしなかった。口座残高が3倍になったのだから、もっと枚数を増やすべきだったのだろうが、利益を戻してしまうことを恐れる私がいた。しかし、次の7カ月が純損失だったことを考えると、それは良い判断だった。

　コンテストが終わりに近づくと、2位のマイケル・クックとの一騎

図3.3　銅が急上昇、そのとき私は買っていた

打ちになった。クックは対戦相手としては不足のない人物だった。自分のトレードだけに集中し、ほかのトレーダーのことは気にするなというガイドラインのことは知っていたが、彼はものすごくできるトレーダーだと聞いていたので、彼に追い抜かされるのではないかと不安だった。あまりにも不安で、12月の初めにトレードを終了した。前の6カ月のひどいパフォーマンスを見るともう潮時であることは確かだったが、理由はもう1つあった。私がクックに負けるのではない、クックに私を打ち負かす機会をくれてやるんだと思ったからである。

　自分の勝利を守るために12月にトレードを終了したことの皮肉は、私が数年後にコンテストのことをどう思い出すかということではない。私は1年間システムに忠実に従い、最後の日までプランに沿ってトレードした、と心のなかでは思っていた。公開オンラインセミナーや本でも同じことを言った――私は1位にとどまるためにトレードを終了したのではないと。でも、実際には1位にとどまるためにトレードを終了したのだ。そして、今ではそれが私を苦しめている。それは私がトレードを終了したからではなくて、違った現実を思い出すからである。これがトレードで発生すると、それは通常は悪いことだ。良いトレーダーは物事を、妄信的に間違って覚えているのではなくて、実際に起

こったとおりに覚えているものだ。

　6カ月間のドローダウンはあったものの、私はコンテストを1位で終わることができた。自分が実証されたように感じた。長年の苦労がついに報われたのだと。問題は、2007年もそのパフォーマンスを再現できるかどうかである。

2007年

　2005年には2位で、2006年には1位でコンテストを終えたあと、私は何とか壁を打ち破ることができたと感じた。これからは楽にトレードできるだろうと思った。もちろん私が学んだ教訓は、トレードはけっして楽ではなく、常に格闘するものであるということである。楽しい格闘ではあるが、格闘であることに変わりはない。2007年、私は再び大きな期待を胸にコンテストに参加した。今回はコンテスト口座を2つ（1つは大失敗して炎上）持ち、コア戦略も若干手直しすることにした。結局、私はいまだに2006年の最後の6カ月を引きずっていた。オリジナルのシステムは一体いつまで私を苦しめるのだろうか。

　不運なことに、2005年のときのように、また間違った方向にスタートしてしまった。2007年のパフォーマンスは**図3.4**に示したとおりである。どの市場でも負けトレードを喫し、努力は空回りしていた。3月の終わりにはドローダウンは50％になっていた。しかし、5月中旬にはオレンジジュースと赤身豚肉（ポートフォリオを修正して、加えた市場）のトレードが功を奏し、ようやくブレークイーブンにまで戻し、数カ月はこの状態が続いた。

　2007年の夏の終わりから秋にかけて、スイスフランと30年物Tボンドがトレンド相場になり、システムのルールに従ってこのトレンドに乗った。そして2007年の終わりにはリターンは再び100％を超えた。2位を獲得するには十分だった。2006年の最終局面で私がバックミラー

図3.4　2007年のロビンズカップコンテスト口座の資産曲線

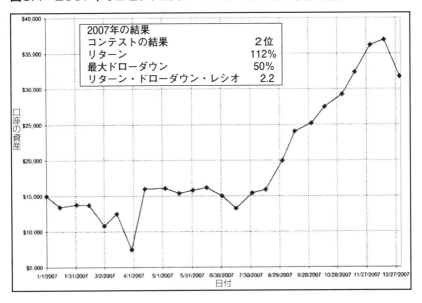

で観察していたマイケル・クックは、2007年には私を追い抜き、その年を実に250％のリターンで終えた。

コンテストを振り返って

　ワールドカップ・チャンピオンシップ・オブ・フューチャーズ・トレーディングでは３年連続で１位か２位を獲得し、各年のリターンは100％を超えた。私は自分のトレードに自信を持てるようになった。しかし、これで私が良いトレーダーであることが証明されたわけではなく、達成目標を設定することの重要性を再確認するに至っただけである。私はコンテストで勝つために自分でトレードシステムを開発した。だから、達成目標を事前に設定しなければ、コンテストは単なるギャンブルになってしまうことを実感した。本書でこのあと述べるが、達

成目標は私にとって鍵となるものである。

　2005年を2位で終えたあと、私の非公式のメンターであるマーケットの魔術師のバン・タープに私の成功を知らせたくてたまらなかった。彼の通信教育講座をたくさん受講し、彼の本はほとんど読んでいたので、私は彼に親近感を感じていた。彼ほどメンターと呼ぶにふさわしい人物はいない。私は自分を誇らしく思った。そして、彼に感謝したかった。彼も私の成功を喜んでくれたが、彼は次のようにも言った。

「ケビンはトレードやトレードの学習を15年間やってきたが、トレードコンテストで勝利するほとんどの人たちはポジションサイジングで危険を冒している。自分の反応に注目するんだ。君はコンテストで勝利する人々に感銘を受けるだろうか。それとも、どんな市場でも効率的にトレードして、そしてゲームにとどまる方法をもっと学びたいと思うだろうか」

　タープが何を言おうとしたのかを理解するまでにはかなりの時間がかかった。最初は怒りすら感じた（「私の成功に感銘を受けない人がいるのか」）。しかし、時間はかなりかかったが、私はタープの言った言葉の意味にようやく気づいた。重要なのはコンテストに勝つことではないのだ。最終結果には運や無謀さやそのほかのいろいろなことが影響を与える。重要なのは、コンテストで効果的にトレードすることなのである。私にとってこれは、自分のシステム──平均年次リターン100％を達成するために開発したシステム──に従うことを意味した。重要なのはパフォーマンスそのものではない。重要なのは、目標を見据え、それを追いかけ、実現するという自己鍛錬なのである。これができて初めて成功したと言えるのである。

大いなる飛躍 ── フルタイムトレーダーへの転身

Making the Leap -- Transitioning to Full Time

　トレードをこよなく愛するパートタイムの個人トレーダーにとって、フルタイムでトレードをして生計を立てることは夢である。少なくとも私はそれを目指してきた。トレーダーのゲイリー・スミスはまさにこのタイトルの本を書いている ──『リブ・ザ・ドリーム・バイ・プロフィタブリー・デイ・トレーディング・ストック・フューチャーズ（Live the Dream by Profitably Day Trading Stock Futures）』。もちろん夢は、毎日驚くべき戦略で市場をむち打ち、必要なだけのお金（車が欲しいって。だったら簡単だ。次のトレードのサイズを２倍にすればいい）を市場からかっさらい、ふんだんな自由時間を子供と過ごしたりボランティアに費やすことだ。あるいは、プライベートアイランドでマルガリータを手にビーチに寝そべり、その周りにはビキニ姿の女性たち（あるいは、お好みならば筋肉質のがっしりした男たち）がたむろするというのもいい。

　問題は、夢はめったに実現することはないということである。私はよく人に言うのだが、フルタイムでトレードするということは、「イージーマネーを稼ぐ最も過酷な方法」だ。しかし、「不可能」という意味ではなく、「ものすごく難しい」という意味である。価値あるものを手に入れるのは難しいものなのだ。

　15年間パートタイムでトレードを続け、失敗したトレードは星の数

ほどあるが、コンテストで３年連続して入賞した。2007年が終わると、プロとしてフルタイムでトレードすることを真剣に考え始めた。いろんな目に遭いながら、いろんなことを成し遂げたあと、私が成功できないとすれば、一体だれが成功できるというのだろうか。2008年初め、私は思い切ってフルタイムトレーダーに転向し、それで生計を立てることを決意した。フルタイムでトレードを始めたとき、すべてを分かった気でいた。ところが、それはとんだ間違いだった。フルタイムトレーダーに転向したはいいが、私は間違ったことをやっていた。もう１回やり直すとすれば、まったく別の方法でやったであろうこともたくさんやった。

自信

　トレードで成功するにはたくさんのこと（資金、戦略、コンピューターなど）が必要になるが、フルタイムトレードで長期にわたって成功できるかどうかを左右するのは、とりわけ自信である。私のトレードでの成功と失敗は最速のコンピューターを持っていたからではなく、聖杯戦略を持っていたからでもない。私がトレーダーとして生き残ることができたのは、自分のトレード能力を信じ、自分の戦略開発を信じ、厳しいドローダウンに直面したときも絶対に失敗しないという楽観主義を捨てなかったからである。このことはずっとあとになってから分かったことだ。そこに行きつくには単なる自信だけではダメなことは確かだ。トレードのグルのなかにはこう言う人もいるが……。ある時点までいくと、トレードの嵐を切り抜ける自信というものが必ず必要になる。それは大きなドローダウンかもしれないし、失敗した多くの戦略かもしれない。あるいは、新しいアプローチを開発する能力がないことかもしれない。しかし、遅かれ早かれ、苦しい時期を乗り越えるには自分の能力を信じることが必要になる。３年連続してトレ

図4.1　ロビンズカップコンテストでもらったトロフィー

ードコンテストに参加し成功を収めたあと、成功する自信がついてきた。毎日、コンテストでもらった３つのトロフィー（**図4.1**）を見つめることで、自分は無敵なのだと感じた。

正しかったこと
フルタイムトレーダーとして成功するという十分な自信があった。

間違ってやってしまったこと
　生計のためにトレードを始めたとき、おそらくは自信過剰だったと思う。トレードコンテストで勝つことは良いことだが、それは果たしてフルタイムトレーダーとしてやっていけることを意味したのだろうか。もちろん今ではこのことはしっかり理解している。コンテストで入賞した当時は、コンテストでの勝利はフルタイムトレーダーとして成功することだと勘違いしていた。これはとても危険な考えだった。

資金

　資金1000ドルから始めて、フルタイムトレーダーとしてキャリアを築いた人の話は聞いたことがあると思う。そういう人１人に対して、

逆に失敗した人は999人いる。詳しくはあとの章で述べるが、素晴らしい戦略を持っていようがいまいが、資金不足は破滅への一番の近道なのである。手持ち資金が競争相手よりも少なければ、ブレークイーブン戦略さえも破滅につながる。『チャンシズ・アー…――アドベンチャーズ・イン・プロバビリティー（Chances Are... : Adventures In Probability）』というマイケル＆エレン・カプランが書いた良書はこれをうまく言い当てている。

数人の仏教徒がカジノを開いたと想像しよう。だれの弱みにも付け込みたくないので、経営陣は完全に公正なオッズを提示する――ハウスに対してコインを投げて、表が出たら１ドルもらえ、裏が出たら１ドル失う。時間がたつと何が起こるだろうか。ゲームは永遠に続くのだろうか、それとも１人のプレーヤーが１人勝ちして、ほかのプレーヤーは文無しになるのだろうか。
これを分かりやすく考えるために、ギャンブラーが負け続け、手持ち資金が最後の１ドルになったと仮定しよう。彼はおそらくは破産を免れることはないとあなたは思うはずだ。そこで、彼のポケットのお金を増やして、ハウスの資金を同じだけ減らしてみよう。ギャンブラーが破産する確率とハウスが破産する確率が同じになるのはいつだろうか。答えは、両者の資金が同じになったときである。ここには２つの厳しい現実がある――ゲームは一方の当事者が破産したら終了する、そして破産する当事者は少ない手持ち資金でゲームを始めたほうである。人生は公平とは言うが、実は公平ではないのである。この世界におけるあなたの勝ち目は、あなたのポケットの深さに比例する。ハウスはハウスであるがゆえに勝つのである。

もちろん、あなたは「でも私にはエッジがあるので、長い目で見れ

ば私が勝つ」と反論したくなるだろう。そういうこともあり得る。しかし、あなたのエッジは小さく、しかも永遠には続かないことを思い出してもらいたい。時間がたてばブレークイーブンになるかもしれない。つまり、あなたの口座サイズが非常に重要ということである。あなたはあなたの対戦相手よりも長く生き残ることはできるだろうか。

正しかったこと

10万ドルから30万ドルの口座でフルタイムトレードを始めたが、そのうちの一部は口座とは別に取っておいた。資本金としては十分だと思った。

間違ってやってしまったこと

当初資金から逆算すると、生活費と税金を支払い、口座資産を少し増やすだけでも50％から100％の年次リターンが必要だった。今にして思えば、とても正気とは思えない。およそ10倍も少ない資金で始めたのだから。フルタイムトレーダーの友だちは、彼の知っている成功したトレーダーは200万ドルから300万ドルでフルタイムトレードを始めたと、かつて私に言ったことがある。ちょっと度を越した額に思える（私がフルタイムでトレードを始めた６年前だったらあざ笑っていただろう）が、今では妥当な額だと思う。結局、あなたは時間をかけてトレード口座を成長させ、そこから生活費を支払いたいのだろうが、そのためには必ず発生するドローダウンを乗り越える必要がある。小さな口座ではそれは無理である。

生活費

私がフルタイムトレードを始めたのは2008年だが、私は３年から５年は困らないだけの生活費を蓄えていた。この貯金は退職金やトレー

ド資金とはまったく別のお金だった。フルタイムトレードを始めるとき、生活費を準備しておくことは非常に重要なことである。トレードはストレスの多い仕事だ。次の食事のことやローンの支払いのことを心配していたのでは身が持たない。最初からドローダウンを喫した（私はいつもこうなのだが）としても、生活費の心配がないようにしておくことが重要だ。

正しかったこと

何年にもわたって貯金してきたことと、仕事では金になる特許も取得していたため、たとえ家族が増えてもしばらくの間は生活費のことを気にする必要はなかった。だから、百パーセントトレードに集中することができた。

間違ってやってしまったこと

間違ったことは特になし。3年から5年分の生活費を貯金したのは良い決断だったと思っている。

家族の支援

おそらく私は少数派だと思うが、私にはフルタイムでトレードするという私の夢を応援してくれる愛する妻がいた（もちろん今も）。私がフルタイムトレーダーになるということは、無限の可能性を持つ——これはけっしてシャレではない——航空宇宙業界での経営幹部の仕事を辞めることを意味した。しかし彼女は、これは私が企業社会での夢をあきらめるのではなくて、もっと良いものに向かうためなのだということを理解してくれていた。子供たちも私のトレードを応援してくれていた。彼らはまだ小さいから、トレードは彼らが目にする唯一の私の「仕事」だ。彼らは私に遊んでもらえるときと、私が仕事をしな

けらばならないときをきちんと理解している。彼らにとっては――そして私にとっても――私は仕事をしているときのほうが多く、彼らと遊ぶ時間があまりないのが残念だ。

正しかったこと

私は私のトレードを百パーセント理解し、支援してくれる本当に私にふさわしい人と結婚したと思っている。フルタイムトレーダーになって6年たつが、彼女は今でも私の旅を応援してくれているし、3人の子供たちもそうだ。

間違ってやってしまったこと

ちょっとうまくいきすぎているような気がする。私を支援してくれる妻と家族がいなければ、フルタイムトレードなんてできなかっただろう。

ホームオフィス

経費節減のために私は家でトレードすることにした。そこで必要になるのが仕事部屋だ。家では気が散るものが多い。特にやんちゃ盛りの3人の子供たちがそうだ。時には仕事がクレヨンで書いた絵に埋もれてしまうこともあり、元気が有り余る子供がスプレッドシートを間違って保存せずに閉じたりもする。一番上の子供がeミニS&Pトレードを開いたままにしてあったトレードプラットフォームに入れてしまったこともあるが、そのトレードは何と儲かった！　でも文句は言えない。レゴを椅子から片づけるくらい、ラッシュアワーの不愉快さに比べたらどうということはない。

正しかったこと
トレードビジネスを始めるに当たり、専用のホームオフィスを作った。

間違ってやってしまったこと
もっとしっかりとした仕切りを設けて、子供たちにはコンピューターに触れさせないようにすべきだった。でも、子供たちが侵入してきてもほとんど問題はない。

トレード戦略

フルタイムトレードを始めた当初、リアルタイムで使えると思える戦略は3つから5つあった。しかし残念ながら、これらの戦略のパフォーマンスが落ちてきたときに使える予備の戦略はなかった。当時は同じ戦略を永遠に使えるものと単純に考えていたのだ。夜空の星のように、長く使える光り輝く戦略もあれば、流れ星のように一瞬のうちに燃え尽きる戦略もあることを今では認識している。流れ星のような戦略は、地面に衝突する前にトレードを中止しなければならない。

正しかったこと
複数の戦略を持っていたこと。1つだけの手法に頼るのは良くないことだと最初から分かっていたから。

間違ってやってしまったこと
もし今日フルタイムトレードを始めたとすると、どの戦略に対しても予備の良い戦略を少なくとも1つは用意していただろう。そして、検証・評価すべき将来性のある戦略もたくさん用意しただろう。

ブローカー

　トレードのほかの要素（コンピューター、インターネット接続、戦略など）と同じように、ブローカーについてバックアップを持っておくことは重要だ。これはトレードデスクのバックアップの電話番号（知っておけば役に立つが）を知っておくという意味ではなくて、複数のブローカーに口座を持つことを意味する。できればクリアリングハウスも別々のほうが理想的だ。ブローカーは倒産することもある（私はレフコの倒産やPFGベストの腐敗経営の犠牲になった）からだ。いろいろなブローカーに口座を持っていれば、１つのブローカーが倒産してもトレードを続けることができる。私は今、複数の戦略をトレードしている。戦略ごとに口座を分けていれば、帳簿を付けるのも簡単だ。

正しかったこと

　複数のブローカーを使った。各ブローカーはそれぞれにクリアリングハウスも違った。この点に関しての判断は賢明だったと思っている。

間違ってやってしまったこと

　この15年間で私の使っていたブローカーが２社倒産した。思えば倒産の予兆はあったのに、私はそれに気づかなかったか無視してしまったのだ。レフコの場合、システムに頼りすぎていたことが原因だと思っている。でも、PFGベストからはまだお金を取り戻せると思っている。まったくじれったい話で、これについてはFOXビジネスチャネルでの私のインタビューを見てもらいたい（http://video.foxbusiness.com/v/1729212213001/?#sp=show-clips　[http://www.foxbusiness.com/ で「davey」や「PFGBest Victim Unable to Trade With Account Frozen」で検索]）。

自由時間

ああ、夕方が自由になるワーキングスタイル。これは会社で働いていたときも同じだが、家でフルタイムで働くようになった今、昼も夜も市場を1日中チェックしなければならなくなった。トレードアイデアが頭に浮かぶと、すぐに階下に降りて行ってプログラミングしてテストする。起きている間はトレードのことで頭がいっぱいだ。フルタイムトレードで食べていくことを追求するようになって、思考が1次元的になってきたようだ。1日中コンピューターに張り付いているので、妻はコンピューターは今では私の体の一部になってしまったと思っているようだ。

仕事を辞めてトレードを始めた多くの人はこれとは逆だと思う。毎日が自由で、上司もルールもない。だから、自称トレーダーの多くは怠慢な生活を送るようになる。モチベーションを持ち続け、新しいトレード戦略を開発し続けるのは、時にはハードでもある。特にトレード口座がドローダウンを喫してしまったときはそうだ。いかにしてモチベーションを持ち続けるかが重要だ。モチベーションがなくなっても、今日のパフォーマンスには支障はないかもしれないが、長い目で見ればパフォーマンスに影響を与えかねない。

正しかったこと

仕事を続けるうえで規律をしっかり守り、トレードを常に良くしようと絶えず努力している。

間違ってやってしまったこと

トレードに懸命に取り組みすぎたきらいがある。トレードに使った時間の多くは生産的ではなかった。ほかの個人事業主と同じように、トレーダーにもバランスが必要だ。これからはバランスのことを考えて

いく必要がある。

フルタイムトレードに踏み切る

　前述のことがすべて整い、どうにか条件を満たしたと思えたとき、フルタイムトレードに踏み切る決心をした。私がフルタイムトレーダーに転じたのは2008年5月で、それ以来、後ろは振り返っていない。フルタイムトレーダーへの転身は簡単だったのかと聞かれると、そんなことはけっしてない。楽しかったかと聞かれると、これもノーだ。チャンスがあればもう1回やっていたかと聞かれると、もちろんだ。人は2回目のほうが賢くなるものだ。何を言いたいのかというと、私には目標があり、考え抜いた末に、イチかバチかの賭けをやったということである。本を読んでトレードをやってみるまでトレードの知識がまったくなかった私ができるのなら、ほかの人もできるはずだ。私のように本当に心がそっちの方向に向いているのなら、トレードで成功するのも夢ではない。戦略の開発が大変だと思っているのなら、トレードはやめたほうがよい。トレードはおそらくはあなたには向かない。

　フルタイムトレーダーに転身したあとの日々を振り返ってみると、私のトレード活動は注文を入れたり、口座明細書をチェックしたりというよりも、戦略を開発し、アイデアを探し、トレードのことを考え、可能性のある戦略を検証・評価することに費やされている。本書の残りの部分は、トレード戦略の評価・設計・検証について見ていくことにしよう。

第2部
トレードシステム

Your Trading System

第5章

トレードシステムの検証と評価

Testing and Evaluating a Trading System

　トレードシステムを設計するとき、そのパフォーマンス統計量をどう評価するかを決めておくことが重要だ。これは口でいうほど簡単ではない。**図5.1**を見てみよう。この資産曲線は先物トレードシステムのもので、戦略を自分で検証したときに見られる、あるいはインターネットで見られる典型的な資産曲線である。これはトレードステーションで作成した曲線だが、マルチチャーツやニンジャトレーダーで作成しても似たような曲線が得られる。優れたトレードソフトはチェックすべきいろいろな重要な統計量を提供してくれる（重要ではない統計量も同じくらい提供してくれるが）。資産曲線やパフォーマンス報告書は、問いに答えてくれるというよりは、次から次へと疑問が生まれることのほうが多い。結果は良いのか悪いのか。結果は信頼のおけるものなのか。結果には再現性があるのか。小麦ともみ殻をどう区別すればよいのか。本章ではこれらの疑問に答えていく。

　パフォーマンス報告書、資産曲線、あるいはトレードデータを見るときに理解しておかなければならないことは、古いことわざにあるように、「信じられないくらい良すぎるときは、おそらくは何かが間違っている」ということである。一般に、トレードシステムの将来のパフォーマンスはヒストリカルパフォーマンスほど良くはない。事実、トレードシステムのヒストリカルパフォーマンスが良いほど、将来的な

図5.1　トレードシステムの結果――この資産曲線は信じられるのだろうか

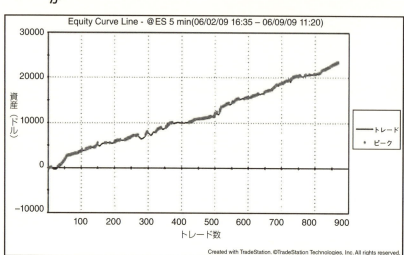

パフォーマンスは良くないのが普通だ。もちろん、これには例外がある。トレード戦略の開発をしばらく続けていれば、これらの例外は簡単に見つけられるようになる。

　ところで、ヒストリカルな検証結果はなぜ将来の結果よりも良いのだろうか。1つには生存バイアスが挙げられる。これはヒストリカルパフォーマンスの良いトレードシステムにのみ着目することを言う。ベンダーはヒストリカルパフォーマンスの悪いシステムを売るだろうか。あなたは自分で作成した最悪のシステムでトレードするだろうか。どちらのケースも、悪い結果は捨てられ、良い結果のみが残される。

　ヒストリカルな検証結果が本当に有効で、システム開発者が市場のなかに真のエッジを見つけたという可能性ももちろんある。しかし、時間がたてば、そのエッジはほかの人が見つけたり、市場が変化したりといったさまざまな理由で消えてしまう。その結果、そのトレードシステムは平均的なものになってしまう。つまり、手数料とコスト差し

図5.2　トレードシステムのBSメーター

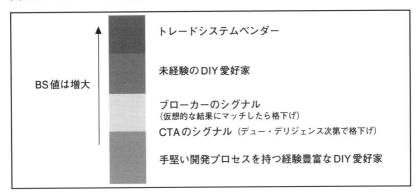

引き前にブレークイーブンな戦略になってしまうということである。

　また、ヒストリカルテストの方法によって、ヒストリカルな検証結果が将来的な結果よりも良く見えることがある。ほとんどの人はシステムを間違った方法で検証・評価している。システムを検証・評価する正しい方法については本書でこのあと説明するが、今のところは、広く認められた標準的な検証方法は間違っている、ということを知っておいてもらいたい。この間違った検証によって楽観的すぎる結果が導かれ、エンドユーザーはがっかりする結果になってしまう。もちろん、経験豊富なトレーダーはシステムを正しく検証する方法を知っている。問題は、ヒストリカルな結果を見たときに、何を信じればよいのかである。

　図5.2は私が「BS」メーターと呼んでいるものを示したものだ。これは、だれの（もしいれば）トレード結果を信じればよいのかを示したものである。

　目盛りの一番上にはBSが最も高いトレードシステムベンダーが来る。私もかつてこのグループに属していた（私の場合、このグループのほとんど人とは違って、自分のシステムを使って自分のお金をトレード

していた）ことがあるが、このグループをトップにした。一般に、あなたにシグナルやブラックボックスシステムを売ったり、定期購読を勧めたり、トレードルームを提供する人からのパフォーマンス情報は「信じてはならない」。こういった人からのパフォーマンス情報は絶対に信じるな。

　このアプローチは極端ではあることは分かっているが、ベンダーが素晴らしく見えるが実際には最悪のシステムを売るのではなくて、本当に素晴らしいシステムを売る確率を考えると納得いくはずだ。ウソみたいに素晴らしいトレードシステムを提供しようとする人を避けることで、多くのお金を節約できるのだ。素晴らしいシステムを安く提供しようとする人はうさんくさく、私の「臭覚」テストはパスしない。そんな素晴らしいシステムがあるのなら、インターネットで安く売ったりしないで、自分でトレードすれば大金を儲けられるだろうに。トレードシステムベンダーがBSリストのトップにあるのはこうした理由による。

　トレードシステムベンダーが無価値なジャンクしか提供しないことを考えれば、「自分で作ろう（DIY）」と思いたくなるのは当然だろう。世の中には、DIY愛好家が作成したいと思うどんなタイプのトレードシステムも分析・検証・最適化するのを手助けしてくれる、いろいろなトレードプラットフォームが存在する。自分自身で自分のアイデアに基づいてトレードシステムを作成して、市販のトレードソフトで検証するという方法は、表面上は最高の方法のように思える。詳しくはこのあと話すが、この場合の問題点は、トレードシステムの開発はソフトウェアベンダーが言うほど簡単ではないということである。事実、ソフトによって提示されるアプローチに従ってシステムを開発するシステム開発初心者は、必ずといってよいほど過剰最適化され、カーブフィッティングしたシステムを作ってしまう。こうしたシステムのバックテスト結果は素晴らしいが、将来的にリアルタイムでトレードす

ると必ず失敗する。新米のDIY愛好家がBSリストでトレードシステムベンダーの次に来るのはこのためだ。

　ベンダーからシステムを買うのは危険を伴い、新米のDIY愛好家もベンダーとあまり変わらないとすれば、選択肢としては何が残るだろうか。もしだれかにトレードシステムやシグナルを提供してもらわなければならないのであれば、ブローカーが提供するシステムやCTA（商品投資顧問業者）のシステムがよいだろう。彼らが提供してくれるものはどういったものなのか、そしてそのメリットとデメリットは何なのかを見ていくことにしよう。

　今、先物ブローカーの多くが提供しているサービスは、「ブローカーアシスト」や「フォロー・ザ・シグナル」と呼ばれるタイプのサービスである。こうしたサービスを提供しているグループには、ストライカー証券（http://www.striker.com/）とワールドカップアドバイザー（http://www.worldcupadvisor.com/）がある（私は過去これら2つのブローカーを介してシグナルを提供していたことがある。将来的にも提供するつもりだ。私の経験によれば、彼らは信頼できる）。また、月額料金を支払えば、シグナルプロバイダーからのトレードシグナルに「従う」ことができる。シグナルプロバイダーは通常ブローカーに口座を持ち、リアルタイムトレードを行っている。したがって、彼らが提示する結果は実際の結果であり、トレードシステムベンダーが「実際の」結果だと示すナンセンスに比べると格段の違いがある。

　もちろん、これらのサービスによって提供される結果がトレード口座からの結果であるからと言って、あなたも同じ結果を得られるとは限らない。たとえ実際の結果であっても、仮想的な結果と考えるべきである。私の一般則によれば、結果が実際にあなたの口座で起こらないかぎり、その結果は仮想的な結果として扱わなければならない。ご存知のように、仮想的ということは実際の結果は大幅に違ってくる可能性があることを意味する。このことには十分な注意が必要だ。これ

はブローカーサービスのデメリットの1つでもある。

　ブローカーが提供するシグナルサービスのもう1つのデメリットは、ブローカーにシグナルを提供している開発者やブローカーそのものに問題がある可能性があることである。例えば、開発者が自由裁量アプローチを使ってトレードしている場合、個人的に危機に陥るとトレードが混乱を来し、かつては良かったアプローチも悪くなってしまう。ブローカーサイドで言えば、例えば、腐敗経営により2012年に倒産してしまったPFGベストのように、突然の不正行為が発覚すれば、あなたの口座は危険にさらされる。

　CTAシステムに従うことを選んだ場合、そのグループが規制当局と会計会社による監査を受け、示されるトレード結果が全般的に正確であることが重要だ。もちろん、腐ったリンゴが紛れ込んでいることもある。彼らは長年にわたって素晴らしい結果を示すかもしれないが、突然の不正や詐欺によって破産する。バーナード・マドフ（彼はCTAではないが）事件はこの良い例である。信頼できる投資会社だと思われていたマドフの会社は実は詐欺を行っていたのである。

　トレードシステムベンダーは信用できないし、未経験のDIYトレードシステム開発者もベンダーとさほど変わらないし、ブローカーやCTAはベンダーや未経験のシステム開発者よりもマシだがリスクがないわけではない。では、どうすべきか。BSトーテムポールの最も低い位置にあるグループは何だろうか。

　私の考えとしては、最もBSの影響を受けにくく、無効なパフォーマンス報告書を提示することがないのは、経験豊富なDIYトレードシステム開発者である。私がこう思うのにはいくつかの理由がある。第一に、経験豊富なシステム開発者はバックテストソフトのことをよく知っており、どこをいじればよいかもよく知っている。さらに、これらのソフトの限界を回避する方法も知っている。一方、トレードシステムベンダーはこれらの限界を見つけ、それらを極端に良く見えるパフ

ォーマンスリポートを作成するのに利用する。

　第二に、自分自身のシステムを作成し、BSメーターの一番下にいる経験豊富なシステム開発者は、プロセスの責任者だ。彼らは欠陥のある市場データや、間違ったフォワードルッキングルールや、最適化やカーブフィッティングといった潜在的な問題を防ぐことができる。全プロセスに責任を持つということは非常に大きな責任を負うことを意味するが、結果に責任を持つただ1人の人物なので、問題を素早く解決することができる。

　もちろん、長年トレードシステムを開発してきたからといって、専門家になれるわけではない。重要なのは、システムを開発して、パフォーマンスをリアルタイムで検証することである。何年かたつうちに、良いシステム開発者は将来的にも持続するようなヒストリカル結果を生成することができるようになる。正しくやれば、経験豊富なDIY開発者のBSメーターの数値は非常に低くなる。

　ここで次のような疑問を持つ読者がいるはずだ。「なぜわざわざ検証する必要があるのか。結局、検証しても過去にうまくいったことが証明されるだけで、将来的なパフォーマンスには無関係ではないか」。もちろん、こういう疑問を持つのはもっともなことだ。「過去のパフォーマンスは将来の結果を保証するものではない」というのは正しい。だからこそ米国政府はトレードシステムのパフォーマンスについて記述するときはこの免責条項を含めることを求めるのである。だから、ヒストリカルな検証はムダだ、ということになるのだろうか。私はそうは思わない。

　好例があるので見てみよう。例えば、あなたは日の出のモデルを構築したいと思っているとしよう。1カ月間毎日、あなたは夜明け前に起きて、太陽が昇るのを待つ。太陽は毎日、東から昇る。それであなたはモデルを構築し、明日の日の出のためにモデルを実行する。モデルは太陽は東から昇ると「予測する」。太陽は本当に東から昇るのだろ

うか。だれもはっきりとは分からない。不思議なことに地球の回転軸が切り替わったり、地球の自転が逆方向になったりといったことが一晩で起これば、太陽は北や南、あるいは西から昇るかもしれない。しかし、こんなことはほとんど起こらない。しかし、2010年のフラッシュクラッシュや2008年の金融危機はあり得ないことだったのではないか。外れ値イベントや予期しないことは起こり得るのである。

こういった災難が起こったら、モデルは無用の長物と化し、構築しなければよかったということになるのだろうか。そんなことはない。しかし、あなたがモデル化した世界は劇的に変化することがあることを考慮すべきであることは確かである。トレードシステムにも同じことが言える。市場がまったく新しい状態になれば、あなたのトレード戦略は明日には、あるいは翌週、翌月には、まったく使い物にならなくなるかもしれないのである。しかし、歴史に基づいてモデルを構築することは、まったくの当てずっぽうよりもはるかにマシだ。当てずっぽうだと、太陽が明日の朝昇るときに間違った方向を見るかもしれない。

トレードシステムとそのパフォーマンスリポートと資産曲線を評価するときに重要なのは、結果が「どのようにして」得られたのかを知ることである。結果を生成する主要な方法は4つある。

- ヒストリカルバックテスト
- アウトオブサンプルテスト
- ウオークフォワードテスト
- リアルタイムテスト

では、これら4つの方法について順次詳しく見ていくことにしよう。

図5.3　最適化した結果は最適化後には下落することが多い

ヒストリカルバックテスト

　ヒストリカルバックテストは最もよく使われる検証法だ。また、最も簡単で、最も誤用されやすい方法でもある。システム開発者は、開始日と終了日（通常は今日の日付）を入力し、最適化すべきパラメーターを入力し、あとは戦略エンジンにすべてを計算させる。すると、その時期に最良のパラメーターの組が最終結果になり、これを使ってリアルタイムトレードが行われる。

　残念ながら、この方法でバックテストを行うと問題が発生する。結果が過剰最適化——多すぎるルール、多すぎるパラメーター、多すぎるパラメーター値——によらないと仮定すると、ヒストリカル結果は当然のことながら素晴らしいものになるが、これらの結果は実際には最適化によるものなのである。将来的な結果が最適化した結果になることはほとんどない。バックテストの結果はテストで使ったデータに

合わせて「調整」されすぎているのである。

　この良い例を示したものが**図5.3**である。シンプルなトレードシステムの最適化結果を見てみると、これは使えるシステムであるかに見える。しかし、それはあなたが見ているものが最適化された結果だからである。パラメーターの組を変えると、最悪のシステムに見えてくるだろう。先に進めよう。では、あなたはどんな結果だったらあり得ると思うか。最適化した良い結果か、それとも悲惨な結果か。答えは明白だ。システムの実際のパフォーマンスをより的確に反映しているのは、悲惨な結果である。時には最適化のあとに良いパフォーマンスを示すことがあるため、だまされることもある。しかし、一般に、最適化すればするほど、システムが将来的に機能する可能性は低くなる。

アウトオブサンプルテスト

　経験が浅く物事をよく知らないシステム開発者のほとんどは、すべてのヒストリカルデータを使ってシステムを検証・最適化してしまう。これがあなたのやり方なら、これを聞くと激怒してしまうかもしれないが、リアルタイムのトレード結果は良くなかったか、少なくとも一貫して良くなかったのではないだろうか。これは、最適化に使ったのと同じデータで戦略のパフォーマンスを評価したからである。これはあまり良いやり方とは言えない。実は私も、市場が私は間違ったやり方をしていると教えてくれるまでは常にこのやり方をしていた。

　システム開発者のなかには、アウトオブサンプルデータというものを別に取っておくことでこれを回避する者もいる。**図5.4**を見てみよう。アウトオブサンプルデータとは、全データの10％から20％を最適化後の見直しのために取っておくデータのことである。通常は、最も直近のデータを取っておく（最適化データの前のデータを取っておく人もいる）。これは最適化には最も直近のデータを用いるべきであると

図5.4　アウトオブサンプルテストの結果

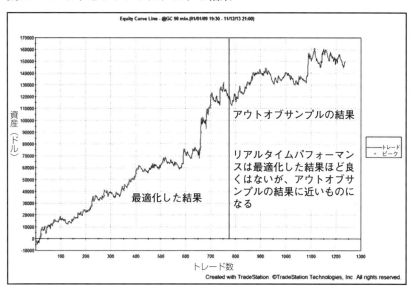

考えるからであり、そのため戦略は現在の市場状態に合うように調整される。

　アウトオブサンプルデータを使って検証することは、すべてのデータを使って最適化するよりも断然良い。アウトオブサンプルデータに大量のトレードが含まれている場合は特にそうである。もし最適化結果がアウトオブサンプルデータでも良ければ、最適化結果に自信が持てる。したがって、リアルタイムでもうまくいくだろう。

　しかし、アウトオブサンプルアプローチには、最適化したパラメーターを永遠に変えられないという問題点がある。例えば、トレードシステムを最適化し、システムへの最良の入力値としてX、Y、Zを得たとすると、これらの入力値は永遠に変わらない。しかし、市場状態が変われば、入力パラメーターの値を変えたくなるはずだ。少なくとも継続的にチェックしたくなるはずだ。アウトオブサンプルテストを

図5.5 ウオークフォワード分析

	2001	2002	2003	2004	2005	2006	2007	2008	2009	2010	2011	2012	2013
In sample #1	■	■	■	■									
Walk-forward #1					■								
In sample #2		■	■	■	■								
Walk-forward #2						■							
In sample #3			■	■	■	■							
Walk-forward #3							■						
In sample #4				■	■	■	■						
Walk-forward #4								■					
In sample #5					■	■	■	■					
Walk-forward #5									■				
In sample #6						■	■	■	■				
Walk-forward #6										■			
In sample #7							■	■	■	■			
Walk-forward #7											■		
In sample #8								■	■	■	■		
Walk-forward #8												■	
In sample #9									■	■	■	■	
Walk-forward #9													■

インサンプル期間　　4年
ウオークフォワード期間（アウトオブサンプル期間）　1年
分析を終えたら、ウオークフォワード期間を1つの連続した資産曲線として描く

一歩進めたものがウオークフォワード分析である。ウオークフォワード分析のほうがはるかに良くて、現実により近い結果が得られる。

ウオークフォワードテスト

　ウオークフォワード分析は従来のバックテストよりもはるかに厄介だが、やってみるだけの価値はある。ウオークフォワード分析は、トレードソフトによる最適化を併用すれば手動で行うことができる。これは私がワールドカップ・チャンピオンシップ・オブ・フューチャーズ・トレーディングで1位になったときに使った方法である。何回か手動でやってみればプロセスを理解できるので、ぜひともやってみてもらいたい。ワールドカップ・チャンピオンシップ・オブ・フューチャーズ・トレーディングのあと、トレードソフトはウオークフォワード分析をサポートするようになった。

　ウオークフォワード分析の考え方は非常にシンプルで、パフォーマ

図5.6　ウオークフォワードテストの結果

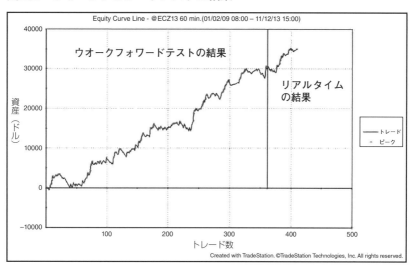

　ンス結果と最適化結果は２つの異なるデータに基づくものであるとするものである。これを示したものが図5.5である。ウオークフォワード分析とは単にアウトオブサンプルテストをたくさん行い、それを合算したものである。

　ウオークフォワード分析は正しく行えば、その結果は最適化テストよりもはるかに現実に近いものになる。ウオークフォワード分析の結果を示したものが図5.6である。リアルタイムの結果にかなり近い結果が出ていることが分かる。図を見ると分かるように、リアルタイムとウオークフォワードのパフォーマンスの間には大きな変化はない。

　ヒストリカルデータが大量にあるときはウオークフォワード分析は素晴らしいツールとして使える。これが私の推奨する方法だ。ただし、ヒストリカルデータが大量にない場合は、リアルタイムで検証・評価したほうがよいかもしれない。

リアルタイムテスト

　成功しているトレーダーのなかには、バックテスト固有の矛盾やバックテストには問題点があるとして、バックテストをまったく行わない人がいる。彼らはリアルタイムで、本当のお金を使って戦略をテストする。この方法のメリットは、ルールを過去のデータに当てはめたり、後知恵バイアスが発生することがない点だ。そして大きなデメリットは、データを市場のスピードでしか集められない点である。したがって、長年にわたる統計量を得るには、長年にわたってリアルタイムでテストしなければならないことになる。ほとんどの人はテストの完了を待てるほどの忍耐力は持ち合わせてはいないだろう。もう1つのデメリットは、戦略が変わると、時計がゼロに戻るため、評価を最初から行わなければならない点だ。そのためテスト期間は延びる。

　今述べた理由によって、ほとんどの人はリアルタイムテストを、メリットはいくつかあるものの、採用しないだろう。トレードシステムの開発手法については本書でこのあと述べるが、システム開発ではトレードシステムの妥当性を確認するのにリアルタイム分析が使われる。

第6章

予備分析

Preliminary Analysis

　第5章ではトレード戦略を検証し、パフォーマンスリポートを作成する基本的な方法について見てきたが、これらのリポートで私が重要だと思う点について考えていきたいと思う。**図6.1**に示したのは典型的なパフォーマンスリポートのサマリーである。トレードステーションによって作成したパフォーマンスリポートは最低でも7ページに及び、算出した何百というパラメーターやトレードリストやパフォーマンスグラフが含まれる。この量の情報は正直に言って多すぎる。ほとんどの情報はトレードシステムを評価するときになると、それほど重要ではないことが分かる。「ドローダウンや変動係数」が重要だと考える人もいるが、私はそうは思わない。

　トレードのどの側面についてもそうだが、私はパフォーマンスリポート分析はできるだけシンプルにするようにしている。トレードシステムをざっと見直すのに私が必要とするのは、いくつかの数字だけである。そのなかから気に入ったものが見つかれば、掘り下げて調べる。

　まず、基本ルールがいくつかある。1つ目は、パフォーマンスリポートは実データやウオークフォワードテストに基づいたものでなければならないという点だ。バックテストの最適化は無益であり、誤解を招くおそれがあるので、行ってはならない。2つ目は、複数年分のデータとたくさんのトレードが必要になるという点だ。一般にシステム

図6.1　パフォーマンスレポートの例

TradeStation Performance Summary	全トレード	買い	売り
純利益	$34,932.50	$18,660.00	$16,272.50
総利益	$88,760.00	$44,435.00	$44,325.00
総損失	($53,827.50)	($25,775.00)	($28,052.50)
プロフィットファクター	1.65	1.72	1.58
総トレード数	411	203	208
勝率	49.39%	53.20%	45.67%
勝ちトレード数	203	108	95
負けトレード数	208	95	113
損益なしのトレード数	0	0	0
1トレード当たりの平均損益	$84.99	$91.92	$78.23
勝ちトレードの平均利益	$437.24	$411.44	$466.58
負けトレードの平均損失	($258.79)	($271.32)	($248.25)
ペイオフレシオ	1.69	1.52	1.88
勝ちトレードの最大利益	$2,407.50	$1,620.00	$2,407.50
負けトレードの最大損失	($442.50)	($442.50)	($442.50)
最長連勝数	8	8	8
最長連敗数	9	5	9
勝ちトレードの平均期間	4.79	5.09	4.45
負けトレードの平均期間	2.56	2.52	2.59
損益なしトレードの平均期間	0.00	0.00	0.00
最大保有枚数	1	1	1
総保有枚数	411	203	208
必要な口座サイズ	$3,522.50	$2,370.00	$2,565.00
純利益÷当初資金	34.93%		
年次リターン	6.29%		
リターン・リスク・レシオ	0.36		
RINA指数	5068.08		
トレード期間	4年9カ月5日5時間		
建玉期間の割合	2.64%		
資産の最大の上昇	$36,030.00		
最大ドローダウン（日中）			
値	($4,160.00)	($2,792.50)	($3,052.50)
純利益のドローダウンに対する%	839.72%	668.22%	533.09%
最大ドローダウン（トレードベース）			
値	($3,522.50)	($2,370.00)	($2,565.00)
純利益のドローダウンに対する%	991.70%	787.34%	634.41%

の各トレードルールごとに5〜10年分のデータと、30〜100トレードのデータが必要。3つ目は通常、私はパフォーマンスリポートはポジションサイジングを適用しないで評価する。多くのパフォーマンスリポートを評価するときは、「リンゴとリンゴ」を比較することが重要だ。例えば、1枚のトレードに基づくパフォーマンスリポートと複数枚の

ポジションサイズを用いるパフォーマンスリポートを比較すれば、公正な比較はまず無理である。さらに、ポジションサイジングによって悪い戦略がよく見えてしまうこともある。簡単にするために、私は戦略が枚数固定のトレードでうまくいくことを確認できたあとで初めてポジションサイジングを適用する。

最後は、パフォーマンスリポートには正確な手数料とスリッページが含まれていなければならないという点だ。これらの数値が含まれていないパフォーマンスリポートを見ることも多いが、作成者は「そういったコストはあとで加えることができるので、問題ない」とふざけた回答をしてくる。これらのコストがトレード戦略に影響を与えることを考えると、手数料やスリッページを含まないのは、モラルに反するとは言わないまでも倫理にもとる行為であり、そのシステム開発者は正しい戦略開発を理解していないと言わざるを得ない。手数料とスリッページを含まないで検証すれば、トレード頻度が高く、1トレード当たりの平均利益の少ないシステムを選んでしまうことになる。例えば、純利益、あるいはそれに類似したものに基づいて最適化すれば、オプティマイザーは最良のパラメーターの組を与えてくれるが、トレード頻度は非常に高くなる。

例を見てみよう。

手数料やスリッページを含まない場合

パラメーターの設定1 ── 1トレード当たりの総利益＝25ドル、1000トレードでの総利益＝2万5000ドル

パラメーターの設定2 ── 1トレード当たりの総利益＝50ドル、300トレードでの総利益＝1万5000ドル

この場合、オプティマイザーは設定1を選ぶだろう。

手数料とスリッページを含んだ場合

パラメーターの設定1 —— 1トレード当たりの純利益＝0、1000トレードでの純利益＝0

パラメーターの設定2 —— 1トレード当たりの純利益＝25ドル、300トレードでの純利益＝7500ドル

この場合、オプティマイザーは設定2を選ぶだろう。

どちらのアプローチが良いのだろうか。最初のシナリオでは、こういったシステムは現実の世界では、口座資金がなくなるまでトレーダーを振り回すことになるだろう。「手数料とスリッページはあとから加えることができる」というほど簡単な話ではないのだ。一方、2番目のシナリオは最初のシナリオよりもはるかに現実的で信用できる結果が得られる。したがって、ほかの条件が同じなら、最適化には手数料とスリッページを含めたほうがはるかに現実的な結果が得られるので、こちらのアプローチを使うべきである。

これらの基本ルールのなかで、私がまず最初に見る数字は総純利益である。なぜなら、利益がなければそれ以上リポートを見る意味はないからだ。トレード時間やドローダウンを考えると示された純利益に価値はないかもしれないが、とにかく利益がなければ始まらない。私の経験から言えば、ウオークフォワードバックテストでは1枚当たりの年間純利益は5000ドル以上、好ましくは1万ドル以上であることが理想的だ。これよりも少ない純利益はリスク調整ベースでは無価値、もしくは十分な数のトレードが含まれていないため有意ではないことを意味する。

私が次に見るのがプロフィットファクター（総利益÷総損失）だ。この数字は大きいほうが良いのは明らかだ。プロフィットファクターは2.0を超えなければ受け入れられないという人が多いが、私の考えは違う。私にとっては1.0を上回ればある程度のメリットはあるため、プロ

フィットファクターが1.0〜2.0の間のシステムは廃棄することはない。ただし、プロフィットファクターが1.5を下回る場合は開発プロセスの残りのステップを乗り切るのは一般的には難しい。

　検証期間の間に十分なトレードが行われたかどうかをチェックするのに見る数字が総トレード数だ。例えば、トレード数がわずか5の場合、結果に有効性はあると言えるだろうか。おおよその目安として、1戦略ルールにつき最低30〜100回のトレードは欲しいところだ。したがって、4つの戦略ルールがある場合、リポートには少なくとも120〜400回のトレードは必要ということになる。もちろん、トレード数は多ければ多いほどよい。

　次に見るのは、勝ちトレードでの1トレード当たりの平均純利益である。これは手数料とスリッページ差し引き後の数字なので、トレードシステムの比較が簡単に行える。1トレードの1枚当たりの平均純利益としては50ドル以上が望ましい。50ドルより少ない場合、システム自体は有効だが、ブレークイーブンラインに近づくほど、エラーや間違いやパフォーマンスのわずかな変化の余裕はなくなる。

　次に見るのは、負けトレードでの1トレード当たりの平均純損失である。この数字と平均純利益とで期待値を算出する。期待値やその算出方法については不明瞭な部分が多いので、ここで簡単に説明しておこう。

　多くのトレーダーは期待値を次の公式に基づいて算出する。

$$\text{期待値} = \text{平均勝ちトレード（\$）} \times \text{勝率（\%）}$$
$$+ \text{平均負けトレード（\$）} \times \text{敗率（\%）}$$
$$= \text{平均トレード}$$

ただし、平均負けトレード（\$）は当然ながら負数である。
　これは1トレード当たりの平均純利益に等しいことに注意しよう。し

たがって、この公式を使って期待値を計算しても、追加的情報は何も得られない。

これに代わる方法は以下のとおりである。

期待値＝（平均勝ちトレード［＄］×勝率［％］＋平均負けトレード［＄］×敗率［％］）÷（－平均負けトレード［＄］）

この値はリスク調整済みの値なので使える。これはリスクにさらした１ドルに対して、どれくらいのリターンを期待できるかを示したものである。したがって、期待値が0.2ということは、リスクにさらした１ドルに対して20セントの利益が期待できることを意味する。この期待値はトレードの心理学者やバン・タープ博士らが強く推奨するもので、以降この公式を「タープの期待値」と呼ぶことにする。私にとって、これは最初の公式よりもはるかに価値のあるものだ。

タープの期待値は0.1を上回るのが望ましい。この閾値を下回るものはトレードは難しく、極端に少ないリワードに対してリスクは極端に高くなる。

次に見るのが総スリッページと総手数料だ。これらの数字がゼロの場合、私はただちにそのリポートは廃棄し、そのほかのすべての結果も無視する。タダのトレードなどあるはずもなく、こんなパフォーマンスリポートはインチキだ。手数料としては、１枚当たりの往復手数料が５ドルなら適切だ。これはディスカウントブローカーが課してくる平均的な手数料で、交換手数料、全米先物協会の手数料などが含まれる。大きな取引や取引所会員の場合、手数料はこれよりも安くなるが、個人トレーダーにとっては５ドルというのは妥当な数字だろう。

総スリッページは総手数料よりもはるかに重要だ。システム開発者、特にトレードをやったことがない人は、現実の世界におけるスリッページを低く見積もることが多い。私の定義するスリッページとは、ソ

フトウェア戦略バックテストエンジンが与える執行価格と実際の執行価格との差である。例えば、戦略エンジンの多くは買いの執行価格を買い気配値（価格を提示する側の買値）と想定するが、実際のトレードであなたが買う価格は売り気配値（価格を提示する側の売値）である。この差がスリッページになる。私の経験によれば、取引量の多い市場の場合のスリッページは以下のとおりである。

- 成り行き注文　　１往復取引につき１～２ティック
- 逆指値注文　　　１往復取引につき１～２ティック
- 指値注文　　　　スリッページはゼロ

　難しい点は、平均的なトレード戦略では成り行き注文、指値注文、逆指値注文が混ざり合っている点だ。そのような場合、１つのスリッページしか適用できないとすれば、どのスリッページを適用すればよいのかということになる。このような場合は保守的にやるのがよい。いろいろなタイプの注文が混ざり合っている戦略では１往復当たりのスリッページとしては私は1.5～2.0ティックを使う。これはやや悲観的ではあるが、スリッページを過小評価して、現実の世界の結果に落胆するよりはマシだ。

　最後に見る数字は最大ドローダウンだ。私はドローダウンの限度については基準は設定していないが、純利益が１万5000ドルしかないのに、１万ドルのドローダウンが発生する戦略には警戒が必要だ。私は、トレードの最中のある時点ではもっと大きなドローダウンが発生する可能性があることを予測しつつドローダウンを見る。そういったドローダウンに対処できないと思った場合、私はそのシステムをすぐに廃棄する。あるいは、ハイリスク・ローリターンはあとあと追放するとして、そのときはまだその戦略は残しておくこともある。

　パフォーマンスリポートのなかにはほかにも重要な統計量がある。例

図6.2　資産曲線の例

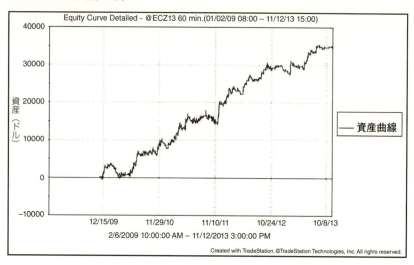

えば、勝率を重視する人もいれば、シャープレシオを重視する人もいる。パフォーマンスリポートの統計量はどれもある程度は重要で、システム開発者は自分が重要と思う統計量を決めておく必要がある。信用できる統計量なら、リアルタイムで成功する戦略へと導いてくれるはずである。

　パフォーマンスリポートを見終わったら、次はトレードグラフを見る。特に興味があるのは、手仕舞いしたトレードの資産グラフである。視覚系の人なら、資産グラフ——手仕舞いしたトレードの資産グラフでもよければ、日々の資産グラフでもよい（**図6.2**）——を見れば、あなたの知りたいことはグラフがすべて教えてくれるだろう。

　資産グラフで私が最も注目するのは、グラフの傾きである。グラフが右肩上がりに安定して上昇していない場合、それはあまり良い戦略とは言えない。問題は、グラフは用いるスケーリングによってゆがめられるということである。そこで重要になるのが、最後の資産をその

グラフの年数で割ってみることである。これによって年間平均利益が分かり、その戦略が価値のあるものかどうかの良い目安になる。

　傾きの次に注目するのが、グラフがフラットになっている期間である。フラットの期間はドローダウン期間よりもマシなのは確かだが、急上昇によって中断される場合が多いときは注意が必要だ。このような場合、その戦略はカーブフィッティングや過剰最適化によって２～３の良いトレードのみをとらえた可能性が高いからである。フラット期間は政府の介入によっても発生する。例えば、2009年から2013年まで続いた米政府による量的緩和（QE、QE2、QE3）がそうである。このような場合、政府の介入が終了すればパフォーマンスは向上すると考えてもよいだろう。もちろん、政府の介入が終わるとすれば、それはいつなのか、だれか予想できる人はいるのか、という問題はある。

　３番目に注目するのがドローダウン期間である。どれだけ深刻なドローダウンなのか、戦略がドローダウンから回復するにはどれだけ時間がかかるのか。これらの質問に対する答えが分かれば、この戦略を実際にトレードしたら何を期待できるのかが分かってくるはずだ。ドローダウンは将来的にはより深刻さを増すかもしれないし、もっと長く続くかもしれない。ポジションサイジングやマネーマネジメントはこれら２つのことが実際に起こることを想定して行うべきである。しかし、何を期待できるのかについては少なくとも感じ取ることはできるだろう。

　資産曲線でドローダウンがまったくないのも懸念材料になる。わずかなドローダウンしかないシステム、あるいはドローダウンがまったくないシステムは、普通預金口座に預けているお金を除いてほかには知らない。資産曲線は現実的でなければならない。リスクを伴わないリターンは現実的とは言えない。

　資産曲線で私が最後に注目するのは、曲線の「ファジー」さである。これは手仕舞いしたトレードだけ計上する資産グラフでは分からない

が、日々の未実現損益を考慮した資産グラフでは見ることができる。曲線がファジーであるほど、日々の結果は、たとえ長期のトレンドが上昇トレンドでも、ころころと上下動する。非常にファジーな曲線はトレードは難しく、ポジションサイジングも難しく、心理的に受け入れがたい。これは次のように考えてもらいたい。システムAが1日目に200ドル儲け、2日目に200ドル損をし、3日目に75ドル儲けたとする。システムBは毎日（3日間）25ドル儲ける。さて、システムAとシステムBはどちらが優れているのだろうか。両方のシステムは結果は同じである。しかし、システムAはファジーなので、システムBのほうが優れているということになる。

　もちろん、資産曲線を見るだけでは科学的とは言えないし、トレードシステムを評価する厳密な方法でもないが、予備分析には役立つ。資産曲線が気に入らなければ、パフォーマンスリポートを詳細に見る必要はない。資産曲線を見るには数秒しかかからず、それであなたの気に入らないシステムを却下できれば、大幅な時間の節約になる。

　本章では、トレードシステムのパフォーマンスを評価するための簡単な数字と方法について見てきた。こうした分析はシステム開発の初期段階で非常に役立つ。ほとんどの戦略がガラクタであることを考えると、ざっと見るだけでガラクタ戦略を却下できれば、システム開発者のあなたにとっては、その分新しいシステムを作成するための時間に使うことができる。しかし、ゆくゆくはパフォーマンス結果を深く掘り下げて分析する必要がある。これはざっと見るのとはまったく別物だ。

第7章

詳細な分析

Detailed Analysis

　トレード戦略の開発が進んでくると、分析も進んでくる。そして、戦略が有効であるために満たさなければならないパフォーマンスのハードルもより一層厳しくなる。開発の後半ステージで私が主として使っている分析手法はモンテカルロ分析である。この分析のやり方と求める結果について説明する前に、モンテカルロ分析について簡単に説明しておこう。

モンテカルロ分析とは

　モンテカルロ分析（またはモンテカルロシミュレーション）と聞くと、何だか手ごわそうと思ってしまうが、そんなことはない。私が作成したモンテカルロスプレッドシート（無料でダウンロード可能。http://as.wiley.com/WileyCDA/Section/id-822115.html　詳細は「本書のウェブサイトについて」を参照）を使えば、分析は簡単に行える。しかし、その前にモンテカルロ分析とは何なのかについて説明しよう。

　あなたの戦略における個々のトレードを考えてみよう。これらのトレードの結果を発生した順にたどれば、その戦略の資産曲線を得ることができる。しかし、これらのトレードの順序が違っていたらどうなるだろうか。ドローダウンはもっと深刻になるのだろうか。最終的な

資産額は違ってくるのだろうか。これらの質問に答えてくれるのがモンテカルロ分析である。

　モンテカルロ分析は次のように考えると分かりやすい。まず、たくさんの紙片を用意する。1つひとつの紙片はあなたの戦略の各トレードを表している。各紙片にトレード結果を書いていく。その後、すべての紙片を帽子のなかに入れる。そのなかからランダムに1つの紙片を取り出す。これがあなたの最初のトレードだ。この数値を記録して、当初資産に加え、取り出した紙片を帽子に戻す（これを無作為復元抽出と言う）。次にまた1つの紙片を取り出し、数値を記録し、それを資産曲線に加える。

　これを何回も繰り返せば、起こり得る資産曲線が得られる。この全過程を何回も繰り返すことで、資産曲線群が得られる。それぞれの資産曲線は、トレードが発生したと思われる順での資産曲線を表している。これらの資産曲線群を使ってあなたのトレードシステムの統計量を得ることができる。そして、これらの統計量を使って、戦略を評価し、ポジションサイジングアプローチを決め、戦略を実際にトレードしたときに直面すると思われる現実的なシナリオを得ることができる。ただし、過去に発生したトレードは将来に発生するトレードと同じであると仮定する。過去のトレードが間違ったシステム開発に基づくものであれば、将来の結果はゴミ同然になる。

　ただし、この分析法には深刻な欠点がいくつかある。第一に、この分析ではパフォーマンスリポートにおけるトレードは、発生し得る唯一可能なトレードであると仮定する。実際にトレードを始めれば、どのトレードもあらゆる結果が考えられるため、これは明らかに間違っている。ただし、これらのトレードの分布（平均と標準偏差）が正確であれば、モンテカルロ分析は意味のある結果を生みだす。

　第二に、この分析では各トレードは前のトレードとは無関係であると仮定する。これを系列相関（または自己相関）がないと言う。ほと

んどのトレード戦略ではこれは問題にはならないが、トレード結果が互いに依存し合う戦略の場合、単純なモンテカルロ分析は使えない。例えば、トレードBが前のトレードAの結果に依存している場合がそうである。これはモンテカルロ分析を使う前にチェックする必要がある。系列相関をチェックする1つの方法がダービン・ワトソンの統計量である。これは本書の範囲を超えるので、詳細や実例や計算するためのスプレッドシートについてはインターネットで調べてもらいたい。

　トレード間に系列相関がある場合、シンプルなモンテカルロ分析は使えない。このような場合は、系列相関効果を含むモンテカルロシミュレーションを使うか、「スタートトレード分析」（または「ムービングスタート分析」）から統計量を集める。スタートトレード分析では、各トレードを開始したときをシミュレートし、リターンとドローダウンの統計量を取得する。例えば、10トレード（i、$i+1$、……$i+9$）のサンプルがあったとすると、まずトレードiの資産曲線を作成する。得られた資産曲線から、ドローダウンd_iを得ることができる。次に、トレード$i+1$の資産曲線を作成し、これからドローダウンd_{i+1}を取得する。すべてのトレードに対してこれを行うと、ドローダウンの組dを分析することができる。この方法はモンテカルロ分析よりも面倒だが、トレードの順序が維持されるため、系列相関があるときにはモンテカルロ分析よりもこの方法のほうが良い。

　これらの欠点を無視できるのであれば、モンテカルロ分析を使うことができる。モンテカルロ分析からは次のようなことが分かる。

●任意の口座サイズに対する破産リスク
●システムがX％のドローダウンを喫する確率
●システムから期待できる年次リターン
●取っているリスクは得られるリターンに見合っているか

これらについては詳しくはのちほど議論する。簡単にするために、読者は私のモンテカルロスプレッドシートを使っているものと仮定する。市販のモンテカルロシミュレーターは、用いる用語や前提は違っているかもしれないが、スプレッドシートを使ったときと同じ結果を得られるはずだ。したがって、シミュレーターを使う使わないにかかわらず、これからの議論はあなたにとって役立つはずだ。

モンテカルロシミュレーターへの入力量

モンテカルロシミュレーションを行うのに必要な入力量はわずか2～3しかない。下記のリストと図7.1を参照してもらいたい。

当初資産──口座の当初資産（ドル）

資産が一定額を下回ったらトレードを中止するという閾値──資産がこの額を下回ったらトレードを中止する。例えば、ここに3500ドルと入力したとすると、トレードを手仕舞ったときの資産が3500ドルを下回ったら、それ以上トレードすることはできない。このとき、口座は「破産」したとみなされる。この数値は最低でもトレードしている投資対象1枚の証拠金を上回っていなければならない。前の例では、証拠金が3500ドルを下回る投資対象のみをトレードできる。例えば、金（現在の証拠金は8800ドル）のように、証拠金が高い投資対象をトレードしたい場合、この数値を増やさなければならない。一般則としては、資産額が証拠金ぎりぎりのトレードはお勧めできないが、このシミュレーションでは前提としてはオーケーだ。

1年間のトレード数──システムが1年間で行うトレード数。私のシミュレーターは1年間だけトレードすることを想定しているので、

図7.1 モンテカルロシミュレーションの入力量

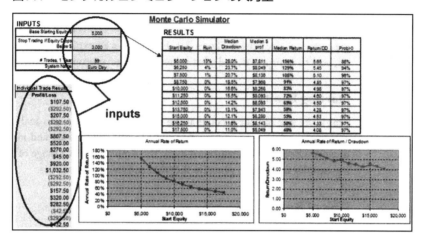

生成される各資産曲線はこのトレード数だけで構成される。もちろん破産はこれよりも先に発生しないものとする。

各トレード結果——この欄にはすべてのトレード結果が表示される。各行が各トレード結果を表している。どのトレードも同じ参照ポイントに基づいたものでなければならない。つまり、どのトレードも1枚当たり、1日当たり……の結果ということである。1枚のトレードと複数枚のトレードを混合してはならない。

シミュレーターの限界

簡単にするために、このシミュレーターではいくつかの前提を設けている。1つ目は、各トレードでは1枚トレードするものと仮定する。シミュレーターにはポジションサイジングは含まれていない。2つ目は、各トレードは1年間のみトレードするものと仮定する。これらの仮定は、エクセルのマクロプログラミング言語を理解している人であ

れば、エクセルのマクロコードで変更することができる。

　資産曲線を生成するための演算についてはこのあとに述べる。「シミュレーション」では、たくさんの演算を行う。ここで述べたシミュレーターでは2500セットの演算を行う。破産リスクやリターンのメジアン（中央値）などの統計量は、シミュレーション結果（2500セットの演算）を使って算出する。

シミュレーターの結果

　シミュレーターを実行すると、出力値の表と対応する資産曲線が生成される（**図7.2**）。各出力値、その解釈方法、トレーダブルなシステムとして私が適切と考える値の説明については以下のとおりである。

当初資産

　モンテカルロ分析を開始した時点における口座サイズ。すべてのリターンはこの数値を基に算出され、破産リスクや最大ドローダウンはこの数値の影響を受ける。シミュレーターでは、いろいろな当初資産を使って表と出力グラフを作成する。

破産リスク

　1年以内にあなたの口座が破産する（「資産が一定額を下回ったらトレードを中止する」閾値を下回る）確率。例えば、破産リスクが12％だとすると、システムをトレードした最初の年にトレードを中止しなければならない確率は12％ということになる。
　破産リスクは非常に重要な統計量で、口座が小さいトレーダーにとっては特に重要である。たとえシステムが勝てるシステムであっても、

図7.2　モンテカルロシミュレーションの結果

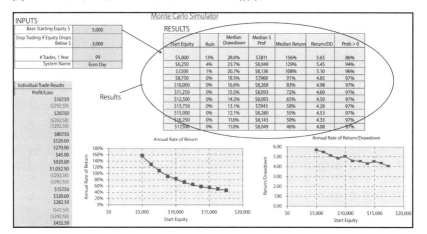

　小さい口座にとっては非常に重要だ。例を見てみよう。

　あなたは素晴らしいデイトレードシステムを持っているとする。このシステムは１日に２回トレードする。勝ちトレードはコスト差し引き後で200ドル、勝率は50％だ。敗率もまた50％で、負けトレードはコスト差し引き後で175ドルである。

　１日の平均利益は25ドルなので、１年で１枚当たり6300ドルの儲けになる。このシステムを１万ドルの口座でトレード（常に１枚）したとすると、年次リターンは63％で、最大ドローダウンはおよそ15％になる。いろいろな評価基準からすれば、このシステムは非常に優れている。

　この正の期待値のシステムを5000ドルを下回る口座でトレードするとしよう。ブローカーが許容するデイトレードの証拠金は500ドルで、これがあなたの「破産」ポイントになる。つまり、口座が500ドルを下回ったら、破産とみなされ、トレードを中止しなければならないということである。

　１年間トレードすると、破産する（口座が500ドルを下回り、トレー

図7.3　口座サイズと破産リスク

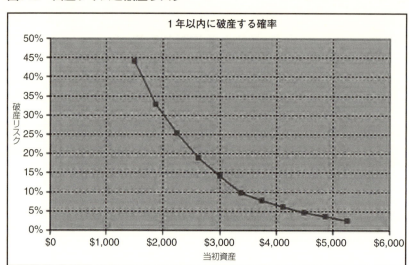

　ドを中止しなければならない）確率はどれくらいになるだろうか。結果は**図7.3**に示したとおりだ。あなたはきっと驚くに違いない。

　そこで質問だ。あなたはこの曲線のどこにいれば一番心地良いか。口座サイズが1500ドルの人は、余裕があまりないため損失を出すたびにパニックに陥るだろう。しかし、口座サイズが5000ドルの人──これでも口座サイズとしては小さく、最初の人の口座サイズの3.3倍にすぎない──は、破産確率は1500ドルの人よりも20倍も少ない。

　結論を言えば、「たとえ勝てるシステムであっても」、資産が少ないというのは大惨事につながる可能性があるということである。したがって、私はシミュレーターが打ち出す破産リスクにはかなりこだわる。この数値が10％を上回れば、少なすぎる資産でトレードしていることになり、この数値が10％を下回るように資産額を増やさなければならない。破産確率が０～１％というのがベストだが、トレードでは必ずリターンとのトレードオフが発生する。私の経験によれば、破産リス

クが10％を下回るシミュレーション結果は安全であり、かつ満足のいくリターンも達成できる。

ドローダウンのメジアン（中央値）

この統計量は最初は分かりにくいかもしれない。これは最大ドローダウンのメジアンである。まだ分かりにくいだろうか。では、数値を分解して考えてみよう。

まず、最大ドローダウンとは、口座資産が資産のピークから下落したなかで最大の下落幅のものを言う。下落幅は以前の資産のピークから測定する必要がある。**図7.4**はドローダウンの３つの例を示したものだ。

ドローダウン１
資産のピーク２万ドルからの5000ドルのドローダウン。
5000ドル÷２万ドル＝25％のドローダウン。

ドローダウン２
資産のピーク３万ドルからの１万ドルのドローダウン。
１万ドル÷３万ドル＝33％のドローダウン。

ドローダウン３
資産のピーク６万ドルからの１万5000ドルのドローダウン。
１万5000ドル÷６万ドル＝25％のドローダウン。

この例では、最大パーセンテージドローダウンはドローダウン２で、33％である。注意してもらいたいのは、これは最大パーセンテージドローダウンであり、ドローダウンの絶対値（金額）ではないという点

図7.4　最大ドローダウン

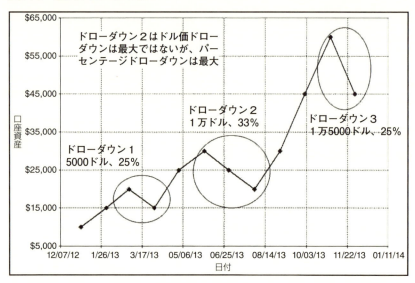

である（ドローダウン3は金額で比較すればドローダウン2よりも大きい）。

　各シミュレーションを実行すると、それぞれのシミュレーションにおいて最大パーセンテージドローダウンが発生する。シミュレーションを何回も行うと、0％（ドローダウンはない。そんなことは現実にはあり得ないが）から100％（資産のピークから資産がゼロになる。完全なる破産）の間で最大ドローダウンの分布が得られる。この分布にはメジアン（ドローダウンの50％はメジアンを上回り、50％はメジアンを下回る。数字を順番に並べたとき、中央にある値のこと）がある。つまり、「最大ドローダウンのメジアン」とは、シミュレーションを何回も繰り返したとき、各シミュレーションにおける最大ドローダウンを順番に並べた真ん中の値ということである。

　最大ドローダウンのメジアンを選ぶのにマジックはいらない。これは30パーセンタイル、60パーセンタイル、90パーセンタイルといった

具合にパーセンタイルで表すこともできる。私はメジアンはほかのシステムとの比較に使う。最悪のケースの値が欲しい場合、95パーセンタイルといった値を使うことになるが、これはこの値よりも悪い最大ドローダウンは5％しかないことを意味する。

　私は個人的には、最大ドローダウンのメジアンとしては40％までは受け入れる。つまり、1年以内に40％の最大ドローダウンに達する確率が50％ということである。これはほかの人にとっては極端すぎるかもしれないが、私の目標と性格に合った数字である。

　最大ドローダウンで肝に銘じておいてもらいたいことは、トレーダー、特に新米トレーダーはドローダウンに耐える自分の能力を過大評価してしまうことである。いろいろなトレーダーと話をして分かったことは、トレーダーたちは自分が耐えられると思っている最大ドローダウンの半分しか耐えられないということである。例えば、トレードを始める前に30％の最大ドローダウンに耐えられると思っているトレーダーがいるとすると、実際のお金を使ってトレードするようになると、ドローダウンが15％になるとパニックに陥り、システムをあきらめてしまうか、変更してしまう傾向がある。私はこれを「あなたの考えている半分」と呼んでいる。最大ドローダウンの許容量を決めるときには、ぜひともこれを覚えておいてもらいたい。

利益のメジアン（金額）、リターンのメジアン

　ドローダウンと同じように、2500回シミュレーションを行うと、結果の分布が得られる。利益のメジアンやリターンのメジアンはこの分布を使って算出される。利益（金額）は、1年間トレードしたあとの最終資産から当初資産を差し引いたものだ。2500回もシミュレーションを行えば、利益のメジアンを算出することができる。一方、リターンのメジアンも同じように算出することができる。最終資産を当初資

産で割ったものがリターンで、これはパーセンテージで表される。

　私はトレードするとき、利益のメジアンは設定しないが、リターンのメジアンは50％以上に設定する。これは以前述べたように、ドローダウンのメジアンとして40％までを許容しているからである。40％のドローダウンで20％のリターン閾値を設定するのは賢明とは言えないだろう。リスクとリワードのこの関係を常に自覚するために、私はリターン・ドローダウン・レシオも計算する。

リターン・ドローダウン・レシオ

　モンテカルロ分析によって生成される統計量のなかで、最も重要なのはこの数字だと思っている。これは金融関連の文献のなかでは、カルマーレシオと呼ばれているもので、カルマーレシオは３年間にわたって算出される。私は１年間のパフォーマンスしかシミュレートしないので、シミュレーターの結果は厳密に言えばカルマーレシオではない。スプレッドシートの数字は、年次リターンのメジアン（％）を最大パーセンテージドローダウンのメジアンで割ったものにすぎない。

　このレシオは、「Ｘを稼ぐには、リスクＹを要する」と考えるとよい。この場合のＹはドローダウンで、Ｘはリターンだ。この値は大きいほうが良いのは明らかだ。私はリターン・ドローダウン・レシオの値としては2.0を上回る値を期待する。ただし、状況によってはこれよりも低い値でも許容する場合がある。私の経験によれば、この値が2.0を上回れば、実際のトレードでも満足のいく結果が出せる場合が多い。

確率＞０

　これは最初の年にシステムが利益を出す確率をパーセンテージで表したものだ。例えば、確率＞０が89％であれば、最初の年に利益の出

表7.1　重要なパフォーマンスパラメーター

パラメーター	データソース	いつ使うか	閾値
純利益	パフォーマンスレポート	最初のチェック時	1年当たり、1枚当たり1万ドル以上
プロフィットファクター	パフォーマンスレポート	最初のチェック時	1.0以上（許容できる）、1.5以上（理想）
1トレード当たりの平均純利益	パフォーマンスレポート	最初のチェック時	1枚当たり50ドル以上
タープの期待値	パフォーマンスレポート	最初のチェック時	0.10以上
スリッページと手数料	パフォーマンスレポート	最初のチェック時	0のとき、レポートは無視。1往復の手数料は5ドル、スリッページは1～2ティック
最大ドローダウン	パフォーマンスレポート	最初のチェック時	純利益よりもはるかに小さくなければならない
資産曲線の傾き	資産曲線	最初のチェック時	一直線に上昇しているのが理想
資産曲線のフラット期間	資産曲線	最初のチェック時	短いのが理想
資産曲線のドローダウン（深さと期間）	資産曲線	最初のチェック時	曲線全体に対して比例
資産曲線のファジーさ	資産曲線	最初のチェック時	小さいのが理想
破産リスク	モンテカルロシミュレーション	詳細なチェック時	10%以下
最大ドローダウンのメジアン	モンテカルロシミュレーション	詳細なチェック時	40%以下
リターンのメジアン(%)	モンテカルロシミュレーション	詳細なチェック時	50%以上
リターン・ドローダウン・レシオ（%）	モンテカルロシミュレーション	詳細なチェック時	2.0以上

る確率は89％であることを意味する。もちろん、これはヒストリカルなテスト結果に基づくもので、ヒストリカルなテスト結果が正確でなければ、この数字も正確ではない。

まとめ

パフォーマンスリポート、資産曲線、モンテカルロシミュレーターと見てきたところで、これらの値の使い方と許容できる閾値についてまとめてみよう（**表7.1**）。

第8章

システムの設計と開発

Designing and Developing Systems

　トレードシステムのさまざまなソフトが入手できるようになった今、自分自身のトレードシステムを設計するのは簡単になった。トレードステーション、ニンジャトレーダー、マルチチャーツは人気があるが、これらは良くもあり悪くもある。これらのソフトの利点は、簡単に使え、アイデアを戦略に変換するのが簡単なことである。マイクロソフトのエクセルや本格的なプログラミング言語（C、C++、Visual Basicや、Fortranのような古い言語）では何週間もかかっていたものが、今ではものの数分、あるいは数秒でプログラミングできてしまう。そういった意味では、人生は楽になった。

　こうした近代のソフトには欠点もある。人々はソフトを使って毎日何百万というトレードアイデアを検証し、「エッジ」を見つけようとしているが、最終的には使い物にならないことが分かる。トレードソフトは物事を簡単にしすぎるのだ。チャートを見て、戦略を挿入する。戦略と言っても、おそらくはソフトに付属の標準的な戦略だ。そして、短時間で分析し、心が満足するまで最適化する。

　ソフトのこの簡単さがアキレス腱でもあるのだ。トレードのソフトが記述する簡単な方法では、有効な戦略を作成するのはほぼ不可能だ。簡単な方法で作成したシステムはバックテストでは素晴らしい結果を出すが、実際にトレードしてみると、すべての統計量は暗転する。こ

れはシステム開発を始めた当初、私の身に起きたことだ。あなたも経験があるのではないだろうか。私は**図5.3**の左側のようなバックテストを生成するのが得意だった。しかし、実際にトレードしてみると、資産曲線は**図5.3**の右側のようになった。つまり、損失を出したということである。

　使うのが簡単なこうした「汎用」トレードソフトは、プロのトレーダーたちは使えない、あるいは使わない。よく知られた市販のソフトが最高だと思っている一般トレーダーたちは、ここではたと立ち止まる。プロのトレーダーが使わないのはなぜなのか。実はプロのトレーダーたちは、R、Python、Matlabといったもっと高度なプログラミング・分析ツールを使っているのである。あるいは、インターネットで公開されているオープンソースコードを使って、一から自分自身のプラットフォームを開発しているのである。プロのソフトウェアツールだけが良いとは言わないが、トレードソフトには限界と欠点があることを知っておいてもらいたい。分析や戦略開発や自動化など、あなたの必要な機能を提供してくれないものがあるということは、もっと高価な別のソフトがそういった機能を提供してくれる可能性は高い。

　私は最初はシステムを手動で評価していたが、そのうちにスプレッドシートを使って分析するようになり、やがてシステム評価装置をFortranやBisual Basicを使って作成し、今では主としてトレードステーションやニンジャトレーダーを使うようになった。その過程では多くの過ちを犯し、損失という形で市場に「授業料」を払ってきたが、ついに良い方法を見つけた。今は**図8.1**に示したような複数のステップを経たアプローチを使っている。プロセスの各ポイントには「ゲート」がある。これは次のステップに進むために戦略が満たさなければならない基準のことである。途中で失敗した戦略は、微調整することができる。しかし、ほとんどのケースでは、その戦略は廃棄して、次のアイデアに進んだほうがよい場合が多い。なぜなら、戦略がプロセスの

図8.1　私の戦略開発プロセス

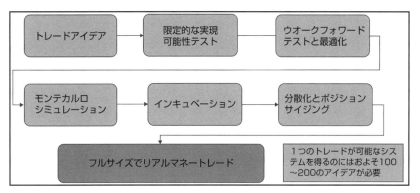

途中で機能しない場合、戦略を微調整すれば、カーブフィッティングしてしまったり、後知恵バイアスに陥ったりするからである。バックテストの結果が良ければ、ついだまされてしまう。しかし、目標は素晴らしいバックテストを行うことではなくて、その戦略の将来のパフォーマンスを反映するようなバックテストを行うことであることを忘れてはならない。戦略が良い結果を出すまで水責めにしたり、拷問にかけたりしても、成功することはない。

　その昔、今使っているプロセスを開発する前、私はほかの人と同じことをやっていた――銘柄を選び、足の時間枠と検証期間を決め、戦略にいくつかのルールを設定し、最適化する。ベストと思える戦略が出来上がるとリアルタイムでトレードを開始した。短時間で何百万回セットもの演算ができるコンピューターのマジックによって、私はすぐにでも大金持ちになれるような幻想を抱いた。ところが、私を待っていたのは失望だった。

　初期の失敗を糧に、もっと懸命に取り組み、堅牢で、理想的には問題のない開発プロセスを作成しようと心に決めた。個々の概念は私自身が考えたものではない。私のプロセスのほとんどのステップは、ず

っと以前に私の前にいた多くのトレーダーたちによって開発されたものだ。システム開発の古典の1つに、システム設計の「バイブル」と呼ばれている書物がある。それはロバート・パルド著『アルゴリズムトレーディング入門——自動売買のための検証・最適化・評価』(パンローリング)である。私はこれまでに読んだり学んだりしたことを手直しし、私にとって正しいと思えるものを作成してきたが、これは全般的にリアルタイムで良い結果を生んだ。

とは言え、これは戦略が簡単にパスできるようなプロセスではない。私が今使っている基本的なプロセス(何年にもわたって改善・リファインしてきたが、どちらかというと、数年前に比べるとより厳しくなっている)を初めて使い始めたとき、価値のあるアイデアを見つけるのにおそらくは100～200の(仕掛けと手仕舞いの)トレードアイデアを要した。時間がたち、経験を積むうちに、この数は大幅に減少していったが、トレード可能な戦略を見つけるのは容易な仕事ではない。

ウオークフォワード分析、モンテカルロ分析などを初めて経験するトレーダーは、戦略を見つけることの難しさにイライラを感じることが多い。このジレンマに対して私は、「でも、それが普通のことなのだから」と答えることにしている。これについて少し考えてみよう。戦略を見つけるのが簡単なら、ほかの人がすでにそれを見つけ、使っているのではないだろうか。毎日、何千というトレーダーやリサーチャーがエッジを探し、データをマイニングし、検証を行っている。簡単な戦略はもはや機能しないか、ずっと前にすでに発見されているのである。

私にはCTA(商品投資顧問業者)の良いトレーダー仲間がいるが、彼はかつて私に次のように言った。「1年に1つ新しい戦略を見つけることができれば、とてもハッピーだ」。確かにそうである。1つの戦略でも、正しいマネーマネジメントを行えば、お金持ちになれるのだから。しかし、1年に1つ新しい戦略を見つけるのは容易なことではな

い。私はよく戦略開発プロセスを工場に例える。工場の受け入れ口には工場を運営していくうえで必要な原材料が運び込まれる。原材料はトレードアイデアや戦略に相当する。分析ツール、バックテスト用ソフト、ウオークフォワードアルゴリズムは工場にあるマシンだ。もちろんあなたは、製品の質を監視しながら機械を動かす熟練労働者だ。しかし、工場の外にある大きなゴミ箱は、工場で生産された不良品ですぐにいっぱいになる。ゴミとして捨てられないのは、品質の優れた製品だけである。それはトレードできる戦略を意味する。

戦略開発は非常にタフな仕事なので、戦略開発プロセスを工場に例えるのは良い例えだと思う。工場労働者は私の知る最もタフな人々で、戦略開発にも同じタフさが求められる。戦略開発を軽んじる教育者には驚くばかりである。彼らはあなたに感情を管理しろだの、日誌にあらゆることを記録しろだのと言って、くだらないことにうつつを抜かしている。誤解しないでもらいたいのだが、こうしたことはトレードではそれなりに意味があるが、エッジを持つ戦略の代わりにはなり得ないということである。良い戦略がなければ、日誌を付けても何の足しにもならない。余談だが、心理学や日誌を書くといった「ソフト」なスキルはエッジを持ったトレーダーにとっても必要不可欠であることが多いのは何とも皮肉なことだ。成功するためには心理学も日誌を書くことも必要なことなのである。

戦略開発は工場なのだから、工場は常に稼働していなければならない。物事を円滑に進めるために私がやっていること、あるいはやってきたことは以下のとおりである。

- 興味をそそられるトレードアイデアが心に浮かんだときは必ず書き留めること。検証したいアイデアはリストにしておく。
- アイデアはどこにでもある。トレード本、雑誌、インターネットフォーラムは生のアイデアの宝庫だ。しかし、アイデアを提示される

ままに取り入れて、そのとおりにトレードすることは勧めない。私はアイデアを見つけたらまずは修正し、私独自のひねった解釈を加える。
- バカなアイデアというものはない。唯一バカなアイデアは、検証しないアイデアである。
- プログラミングで大きな過ちを犯したら、とにかく検証してみることが重要だ。「思いがけない」過ちは仕方がない。おそらくそれはあなたの潜在意識が偶然作り出したものだろう。ちょっとおかしいと思えるかもしれないが、過ちを犯したプログラムを実際のお金を使ってトレードして成功したことは１回や２回ではない。
- 物事が悪い方向に行き始めたら、逆を試してみる。売ったほうがよいと思えるときには買い、買ったほうがよいと思えるときには売る。逆のことをやると面白いことが起こることもある。
- 目標を設定する人は、毎週最低でも１～５個の戦略を検証してみる。厳格な検証には６カ月から１年かかるかもしれないが、きっと何かを発見できるはずだ。
- アイデアが出尽くしたら、いろいろなチャートを引っ張り出して、ただそれらをひらすらながめる。指標を１つ、２つ加えてもよいだろう。何も考えずにしばらくながめたら、チャートはしまって、数日後、あるいは１週間後に見直してみる。このときは考えながら見る。指標とチャートとの関係に、あるいはチャートそのもののなかに何かを見つけただろうか。見つけたものを書き留め、それをプログラミングして検証する。
- 自分と同じスキルレベルのほかのトレーダーを見つけ、アイデアや戦略を交換しようと提案する。彼らが持っているものを取り入れ、彼らのアイデアに基づく戦略を構築する。私はワールドカップ・チャンピオンシップ・オブ・フューチャーズ・トレーディングの勝者である仲間とこれをよくやる。

●基準を変えてみる。おそらくあなたは自分にとって条件を満たすと思うものを制限しすぎている。すべてとは言わないまでも、あなたの基準の大部分を満たす戦略に対して門戸を少しだけ広げるとよい。工場が生産を始めたら、基準はいつでも厳しくできるのだから。基準を緩めたら、その基準をパスした最初の戦略を必ずしもトレードしなければならないわけではない。これは基準を「パスする」システムの構築においてあなたに経験を積ませ、自信をつけさせるためなのである。そのあと、ゆっくりと基準を厳しくする。そのときには厳しくした基準を満たすシステムを開発できるようになっているのが理想的だ。これを繰り返し、最初の基準を満たす戦略を構築する。

最適化だけがすべてではない

　私のプロセスについて次の数章を読んだあと、あなたは疑問に思うだろう。「戦略開発って、最適化がすべてではないのか」。これは良い疑問だ。1000万個の戦略の検証を始めたとしても、事前に設定したパフォーマンスのハードルをパスし、インキュベーションのあとで勝てる戦略になる可能性のある戦略はわずか2〜3しかない。その時点ではその戦略については次の可能性が考えられる。

●あなたは真のエッジを見つけた。エッジがなくなるまでしばらくの間はこの戦略で稼げるだろう。
●その戦略はすべての検証をパスするように過剰最適化やオーバーフィッティングした可能性が高く、リアルタイムで機能する戦略ではない（経験のないシステム開発者によく起こる）。
●たくさんの戦略を検証したので、遅かれ早かれすべての検証をパスする戦略は1つは見つかる。あなたはその戦略にはエッジがあると

思っているかもしれないが、実際にはエッジなどない。この戦略を選んだのは単なる偶然にすぎない。木の実を探し当てた目の悪いリスのように、あなたはただ運が良かっただけだ。

あなたが求める戦略はシナリオ1の戦略であることは明らかだ。私が提供するガイドラインを拡張すれば、結局は過剰最適化になってしまうが、私のプロセスを使えば、シナリオ2の戦略は避けることができる。シナリオ3は考えただけでもゾッとする。このシナリオでは、あなたは自分がエッジを持っていると思っているが、実はあなたは信じられないくらいラッキーなだけである。ラッキーな戦略では、長年にわたってうまくトレードできることもあれば、1日目から損失を出すこともある。何が起こるか分からないのがこのシナリオだ。

シナリオ3――「ラッキー」な戦略を見つける――を防ぐためのアドバイスは以下のとおりである。

- 自分の戦略に論理的基盤を持て。仕掛けと手仕舞いについて、これらがあなたにどうエッジを与えてくれるかを考えよ。頭を使って、市場であなたが見るものを利用せよ。
- 物事はできるだけシンプルにせよ。ルールや条件を増やせば、戦略は将来的に機能しなくなる可能性が高い。
- いろいろな指標をあれこれと組み合わせて、機能するものを見つけようとしてはならない。これらのテストを十分に行えば、最終的には何かを発見できるかもしれないが、それもおそらくは運良く見つかっただけである。このテクニックを用いる製品はあり、正しく使えば役に立つだろう。コンピューターがあなたの戦略のことをすべて考えてくれるなどと期待してはならない。
- どういったことをやるにしても、最適化はほどほどに。

私はときどき戦略開発を釣りに例える。ナマズを釣りたいと思ったら、大きな網を用意して、たくさんの魚をつかまえ、網にかかった魚のなかからナマズを選別するのも１つの手だ。これは多くの戦略をランダムに検証し、そのなかから優れていると思えるいくつかの戦略を見つけるのに匹敵する。もっと良い方法は、ナマズの好きな食べ物を考え、ナマズを捕まえられそうなエサと釣り方を工夫する。これはエッジを見つけ、そのエッジを利用できるルールを作成するのに匹敵する。すべての条件が同じだとすると、長期的に成功できるのはおそらくは後者の方法だ。

　このあとの章ではトレードシステムを設計・開発するのに私が今使っているプロセスについて詳しく見ていく。このプロセスに厳密に従ってもよければ、あなたの状況に合った部分だけを選んで使っても構わない。いずれにしても、あなたのシステム開発スキルはきっと上達するはずだ。

第3部

戦略の開発

Developing A Strategy

第9章

戦略開発 —— 達成目標

Strategy Development -- Goals and Objective

　車で長旅をするとき、あなたは道案内として地図を使うだろうか、それともGPSを使うだろうか。あるいは、道路標識を読んで直観に従って目的地を見つけるという「ぶっつけ本番」で行くだろうか。ほとんどの人は地図は持っているだろう。地図があれば目的地を簡単に見つけることができる。トレードシステムの開発についても同じことが言える。システム開発を始める前に最終目標を設定することが重要だ。すべては目標から始まるのだ。

　あなたはこれまで次の言葉は耳にタコができるほど聞いてきたと思う——何かを達成したければ、目標を持たなければならない。しかし残念ながら、何回も聞いているにもかかわらず、ほとんどの人は目標を掲げるだけか、あるいは測定するすべのない、あるいは実現するすべのない漠然とした目標を掲げるだけだ。

　良いトレードシステムを開発するには、具体的な目標が絶対に必要だ。そのために私が採用しているのがSMARTの法則（**図9.1**）である。SMARTは目標を立てるときに重要な要素の頭文字を取ったものだ。

● Specific（具体的）
目標は漠然としたものではなく、具体的でなければならない。例え

図9.1　SMARTの法則

```
S（具体的）
M（測定可能）
A（達成可能）
R（関連性がある）
T（期限を決める）
```

ば、「お金をたくさん儲けさせてくれるようなトレードシステムが欲しい」や、「リスクのないトレードシステムが欲しい」では不十分だ。こういった漠然とした目標は、非現実的であるばかりか、あまりにも一般的すぎる。こうした漠然とした目標の場合、いつ目標を達成したのかはどうやって知ればよいのか。目標が漠然としていれば、いつ達成したのかは分からない。

● Measurable（測定可能）

　目標を測定することができなければ、目標を満たすトレードシステムを作成できたかどうかをどうやって知ればよいのか。堅実な目標を立てるうえで重要な2番目の鍵は、測定可能であることである。開発プロセスが終わると、一定のパフォーマンス統計量を持つトレードシステムが手に入り、そのシステムを最初に設定した目標と比べたいと思うはずだ。こんなシンプルなことはない。ところが、「家族が誇らしく感じられるトレードシステムを作成したい」といった測定不可能な目標を掲げる人がいかに多いことか。これはこれで立派なトレードシ

ステムだが、これをどうやって測定するのか。公共の場を歩くとき、ティーンエージャーの子供があなたの３メートル先や３メートルあとを歩くのではなくて、あなたと並んで歩けば、彼らはあなたを誇りに思っていることが分かる。でも、ティーンエージャーの子供がいないときはどうなるのか。

●Attainable（達成可能）

SMARTの「A」は"A"ttainable（達成可能）を意味する。「500％の年次リターンで、最大ドローダウンが２％を下回るトレードシステムを開発したい」と言っても、こんなものを開発できるわけがない。これは現実的ではない。目標は達成可能なものを設定する必要がある。目標があまりにも高すぎれば、そんなトレードシステムなど作成できるわけがないので、失望するのは目に見えている。非現実的な目標を掲げた人々は、目標を達成しようとズルをしてしまう。例えば、極端に最適化したバックテストを行ったり、極端にカーブフィッティングしたり……、それで目標を達成できたと思い込む。しかし、前にも述べたように、「あまりに良すぎて到底信じられるものではないと思ったら、それはたぶん、信じてはならないものなのだ」。

●Relevant（関連性がある）

目の前のテーマに関連のないトレードシステムを開発するといった目標を設定すれば、目標設定は時間の無駄になる。例えば、トレードシステムの作成が嫌いで、開発プロセスも嫌いだったら、そもそもトレードシステムを追い求める意味があるだろうか。すべてのプロセスはあなたにとって何の意味があるだろうか。意味がなければ、すぐにやめるべきである。この分野で成功するためには、全身全霊で取り組まなければならない。プロのトレーダーたちは信念をもって戦っていることを忘れてはならない。真剣に取り組むトレーダーと真剣に取り

組まないトレーダーが戦えば、どちらが勝つかは一目瞭然だ。

● Time bound（期限を決める）

　トレードシステムの開発は時間がかかり、あなたの自由時間や仕事時間も奪ってしまう。したがって、目標達成までの期限を決めることは重要だ。戦略の作成にはどれくらいの時間を使い、１つのアイデアの評価にはどれくらいの時間を使うのかなどを決める必要がある。これはプロセスを常に進行状態に維持するためである。新しい戦略のアイデアを検証する時間を見つけモチベーションを持ち続けることは非常に難しい。特に前の100個のアイデアがすべて失敗したときはなおさらである。

　目標の立て方が分かったところで、具体例を見ていくことにしよう。

「私のパフォーマンス目標を満たすトレードシステムを作成する」

　これは具体的か。ノー。では、測定可能か。それほどでも。達成可能か。おそらくは。関連性があるのか。イエス。明確な期限があるのか。ノー。こういった目標はいろいろな手直しが必要だ。

「私のパフォーマンス目標を満たすトレードシステムを６カ月以内に作成する」

　これはSMARTの法則を満たしているだろうか。イエスでもあり、ノーでもある。あとの部分（「６カ月以内にトレードシステムを作成する」）は具体的であり測定可能だが、「パフォーマンス目標を満たす」は漠然としすぎているし、測定することも不可能だ。目標のあとの部分は達成可能でもある――６カ月ハードワークを行えば、そこそこのトレードシステムはできるし、そのあとの開発も速く進むだろう。こ

れはまた関連性があり、期限も決められている。最初のいくつかの言葉を除いては、全体的には良い目標だ。その部分を書き直してみよう。

「6カ月以内にトレードシステムを完成させる。これはユーロ通貨をトレードするシステムで、年次平均リターンは50％、最大ドローダウンは30％、勝率は45％以上を目指し、定められた開発プロセスに従うものとする」

　これでSMARTの法則をすべて満たす目標になった。作成したどんなシステムも簡単に目標に照らし合わせることができる。

　SMARTの法則を満たす目標を設定して、いくつかのトレードシステムを作成しようとしたとき、達成可能だと思っていた目標が達成不可能であることが判明することもある。目標リストに掲げた年次リターンと最大ドローダウンが問題になることが多い。100％の年次リターンは確かに可能だ（私が良い見本）が、最大ドローダウンを10％にしようと思ったら、100％の年次リターンは非現実的だ。目標が達成不可能であることは事前に分かることもあるが、開発プロセスを終了したあとで初めて分かるときもある。

　こういった場合は、スマートな目標はもっとよりスマートな目標に変更する必要がある。つまり、目標を達成しようとするとき、必要に応じて、目標を「評価」したあと「再評価」する必要があるということである。目標を目の前にある状況に合わせて変更しなければならないということである。これは目標をあきらめることを意味するようにも思える――目標を達成できなければ、目標を低くする。しかし、これで良いトレードシステムを作成できる可能性は高まる。目標を絶対に達成できないと思った場合、トレードはあきらめて別の趣味や仕事を探すこともできるし、目標を評価してもっと関連性があり達成可能なものに調整することもできる。

図9.2　トレードシステムの「ウイッシュリスト」の例

望むこと・望まないこと	システムはこれを満たしているか
望むこと	
ｅミニだけをトレードする	
年次リターンはＸ％、最大ドローダウンはＹ％	
カルマーレシオ＞Ｚ、シャープレシオ＞Ｗ	
オーバーナイトはしない	
指標は２個以下	
100％メカニカル（自由裁量はなし）	
望まないこと	
１日に３回以上トレードをする	
ナンピン	

　目標は１～２文からなり、SMARTの法則を満たすものでなければならない。でも、あなたのトレードシステムに対する要望はどうだろうか。これらについてはどう扱えばよいのだろうか。あなたの要望は目標には当てはまらないかもしれないが、重要なものだ。例えば、トレードする市場、トレードする曜日などがそうだ。

　トレードシステムには含めたいが、SMARTの法則に含めるほど重要ではないものがある場合、私は「ウイッシュリスト」を作成する。これは非常に簡単で、トレードシステムに含めたい特徴をリストにしたものだ。

　ウイシュリストにはどんなものを含めることができるのだろうか。**図9.2**は私がかつて作成したウイッシュリストの例である。これは私が開発していたｅミニS&P先物（シンボルはES）戦略のウイッシュリストだ。これを見ると、ウイッシュリストはあなたの性格を反映したものでなければならないことが分かる。自分の望むことと望まないことを明確にし、それらを書いてみることで、どういったトレードシステムにすべきかの概略が見えてくる。

　もちろん、リストが長いほど、そういったものを満たすトレードシ

ステムを作成するのは困難になる。ウイッシュリストにあるものをすべて満たすシステムを作成することはできないだろう。でも、それでもオーケーだ。人生はすべて妥協なのだから。トレードシステムの開発も同じである。ウイッシュリストにあるものを妥協することで、本当に重要なものが何なのかが見えてくる。そういった項目だけを残せばよい。あなたが重要だと思っていたもののなかには、本当はそれほど重要ではないものもあるはずだ。しかし、ウイッシュリストのなかで戦略に含めることができる項目が多いほど、そのシステムを自信と決意をもってトレードすることができるようになる。この自信と決意こそが、あなたにとって本当に価値あるものになるのである。

第10章

トレードアイデア

Trading Idea

　目標を決めたら、いよいよトレードシステム開発の開始だ。プロセスが終了するころには、検証できるトレードシステムが開発できているだろう。しかし、そこに行き着くには、まずは次のテーマに取り組む必要がある。

- 仕掛けのルール
- 手仕舞いのルール
- 銘柄の選択
- 時間枠
- プログラミング
- データの考察

　それでは各テーマについて具体的に見ていくことにしよう。

どう仕掛けるのか

　トレードシステムを設計するときに最も簡単なのは仕掛けのルールである。最近見たトレードに関する記事・広告・情報を考えてみてもらいたい。「勝率80％のシグナル！」「ほかにないニューラルネットワ

ークを利用した仕掛けのテクニック！」「失敗しない指標！」「元ロケットサイエンティストが開発した勝てる銘柄を見つける絶対確実なテクニック！」といった言葉が躍る。これ以外にもまだまだたくさんある。トレーダーは正しい仕掛け方こそが重要だと思い込んでいるところがある。この問題さえ解決できれば、あとは簡単だと思ってしまうのである。仕掛け大好き人間は株式市場を見て、「大昔にマイクロソフトを買っていたら、どうなっていただろうか」と言う。彼らは仕掛けさえ正しければ、トレードの間に発生するドローダウンは無視する傾向がある。

　トレーダーが仕掛けを重視するのには、もっと根本的な理由があると私は思っている。あなたが完全にコントロールできていると感じる時間は、仕掛け前の時間だけである。「ミスターマーケットさんよ、私が仕掛ける前に、こうなってくれ、ああなってくれ。ミスターマーケットさんよ、もしあなたが私のルールに従わなければ、私は仕掛けないからね。ここでの支配者は私なのだ」とあなたは市場に言う。トレードの最中の時間に比べると、これはいい気持ちだろう。トレードの最中は、マーケットのジェットコースターがあなたの思うように動いてくれることを願うだけなのだから。

　もちろん、仕掛けはトレード戦略というパズルの１ピースにすぎない。システムで最も重要なのは仕掛けだとか、仕掛けは最も重要ではない、と人々は言ってきた。バン・タープ博士は何年も前にランダムな仕掛けについて調査し、手仕舞いを慎重に設計することで成功するトレードシステムを開発した。しかし、ランダムな手仕舞いで良いシステムを開発した人もいる。

　私の経験から言えば、仕掛けの重要性はトレード時間と直接的な関係がある。あなたが数週間から数カ月間ポジションを保有する長期のスイングトレーダーならば、仕掛けに正確さは必要ではない。数日早く仕掛けても、数日遅く仕掛けても、戦略の収益性にはさほど影響は

ない。しかし、あなたがスキャルパーなら、仕掛けは非常に重要だ。仕掛けを１～２ティック外すと、勝てるシステムがガラクタになってしまうこともある。システムを設計するときにはこの点に留意することが大切だ。システムを開発する前に、仕掛けがどれだけ正確である必要があるのかを知ることである。

仕掛けのアイデアに苦労する人が多い。仕掛けのアイデアはどこにでもあることを考えると、これはどうしたことだろう。私には、雑誌の表紙を意思決定プロセスに使うトレーダーの友人がいる。これから起きることが予想される干ばつや金の不足を物語る雑誌の表紙を見て、彼はこうしたものの影響を受ける市場に参入する絶好のチャンスかもしれないと考えるのである。もちろん、逆方向に。

以前の章では仕掛けについてアドバイスをしたが、インスピレーションに行き詰まったときにはアイデアリストを活用してもらいたい。成功の鍵は、アイデアリストを作成したら、それらをバックテストできるような堅実な仕掛けに変換することである。そこには自由裁量の余地はない。アルゴリズム戦略はアルゴリズムと行動を規定するルールの組からなる。仕掛けのルールを厳密に定義できなければ、アルゴリズムシステムなど作成することはできない。

仕掛けのアイデアが決まったら、それをコンピューター言語に変換する必要がある。バックテスト用のソフトでプログラミングできない場合は、だれかほかの人を雇ってやってもらうとよい。その前にルールを「疑似コード」に変換しておくとよいだろう。これは英語で書かれた仕掛けの指示書のようなものだ。例を見てみよう。

「この足の終値が過去Ｘ足の終値のなかで最も高い終値なら、次の足で成り行きで買う」

これをトレードステーションのイージーランゲージに変換すると次

のようになる。

If close = highest (close, X) then buy next bar at market.

疑似コードの作成は極めて重要なステップだ。この疑似コードによって仕掛けのルールを明確にすることができ、最適化したい重要な変数（この例では「X」）も明確にできるからだ。

良い仕掛けのルールを作成するためのアドバイスは以下のとおりである。

- **シンプルにすること** ルールを簡単な言葉で説明できなければ、コンピューターコードに変換するのに苦労し、プログラムしたものが自分の意図するものではなくなる可能性がある。
- **入力パラメーターの数を制限すること** 仕掛けに対する条件が2～3ある場合、最適化したほうがよいと思えるパラメーターは5～10、あるいはそれ以上に増える可能性がある。最適化するパラメーターの数が増えるほど、モデルをオーバーフィッティングしてしまう危険性があることを忘れてはならない。シンプルにすること。私は仕掛けでは最適化可能なパラメーターは1～2しか使わない。
- **違う角度から考えてみる** 移動平均の交差はプロやアマチュアにこれまでうんざりするほど検証されてきた。あなたがこれまで見たものとは違う仕掛け――ほかの人がほとんど試していない仕掛け――を考えてみよう。
- **最初は1つのルールから始める** 複数の条件を持つ仕掛けが欲しいのなら、1つの条件から始めてみる。そして、条件を増やすことでパフォーマンスが大幅に向上するのなら、条件を徐々に増やす。あなたが重要と考えていた仕掛けの条件は、実はそれほど重要ではないことが分かってくるはずだ。

どう手仕舞いするのか

　仕掛けに比べると、手仕舞いはトレード戦略の「赤毛のまま子」のようなものだ。私も含めて、手仕舞いはあまり重視しない人が多い。これは前に述べたコントロールできないことに関係があるのではないかと思っている。トレードの最中は、支配者はミスターマーケットなのだ。負けトレードから脱出する別の方法を考えるのは多くの人にとってあまり気持ちの良いものではない。なぜなら、トレードはトレードを行ってお金を儲けることだからである。

　手仕舞いは収益性全体に大きな影響を与えるため、正しい手仕舞いを行うためには十分な準備が必要だ。仕掛けと同じように、手仕舞いにもいろいろな方法がある。よく使われる手仕舞いの方法は以下のとおりである。

- **ドテン**　新たなポジションの仕掛けのシグナルが既存ポジションを手仕舞うための手仕舞いシグナルにもなる。多くの人は常に市場にいるのが好きだ。この方法はそれに打ってつけの方法。
- **テクニカルベースの手仕舞い**　支持線・抵抗線、移動平均線、ローソク足パターンなどは、有効な手仕舞いのルールになる。こうしたルールを使うときのポイントは、仕掛けのルールと整合性が取れていることである。整合性が取れていない場合、仕掛けた途端に、手仕舞いすることになる可能性がある。
- **ブレークイーブンストップ**　ブレークイーブンストップを信用している人は多く、彼らは損切りをなるべく早くブレークイーブン水準に移動する。これは自由裁量トレーダーや「勝ち」にこだわるトレーダー（勝ちトレードを負けトレードにしたくない）には便利かもしれないが、私の経験から言えば、ブレークイーブンストップは潜在的利益を制限してしまうように思える。なぜなら、彼らは押しや

戻りで手仕舞いするが、市場はそのあと元のトレンドに戻ることが多いからである。

- ●**損切り** 損切りが好きな人もいれば、嫌いな人もいる。私はこう考えることにしている。損切りを、たとえ仕掛けから遠く離れた位置に置いても、パフォーマンスが大幅に低下すれば、おそらく問題は仕掛けのシグナルにある。損切りは良い仕掛けと組み合わせれば、災難を防ぐことができる。テロ攻撃の直前に損切りを置かないでeミニS&Pをトレードするなんて考えられるだろうか。損切りを置けばスリッページは大きくなるかもしれないが、市場の閉鎖を回避できれば、少なくとも手仕舞いをすることはでき、明日もトレードすることができる。損切りはドルベースで置くこともできれば、チャートベース（支持線や抵抗線の近くで手仕舞いする）でも、ATR（真の値幅の平均、アベレージトゥルーレンジ）などのパラメーターをベースに置くこともできる。シンプルな損切りでも非常に複雑になることもある。
- ●**目標値** 古いことわざに「利を伸ばせ」というものがあるが、これはトレードにおいて実証済みだ。しかし、利を伸ばすことが最善の方法ではないこともある。時には利益ベースやチャートベースの目標値で手仕舞って、次の仕掛けのシグナルをセットアップするほうが良いこともある。私は目標値を試す傾向があるが、利を伸ばすこともあり、これが最良の方法であることが多い。
- ●**トレーリングストップ** 市場があなたの思惑どおりに動いているとき、利益の一部を確保する方法。これは移動式利食いに当たるが、損失につながる損切りではなくて、小さな利益を確保する利食いだ。トレーリングストップの問題点は、最適化を必要とする多くのパラメーターを設定できる点だ。パラメーターを追加した場合、バックテストの結果は良く見えるが、実際にトレードする価値のない場合もある。

どの銘柄をトレードすべきか

　システムを設計するときに最も難しい意思決定の１つは、どの銘柄をトレードすべきかである。これには２つの考え方がある。それぞれの考え方のメリットとデメリットについて見ていこう。

　最初の方法は、すべての銘柄に合うシステムを設計することである。これを「フリーサイズ」アプローチと言い、システムのルールは銘柄が変わっても変更することはない。ただし、パラメーターはそれぞれの銘柄に合わせて変更する（あるいはしない）ことができる。このアプローチのメリットは、ある戦略がすべての銘柄でうまくいけば、その戦略は高い堅牢性を持っていることになることである。システムは検証期間にたくさんのタイプの銘柄を見てきたので、銘柄が変化してもそれに影響されることはない。しかし、このアプローチには大きなデメリットがある。それは、開発が非常に難しくなるという点である。１つの銘柄に合ったシステムを設計するのだって難しいのに、多くの銘柄で機能するシステムとなると、満足のいく戦略はなかなか得られない。こういった状況でシステム開発者が行うことが２つある――①受容できる基準を引き下げる、②すべての銘柄で検証して、パフォーマンスの良い５～10銘柄に絞る。

　この２つの妥協点は、複数の銘柄で機能するシステムを作成するときには必ず必要になると思われるが、これは非常にまずい。受容できる基準を引き下げれば、実際のお金を使ってトレードしたときにシステムはあなたの当初の目標を満たさないので、システムを早々に放棄することになる。複数の銘柄で検証して、パフォーマンスの良い銘柄を「いいとこ取り」することは、裏で最適化を行うことを意味する。

　１つの銘柄のためのシステムを作成するのは人気のあるアプローチだ。このアプローチのメリットは、その銘柄に対してカスタマイズすることができる点である。例えば、通貨はトレンド市場であることが

知られているため、ブレイクアウトタイプのシステムが適切ということになる。株式市場は買いバイアスを持つ平均回帰システムがベストだろう。もう１つのメリットは、前にも述べたように、複数の銘柄に合うシステムを作成するよりも、１つの銘柄に特化したシステムを作成するほうが簡単ということである。これは１つの銘柄に特化したシステムのほうが優れているという意味ではない。作成するのが簡単だというだけの話である。１つの銘柄に合うシステムを作成することのデメリットは、その銘柄の特徴をよく知っているシステムを作成するとき、それらの特徴は不変であることを想定するという点である。特徴は不変かもしれないが、もしそうでないとすればどうなるのか。通貨がなぜか平均回帰市場になったら、トレンドフォローの通貨システムはどうなるだろうか。

　もうすでにお分かりのように、銘柄選択の各アプローチにはメリットとデメリットがある。私は長年にわたって両方のアプローチを使ってきた。ワールドカップ・チャンピオンシップ・オブ・フューチャーズ・トレーディングで３年続けて優勝や２位になったとき、私が使っていたのは、６～１２の銘柄をトレードする「フリーサイズ」システムだった。それは非常にうまくいった。今私が使っているシステムのおよそ半分はこのタイプだ。また私は１つの銘柄に特化したシステムも好きだ。作成するのが簡単というだけでなく、それらを組み合わせて分散化することができるからだ。ある年を見ると、アンダーパフォームするシステムもあり、ブレークイーブンのシステムもあり、アウトパフォームするシステムもある。１つの銘柄に特化したシステムを複数組み合わせることで、こういったパフォーマンスの違いは管理可能だ。システムを引退させなければならないときは特にそうである。

どんなシステムを望むのか

　私は新しい戦略を見るとき、デイトレード戦略にすることができるかどうかを見る。私の定義する「デイトレード」とは、1日のうちで仕掛けと手仕舞いをしたり、複数のトレードを行うことを意味する。こうした戦略のメリットは以下のとおりである。

●その日の終わりにはマルになるので、予期しないイベントによるオーバーナイトリスクがない。
●委託証拠金が少なくてすむので、大きなサイズでトレードできる（レバレッジが高くなると大失敗する可能性が高くなるので、ほとんどの人はこれはやらない）。
●朝、コンピューターの電源を入れ、しばらくトレードして、その日の果実を得たら、コンピューターの電源を切り、その日の残りは子供たちと遊ぶ。満ち足りた生活だ。

　私はシステム開発を始めるとき、短い時間枠の足（1分足から5分足）を選び、その日の終わりに手仕舞いするために「引けで手仕舞う」に設定する。しかし、この試みは10回のうち9回は失敗する。仕掛けのアイデア（トレンド、カウンタートレンドなど何でも）や手仕舞い手法（固定ストップ、トレーリングストップ、ブレークイーブンストップ、目標値など）にかかわらず、一貫して機能した試しはない。
　その戦略のアイデアが気に入ると、時間枠を60分足、240分足、日足などにしてみる。とにかく自分のアイデアがうまくいくかどうかを確かめたいのだ。するとパフォーマンスは必ず良くなる。まだ目標には達していないが、日足チャートのパフォーマンスは1分足チャートのパフォーマンスよりも必ず向上する。これは何回も何回も見てきたので、偶然とは思えない。そこで疑問が生じる——どうしてこうなるの

だろうか。理由としては以下のことが考えられる。

- トレード数とトレードコスト。例えば、1カ月に1回、あるいは20本の足ごとに1回トレードする日足戦略があったとしよう。トレードコストはおよそ25ドルだ。日足から1分足に変えると、1日に10回（120本の足ごとに1回）トレードすることになり、トレードコストは250ドルになる。このコストの違いは大きい。また、1分間の動きは1日の動きよりも小さいため、トレードはますます困難になる。
- 時間枠が短くなると、データはよりランダムなものになる。eミニS&P先物（シンボルはES）の1分足チャートを見てみると、ほとんどの日でチャートは狭いレンジのノイズでしかない。ランダムノイズのレベルが上がると、ものになる値動きを見つけるのはますます困難になる。これに対して日足チャートを見ると、トレンドが現れる。もちろん、データのなかに見られるランダムノイズは、私の脳のなかに浮かぶほかのバイアスによるものだ。
- 損切りや目標値が近いとき、システムのなかでより重要性を帯びてくるのが仕掛けと手仕舞いである。なぜなら、ほとんどのデイトレードシステムはそのように設計されているからだ。したがって、仕掛けと手仕舞いは本当に良いものでなければならない。しかし、良い仕掛けは、開発段階で見つけるのは難しい。仕掛け価格を1ティック間違えれば、利益のかなりの部分を失うことになる。しかし、日足でスイングトレードしている場合、仕掛け価格を1ティックや2ティック間違えたところで、平均トレードの全体的なサイズに比べると大した問題にはならない。
- ティックチャート、あるいは1分足から5分足のチャートを使っている場合、だれが競争相手なのかを考えてみよう。それはおそらくは、あなたよりも格段に良い仕掛けを行い、スピードの上でも勝る高頻度トレーディング会社だろう。長い時間枠ではプロの影響は無

視できると思うが、プロの多くも日足でトレードしていることを忘れてはならない。
- ●これまでに述べたほとんどの戦略では、トレード数が少ないほど良い。これはトレードコストによるものと考えられるが、非常にたちの悪い理由による場合もある。つまり、あなたはエッジを持っていると思っているかもしれないが、トレード数が少ないと、エッジを持っているという統計的信頼度は低下するということである。例えば、1トレードの平均利益が50ドルの2つの戦略を持っているとする。1つは過去10年で100回トレードを行い、もう1つは過去10年で1000回トレードを行ったとする。私が選ぶのは1000回トレードを行った戦略であることは明らかだ（私に限らず、合理的な人ならこちらの戦略を選ぶはず）。しかし、実際には100回トレードを行う戦略を見つけるほうがはるかに簡単だ。なぜなら、エッジがまったくないが、一時的にラッキーな戦略はいくらでもあるからだ。

私の戦略はすべてデイトレードタイプの戦略にしたいところだが、10の戦略のうち9つの戦略はまったく逆の戦略というのが実状だ。過去4～5年における私の最良の戦略は、ポジションの保有期間が数週間から数カ月のものだった。これは明らかにデイトレード戦略ではない。

どういった時間枠でトレードすべきか

どの銘柄をトレードするかと同じくらい重要なのが時間枠である。チャートの各足は時間の長さを意味する。戦略のパフォーマンスはどの時間枠を選ぶかで大きく違ってくるため、あなたの目的に合った時間枠を選ぶのが最も良い。仕掛けと手仕舞いを頻繁に行いたい人は、1分足チャートやティックチャートがベストだろう。長期スイングトレーダーは、日足チャートや週足チャートが良いだろう。重要なのは、あ

なたの戦略に合う時間枠を選ぶことである。

　時間枠で注意しなければならないのは、短い時間枠ではトレード数が増えるということである。多くの素早いトレードを望む人にとってこれは脅威だ。高頻度トレーディング会社の実態を見てほしい。トレードを何回も繰り返せば、小さなエッジでも大きな利益につながるかもしれないが、私たち個人トレーダーにとって、取引コストはゲームの一部であり、クイック戦略で成功するのは難しいだろう。

　時間枠を決めるときに多くのシステム開発者が使う方法は、私が「時間枠の拡大と縮小」と呼んでいる方法だ。戦略を10分足で検証して、それが成功したら、その戦略は9分足や11分足でも成功するはずと考えるわけである。時間枠を1分長くしたり短くしても、戦略には影響はなく、時間枠の拡大や検証期間を延長しても良いパフォーマンスを得られるのは、その戦略が堅牢であることを示しているということになる。

　しかし、私はこのアプローチで成功したことはない。理由は2つある。1つは、時間枠を変えることで、1日のうちに評価しなければならない足の数が違ってくるということである。上の例では、10分足を9分足や11分足に変えると、評価しなければならない足の数は9％増えたり減ったりする。これは用いる指標のパフォーマンスに大きな影響を与える可能性がある。もう1つの問題点は、多くのトレーダーは標準的な長さの足の終値で意思決定を下すということである。チャートを見てトレードしている人を考えてみよう。彼らの大部分は5分足、10分足、15分足（あるいはそれ以上）といった標準的な時間枠を使っている。あなたのシステムが標準的なものと異なる時間枠でトレードする場合、あなたの結果は標準的な足（10分足）を使った場合の結果と大きく違ってくる可能性が高い。

　私の目標はさておき、もしあなたが9分足、10分足、11分足チャートで成功したとすると、あなたのシステムはそういった時間枠で堅牢

性があるということになる。3つの時間枠で成功したのだから、かなり確実な戦略であると言える。しかし、10分足のパフォーマンスは良かったが、9分足と11分足のパフォーマンスは良くなかったとしても、私はシステムを無用なものとして廃棄することはない。

　ティックチャートで検証する場合、時間枠で注意すべきことは、入手可能なヒストリカルデータの量である。この問題については、このあとのセクションの「どのくらいのデータを使うべきか」で議論するが、今のところはデータベンダーの多くはわずか6カ月分のデータしか提供してくれない。これは注文が日中足で発動する短い時間枠の足（1分足から5分足）で問題になる。ティックデータは、ポイントアンドフィギュア・チャート、ケースチャート、レンコチャートといった特殊なチャートでも重要になる。重要なのは、ティックチャートやティックデータを使う場合、検証する前にヒストリカルデータに限界があることが何を意味するのかを考えることである。

　考慮しなければならない重要な最後のポイントは、日々の清算値とその日トレードした最終価格である。これは日足を使っている場合は特に重要だ。「これの何が問題なのか」とあなたは思うかもしれない。「終値（清算値）とその日トレードした最終価格は同じではないのか」。これは市場によってイエスの場合もあり、ノーの場合もある。さらに、これらの言葉の意味は24時間トレードの登場で変わった。好例は金市場だ。金がピットでのみ取引されていたとき（これはあなたのヒストリカル検証期間に入るはずだ）、市場は午後1時30分（東部時間）に閉まっていた。したがって、その日の最終価格は取引所が発表する清算値に近いが、必ずしも同じではなかった。しかし今は、金市場は電子市場に変わり、午後5時（東部時間）まで取引されている。問題なのは、取引所の清算値は午後1時28分から午後1時30分までのトレードによって決まることである。午後1時29分の清算時の価格と午後5時の最終価格が大きく異なることは容易に想像できるはずだ。2013年9

図10.1　必ずしも清算値＝最終価格ではない

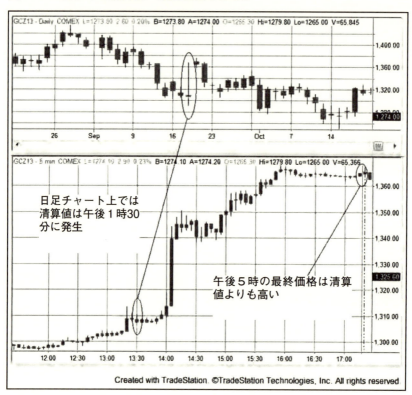

月18日（金曜日）の値動きを見てみよう（**図10.1**）。清算値が発表されたあと午後２時にFRB（連邦準備制度理事会）の発表があり、これによって価格には混乱が生じ、清算値と最終価格は大幅に違ったのである。

　清算値と最終価格の扱いはデータベンダーによって異なる。本書執筆の時点では、例えばトレードステーションは取引所の清算値を日足と週足の終値として使っている。X分足の場合、その日の最終足の終値はその日の最終価格に一致する。ニンジャトレーダーの販売元であるキネティックも同じ方法を採用している。しかし、別の人気データ

ベンダーであるCQGはその日の最終価格として日足の終値を使っている。

これは検証においてどんな問題を引き起こすのだろうか。例えば、日足で検証しているとして、あなたの戦略は「その足の終値で売る」という指示に従うとしよう。あなたの戦略はこの指示に忠実に従って、午後４時59分に命令を実行し、約定する。しかし、あとになって、取引所の清算値がデータに適用されると、あなたの戦略は清算値（日足の終値）で約定したと考えるはずだ。しかし、あなたのトレードが実際に約定したのは最終価格に近い価格だった。バックテストの結果はこうしてあなたをだますのである。

戦略をどうプログラミングすべきか

基本的な仕掛けのルールと手仕舞いのルールを決め、検証に使う銘柄と時間枠を選び、必要なヒストリカルデータを入手したら、いよいよ検証の開始だ。ここで問題になるのが、「自分でプログラミングできるだろうか」である。DIY指向の人にとっては「イエス」だろうが、あなたの戦略検証ソフトの言語でプログラミングしたことがない人にとって、これは厄介だ。これについてはいくつかアドバイスがある。

プログラミングにまったく無知で、自分で学びたくない人は、プロに任せるのが一番だ。プロを自分で雇ってもよければ、１人のプログラマーにあなたのトレードの秘密をすべて握られないようにプロチームを雇ってもよい。他人を雇った場合の欠点は、コードを変更したい場合、どんなに小さな変更でも、プログラマーがやってくれるのを待つしかなく、しかも追加料金も発生することだ。プログラムの変更・更新・改良などに関連する追加時間とコストは瞬く間に増えていく。それでもプログラマーを雇いたいのであれば、トレードフォーラムで探すという手もある。あるいは、ソフトウェアベンダーに相談してもよ

いだろう。

　別の方法としては、プロのプログラマーとタッグを組むという手もある。できれば、トレードに興味のある人が望ましい。これだとパートナーにあなたのアイデアを盗まれる心配はなく、協力し合えばもっと儲かるシステムを開発することもできる。私も以前、プロのプログラマーとしてこれをやったことがある。うまくいけば非常に満足感を感じる。問題は、信頼できる人を探せるかどうかである。

　私の好みで、お勧めの方法は、すべてを自分でプログラミングすることである。市販のトレードソフトには、講習・本・オンラインチュートリアル・サンプル戦略が付属しており、あなたのスキルを向上させるのに役立つ。自分ですべてをプログラミングすれば、他人があなたの「秘密のソース」を盗む心配もない。しかも、プログラミングを学んでいくうちに、バックテストエンジン固有の特徴も分かってくる。結果が信じられないくらい良い場合、これは特に重要だ。ソフトのことやプログラミングのことが十分に分かるようになれば、バックテストエンジンはだませても現実の世界はだませない、といった不安もなくなる。

第11章

データについての話をしよう

Let's Talk about Data

　仕掛け、手仕舞い、市場、足の時間枠が決まったら、次に考えなければならないのは市場データについてである。検証において市場データは最も重要だが、正しく評価されておらず、最も理解されていない要素の1つである。データはあって当然と考える人が多いが、これは大きな間違いだ。データソースが異なるために戦略のパフォーマンスが大きく異なる例を何回も見たことがある。あなたのデータは、悪いデータ点やデータの欠損などのないクリーンなデータであると仮定しよう。もちろん、こんなことはどんなベンダーのデータでもあり得ない。ほとんどの人はデータにはエラーがある可能性があることは理解しているが、ほとんどの人が理解していないのはデータに関する次のような疑問に対する答えの裏にあるインパクトである。

●どのくらいのデータを使えばよいのか
●ピットデータを使うべきか、それとも電子データを使うべきか
●つなぎ足データを使うべきか
●電子トレードの台頭は市場データに影響を及ぼしたか
●FXのデータはどう検証すればよいのか

　検証を始める前に、これらの問題をクリアにしておく必要がある。異

なるデータ構造を使って前に戻って再検証するということは、汚染されたデータを使うことを意味し、それは良くない。

どのくらいのデータを使うべきか

あなたが私のような人なら、「クイックテスト」をしたことは1回や2回ではないだろう。仕掛けと手仕舞いの基準を念頭に置きながらチャートを見て、過去数日、あるいは過去数週間のデータを素早く検証する。これがクイックテストだ。何回かトレードしたあと、利益がたくさん出たら、あなたは興奮して、さらに詳細な検証を行う。損失を出したら、その戦略はあきらめるか、少し手直ししてもう1回検証してみる。

願わくば、こうしたシンプルなテストは無益であることをあなたが分かっていればいいのだが。情報に基づく意思決定を行うのに、十分な数のトレード数も、十分な数の市場状態というのもない。どれだけあっても十分ということはないのである。長期的な成功を望むのであれば、十分すぎるくらいのデータが必要だ。

では、どのくらいのデータならば受容可能なのだろうか。この質問を受けると、私はいつも次のように答える。「できるだけたくさん」。データが多ければたくさんの市場状態が含まれる――上げ相場、下げ相場、横ばい相場もたくさん含まれるし、静かな期間もボラティリティの高い期間もたくさん含まれる。たくさんトレードして、あなたのシステムが利益を出し続ければ、結果が単なる偶然である可能性は減る。コイン投げを考えてみよう。コインを1回投げると、表が出る確率は50％だ。コインを10回投げると、表が少なくとも1回出る確率は高まる。コインを100回投げると、ほぼ確実に表は少なくとも1回は出る。コイン投げの回数を増やすと表が出る確率が高まる。トレード回数を増やせば、利益が出ることをより確信できるのもこれと同じである。

日足システム（保有期間が数日から数週間のスイングシステム）の場合、10年分のデータがあればまず安心だ。10年分のデータがあれば、たくさんの異なる市場状態が含まれるため、ウオークフォワード検証（若干の初期化期間が必要）はうまくいく。

日中システムや短期システムの場合も10年分のデータがあれば安心だ。しかし、電子データの導入など実用面を考えると、10年分のデータを集めるのは難しいかもしれない。したがって、私は5年分のデータを使うことが多い。もちろん、10年分のデータで検証したシステムほどの堅牢さは期待できないかもしれないが、これでも許容範囲内だ。

5～10年分のデータは検証するには長すぎると感じる人もいる。あるいは、そんなに長期のデータは入手できない場合もある。そのような場合は、あなたの戦略の各ルールや各パラメーターに対して、最低30～100回のトレードを行うことをお勧めする。例えば、2つの仕掛けの条件と2つの手仕舞いの条件を持つ戦略を考えてみよう。このようなシステムでは、120～400回のトレードを行うのが望ましい。トレード回数がこれより少なくても受容可能だが、戦略がデータに「フィット」してしまうというリスクを背負うことになる。

できるだけ多くのデータを使うときの欠点は、システム開発が難しくなることである。世の中のほとんどのトレードシステムは手数料とスリッページ差し引き前で良くてブレークイーブンであることを考えてみると納得がいくはずだ。つまり、長期間の検証をするほど、総利益はゼロに戻ってしまう可能性が高いということである。1カ月、3カ月、あるいは6カ月では素晴らしいパフォーマンスを見せていた戦略が、次の月には利益のすべてを市場に戻してしまうといったケースを見たことがあるはずだ。最終的には決めるのはあなただ ── 長期的に見て利益の出るシステムが欲しいのか、それとも短期的に素晴らしいパフォーマンスを上げるシステムが欲しいのか。前者のシステムは見つけるのが難しく、後者のシステムはリアルタイムで損失を出すシ

ステムである可能性が高い。

ピットデータ、それとも電子データ？

ピットで取引が行われていた時代は、どのデータが使われているのかを知るのは簡単だった。ピットにはピットデータしかないので、ピットデータが使われていた。電子データに取って代わられた今日、データにはいろいろな選択肢がある。

- ピットデータのみ
- 電子データのみ
- ピットデータと電子データ
- 従来のピット取引時間帯でのデータのみ
- 全時間帯のデータ
- 日中取引時間帯と夜間取引時間帯のデータ

今後はデータの選択は簡単になるかもしれない。今では電子取引が主流を占め電子取引の取引量が多いので、電子データがベストだ。しかし、戦略のヒストリカルテストを行うときにはどうすればよいのだろうか。

簡単な例を使ってこのジレンマを説明しよう。例えば、あなたは金を取引しているとしよう。あなたは60分足の20年分のデータ（素晴らしい選択）を使いたいと思っている。20年前、ピットは唯一のデータソースだったので、あなたはピットデータを使わなければならない。日々のピット取引時間帯では、足の数はおよそ6〜8本だった（ピットの取引時間帯は長い年月の間に変わったので、1日に発生する60分足の数も変わった）。あなたの戦略では、14期間移動平均を使っている。これは通常2取引日に相当する。

では、今日の電子市場に早送りしよう。今日の市場は23時間に及ぶ。今でも14期間移動平均を使っているとすると、以前は2日だったのが、今では半日にしかならない。これはあなたのヒストリカルテストに大きな影響を及ぼすだろうか。もちろん及ぼす。

　これにはどう対処すればよいのだろうか。通常、私が重視するのは日足データ（特に、日々の清算値）だ。ピットの清算値と電子市場の清算値は同じである。ピットの高値と安値との平均レンジは通常、電子市場の高値と安値との平均レンジよりも小さいため、私は日々の高値と安値は使わない。分かりにくいようであれば、夜間の価格ショックを考えてみるとよい。価格ショックは1時間続き、そのあと元の価格水準に戻る。ピットで取引が行われていたとき、こういったショックは価格には反映されなかった。なぜなら、それは夜間に発生したからだ。しかし、電子データでは日々の高値にはこの価格ショックが含まれる。したがって、あなたの戦略のパフォーマンスは昔と今とでは大きく違ってくることになる。

　すべてのデータを同じにするうまいやり方が1つある。日々の標準的な取引時間帯を選び、それをあなたのすべてのヒストリカルデータベースに適用するのである。例えば、通貨の場合、ピットの取引時間は午前8時20分から午後3時（東部時間）だった。電子時代にこの時間帯をそのまま残すために、私はすべてのヒストリカルデータに対して午前8時20分から午後3時までの特別な「通貨ピット」取引時間を作成する。これで私のデータはすべて同じになる。

　データに関するすべての選択肢を考えるとき、時間をかけてあなたが使っているデータについて考えてみることを強くお勧めする。データがテスト期間の間、変わらないのがベストだ。しかし、こういったデータを作成するのはそれほど簡単ではない。

つなぎ足

　若いシステム開発者を悩ますのが、先物市場の検証ではつなぎ足を使わなければならないことである。先物には納会日があるため、チャートが途切れないようにするためにはつなぎ足が必要になる。つなぎ足を作成すれば、永遠に続くデータ流列が得られる。考え方はいたって簡単だ――納会を迎える先物をつなぎ合わせればよい。しかし、つなぎ足を作成するステップには、不用心な人を待ち受けるいろいろな落とし穴がひそんでいる。このあと、先物データを選択するうえでの3つの主要なテクニックにおける落とし穴について説明する。

　先物データを使って検証する最も純粋な方法は、生の先物データを使うことである。この場合、つなぎ足などまったく気にする必要はない。問題は、ほとんどのトレードソフトではこれが簡単にはいかないという点である。例えば、ユーロ通貨に関する戦略を検証したいと思っているとしよう。2013年1月1日から3月15日までの検証では、あなたは3月限（6EH13）を使うだろう。また3月15日から6月15日までの検証では6月限（6EM13）を使うだろう。これはすべての年のデータが終了するまで続く。しかし、この方法で検証すると問題が発生する。まずは、①各限月の正しい最終日（第1告知日か最終取引日のうち、早いほう）を決定する、②当限のポジションから2番限以降のポジションへ「ロールオーバー」しなければならない。これは可能だが、細かいプログラミングが必要になるだろう。もっと大きな問題は、戦略をこれらの限月のすべてで最適化したいかどうかである。ほとんどのトレードソフトは1つのチャートのデータで最適化するが、複数限月のデータを最適化するには、手動でやる以外になく、これは厄介だ。

　個々の限月での検証の限界を避けるために、つなぎ足を作成する人が多い。つなぎ足を作成するよく使われる方法は2つある（ほかにも

図11.1　先物価格は限月が変わると変わる

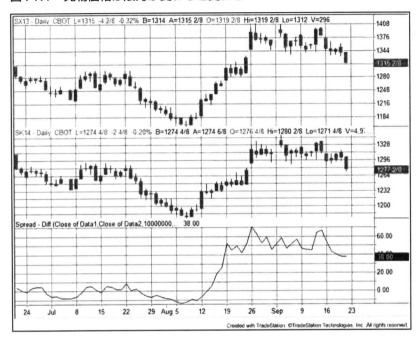

あまり使われない多くの方法がある)。もちろん、これら2つの方法には重大な欠点がある。まず最初の方法だが、これは修正しないつなぎ足である。前の例で見ると、3月15日に限月を3月限から6月限に切り替える。この方法の良い点は、データは修正されないのでオリジナルのデータが維持される点だ。問題点は、ロールオーバーで2つの限月の価格がまったく同じになることはめったにないということだ。通常は、期近は次の限月よりも価格が大幅に安くなるか、高くなる。この例は図11.1に示したとおりである。これらのデータをそのまま使えば、間違ったシグナルが出され、したがって損益も間違ったものになる。例えば、大豆11月限を買っているとする。これを5月限にロールオーバーすると、2つの限月の間には38ポイントの差があり、これが修正されないので、トレード戦略はこのギャップは本物であると思い

込み、そこから利益が発生してしまう。このギャップは限月が変わったために発生したものにすぎず、実際には利益は発生しない。

この人工的なギャップを避けるために用いられるのが「修正つなぎ足」と呼ばれるものだ。このつなぎ足ではギャップは前の限月から差し引かれ、前のデータはそのように修正される。例を見てみよう。3月15日、ユーロ6月限は1.3512で引け、ユーロ3月限は1.3516で引ける。この差は0.0004である。このギャップ（0.0004）を修正するには、3月以前のデータに0.0004を足さなければならない。これによってギャップは取り除かれ、価格が継続するつなぎ足が出来上がる。これは理想的な解決法のように思える。

もちろん、どんな方法も完璧ではなく、この方法にもいくつか問題点がある。最初の問題は、ロールオーバーするたびにギャップを修正すると、ヒストリカルデータがマイナスになることがあることである。この例は**図11.2**に示したとおりである。大豆価格はマイナスになったことはないが、修正つなぎ足を作成すると価格はマイナスになり、このデータを使って検証が行われる。つなぎ足には問題はないように思える（こういった市場データを使ったあなたの「聖杯」システムを友だちには見せてはならない。マイナスの価格で検証するなんて、おかしいんじゃないかと思われるのがオチだ）し、結果も正しい。ただし、2番目の落とし穴にはまらなければの話だが。

修正つなぎ足の2番目の問題点もまた、無効な結果を生みだしてしまう可能性がある。一言で言えば、修正つなぎ足を使った場合、価格を割ったり掛けたりする指標は使えないということである。例を見てみよう。

日々の終値の変化率（$close_i \div close_{i-1}$）を使う戦略があったとしよう。3月10日、あなたが使っているのは3月限で、終値は1.3500である。前日の終値は1.3420だ。したがって、終値の変化率は$1.3500 \div 1.3420 = 1.00596$になる。

図11.2　修正つなぎ足では価格がマイナスになることがある

　3月20日に早送りしてみよう。このときの期近は6月限である。修正つなぎ足を作成したとき、3月限の終値の値には0.0030が加えられた。これはロールオーバーの修正としては極端な値だが、これは例なので気にする必要はない。したがって、3月10日の終値は1.353になり、前日の終値は1.345になり、比率は1.353÷1.345＝1.00595になる。同じデータなのに比率が変わってしまったではないか。しかも、将来ロールオーバーするたびに比率は変わる。つまり、比率を使ってバックテストを行えば、バックテストシグナルは真のシグナルとは違うものになってしまうということである。大きな違いではないかもしれないが、違いは確実に存在する。「将来的に違ってくるパフォーマンス履歴を信用できるのか」ということになる。

　違いが小さすぎてよく分からないのであれば、価格データがゼロになったときに何が起こるかを想像してみるとよい。これは修正つなぎ足でよく知られた欠点だ。ゼロで割ると、あるいはゼロに近い値で割ると、結果は無限大になる。投資対象の実際の価格がゼロでないかぎり、これは現実には起こり得ない。

この問題を避ける唯一の方法は、修正つなぎ足では比率は使わないようにすることである。価格の比率も、価格の変化率の比率も使ってはならない。このルールに従わなければ、①ヒストリカルパフォーマンスの結果は時間とともに変化する、②ヒストリカルな結果と将来の結果が一致しなくなる。

電子市場の影響

　システム開発者の多くは戦略を電子データでのみ検証する。ピットデータは無視するので、彼らの戦略は過去数年分のデータでしか検証されない。電子市場が台頭して市場は基本的に変わってしまったから、というのがその理由だ。したがって、今はうまくいっている戦略が忘れ去られたピット時代にもうまくいく必要は必ずしもないわけである。これについては、私は賛成でもあり、反対でもある。

　電子市場になってから先物市場は明らかに変わった。トレーダーであふれていたピットがなくなった今、価格付けの仕組みは根底から変わった。フロアにいるときは良い暮らしをしていた多くのピットトレーダーたちは、電子取引になってから悪戦苦闘した。彼らのほとんどはフロアにいるときと同じようにトレードをしようとしたが、市場は彼らのテクニックがもはや使い物にならないくらいに変わっていた。おまけに高頻度トレーディング会社が出現し、短期市場はピットの時代とは大きく変わった。

　しかし、長期的に見ると、ほぼすべての商品先物市場は需要と供給の法則で動いている。したがって、取引の場が電子市場だろうが、ピットだろうが、両方だろうが、長期的には影響はほとんどない。数秒ごとに取引を繰り返す高頻度トレーダーたちが今から２〜３カ月後の価格に影響を及ぼすとは考えにくい。

　こうした対照的なシーンを念頭に置きながら、私は今でも長期スイ

ングトレードシステムの開発ではピットデータとそのヒストリカルデータを使っている。こうすることで私の戦略はより多くの市場状態を経験することができる。私が開発する大豆戦略が1990年代、2000年代、2010年代にうまくいけば、私はそのシステムに対する確信をより一層強めることができる。1970年代や1980年代にまでさかのぼる人もいるくらいだ。短期システムの場合、特に日中システムの場合は、電子データのみを使うのがよいだろう。これらのシステムがピットデータでもうまくいけばそれに越したことはないが、私はそこまでは要求しない。

FXデータでの検証

　FXシステムを検証している場合、注意すべき点が2つある。まずは、FXデータはすべて同じとは限らないという点である。為替取引は至るところで行われているため、先物市場のような公式価格はない。つまり、ブローカーによってデータが違うということである。もちろん、将来的に使うのと同じデータでバックテストを行えば問題はないが、例えば、ブローカーAのデータで検証を行い、そのあとブローカーBのデータで実際にトレードすると、システムは異なるデータを処理しなければならない。そのような場合、バックテストでは正しい結果を得ることはできないので、すべてのバックテストは窓から放り投げなければならないことになる。データの違いによって、結果が良くなったり、悪くなったりするからだ。データソースを変えることですべての検証が無価値なものになったということである。

　もう1つの問題点は、用いる注文のタイプに関してである。システムをFXデータで検証している場合、システムがどのように注文を出すかに注意が必要だ。詳細についてはあとで述べるが、私は仕掛けも手仕舞いも成り行き注文しか使わない。私のFX戦略には指値注文も

逆指値注文もない。もちろん、各トレードの最終損益にはスプレッドコストを加味するが、成り行き注文のみを使うことで、「おかしな」価格で注文が執行されるのを心配しなくてよい。

　FXデータで指値注文や逆指値注文を使うとどんな問題があるのだろうか。先物市場の場合、価格データは1つしかなく、それはトレードされた価格である。しかし、FXの場合、買い気配値と売り気配値の2つの価格が存在する。これらの価格の差がスプレッドと呼ばれるもので、通常は数ピップスである。基本的には、あなたが買える価格は売り気配値（価格を提示する側の売値）で、あなたが売れる価格は買い気配値（価格を提示する側の買値）である。

　FXデータで戦略を検証する場合の問題点は、チャートに示される価格は通常買い気配値データであるという点である。売り気配値データを表示することも可能（入手できれば）だが、ほとんどのトレードソフトのバックテストエンジンは結果を計算するのに1つの価格しか使えない。トレードソフトが執行価格を買い気配値と売り気配値の両方を使って同時に計算できれば、もちろんこんな問題はないのだが……。例えば、オブジェクト指向ではないトレードステーションでは買い気配値データまたは売り気配値データのいずれかを使った検証しかできない。一方、マルチチャーツは買い気配値データと売り気配値データの両方を使った検証が可能だ。これがあなたにとって問題になるのかどうかについては、まずはあなたのソフトをチェックするのがよい。もしこれが問題になる場合、どんな問題が発生するのだろうか。

　例えば、EURUSDペアをトレードしているとしよう。現在の価格は、1.3502/1.3505（この例では非現実的なほどに高い3ピップスのスプレッドを想定しているが、小さなスプレッドでも原理は同じだ）である。買い気配値が1.3502で、売り気配値が1.3505だ。あなたが買える価格は売り気配値以上の価格であり、あなたが売れる価格は買い気配値以下の価格である。あなたのトレードソフトは買い気配値データを示すと

仮定すると、今示している価格は1.3502である。

あなたの戦略は1.3500で買い注文を入れる。発注した直後、価格は1.3499/1.3502に下落する。チャート上の今の価格は1.3499で、あなたの買い注文価格は1.3500なので、あなたのバックテストエンジンは1.3500で注文が執行されたと思ってしまう。バックテストエンジンはあなたは今買っていると思っているが、売り気配値は1.3502なので、実際にはあなたの注文は執行されていない。

「これは一大事だ」とあなたは言うだろう。「これはどれくらいの頻度で起こるのだろうか」。これは負けトレードでは発生しない。なぜなら、負けトレードの場合、価格は下がり続け、あなたの注文は、バックテストエンジンが考えているとおり、執行されるからである。しかし、売り気配値が1.3500になる前に利益になる勝ちトレードの場合、あなたの注文は実際には執行されない。トレード方法にもよるが、バックテスト結果と実際の結果には大きな違いが発生する可能性がある。少なくともあなたのバックテストリポートは「常に」楽観的である。この情報を使って戦略を開発すれば、トレードの意思決定を疑わしい結果に基づいて行うことになる。これは指値注文についての例だが、逆指値注文においても同じ状況が発生する。買い気配値データのチャートに現れない価格で逆指値注文が執行されるということである。

この問題を解消するには、先物のように各トレードにスリッページを加味するだけではダメである。なぜなら、買い気配値・売り気配値問題は少し執行価格が悪くなるといったたぐいのものではなく、執行されるか・執行されないかの問題だからである。あなたのソフトのプラットフォームはもっと高度な発注テクニックやメソッドを提供してくれる場合もあるかもしれない（トレードステーションでは「プライスシリーズプロバイダー」というメソッドを提供している）。重要なのは、バックテストを実際のトレードと同じように行うことができるかどうかである。私がFX戦略では成り行き注文しか使わないのはまさ

にこのためである。私の出す注文は「次の足で成り行きで注文する」といったものなので、損切りを使ったときよりもはるかに大きな損失を被る場合があり、これが成り行き注文の最大のデメリットである。例えば、FRB（連邦準備制度理事会）の発表の前後で価格が5分足で見て、どのくらい動くかを考えてみよう。長い目で見れば、成り行き注文は必ず執行され、スプレッドを加味したあとでもバックテストは実際のトレードと同じように行われる。バックテストの結果が実際の結果と一致するという意味で、私はこの方法はまずまずの方法ではないかと思っている。

まとめ

　これまでに見てきたように、市場データの問題はトレードソフトが示唆するよりもはるかに複雑だ。重要なのは、あなたが使おうとしている市場データを事前によく調べ、理解することである。間違ったデータを使ったり、正しいデータでも間違った使い方をすれば、正しい結果を得ることはできない。残念なことに、市場データに問題があることをまったく分かっていない人が多すぎる。市場データを調べるときには、仕掛けと手仕舞いの基準を決めるときと同じくらいの時間を割いてもらいたい。

第12章

限定的検証

Limited Testing

　現在のところ、あなたは戦略をすでにコード化し、バグを見つけて手直し（デバッグ）も終わり、検証する準備ができているものと仮定する。この段階まで来ると、トレーダーの多くは自分の興味のある全市場データで戦略を検証し、その戦略がどれくらい利益を生むのかを見るだけだ。なかにはこれを超えて、検証の一環として何千回、あるいは何百万回も最適化を繰り返す人もいる。こうした極端なことをやることなく、戦略がどれくらい優れているかを知るもっと良い方法はないものだろうか。

　全市場データを使って検証を行うことには私は反対だ。こうした検証を行えば、最適化されて良く見えるバックテストは何回か実現できるかもしれないが、実際にトレードしてみると失敗することが多い。目的は、リアルタイムで成功するトレード戦略を構築することである。もしそうならば、重要なのは良く見えるバックテストではなくて、成功を判断する基準ではないだろうか。

　すべてのデータを使って検証することのもう1つの大きな問題点は、すべてのデータを使ってしまうと、データは「燃え尽きてしまう」という点である。つまり、このあと再検証を行うと、さらに最適化され、さらにカーブフィッティングされてしまうということである。例えば、すべてのデータを使って戦略Aを検証する。結果はまずまずだが、最

高の結果には程遠い。そこであなたは少し手直しして、ルールを変更し、新たな戦略Bを作成して検証する。結果は前よりもはるかに良い。あなたは有頂天になる。しかし、あなたはただ単に最適化しただけであることに気づいているだろうか。いや、戦略Aを最適化したパラメーターで実行したという意味では、これは最適化したとは言えない。しかし、ほとんどのトレードソフトはこれを最適化と呼ぶ。しかし、あなたは戦略Aと戦略Bを検証して、最良のほうを選んだのだから、確かに最適化している。このケースの場合、戦略Bのほうが戦略Aよりも良いバックテスト結果が得られたとはいえ、私は（戦略Bの結果が戦略Aの結果よりもはるかに良くないかぎり）戦略Aの結果のほうを信じる。なぜなら戦略Aは手つかずのデータで実行されたからだ。

理論的には、戦略は1つのデータセットでは1回だけ実行すべきである。それでうまくいけば、それでよいが、うまくいかなければ、次のデータセットで実行しなければならない。オリジナルデータはある程度は検証によって汚染されている。これが理論と実践の違うところである。実践では、あなたは同じデータで複数の戦略を検証する。これは正しい方法ではないが、致し方ない部分がある。注意しなければならないのはこういうわけである。私の検証は、カルロス・カスタネダ著『呪師に成る──イクストランへの旅』（二見書房）に記述されているドン・ファンの教えに沿って行う。「軽くたたいて、必要な時間だけとどまり、そのあとは素早く去って足跡を残さない」

データはもろいものだと思っている人は、この問題は避けられる。データは細心の注意を払って扱おう。

すべてのデータを使って検証するのが御法度なら、戦略はどのように検証するのがよいのだろうか。一方では、あなたは自分が考案したコアアイデアにメリットがあるのかどうかを知りたいと思っている。しかし、他方ではカーブフィッティングや後知恵バイアスに陥ることなく、戦略のルールを加えたり変更したいと思っている。さらに、デー

タはできるだけ多くを手つかずのまま残し、より現実的なウオークフォワード検証で利用したいと思っている（ウオークフォワード検証については次の第13章で議論する）。

　このように対立する考えを考慮すると、ヒストリカルデータの一部（全部ではない）を使って事前検証するのが最も良いと思う。例えば、10年分のデータがあったとすると、1～2年分のデータを使って、このあと述べる限定的事前検証を行うのである。十分な数のトレードに統計的有意性を持たせながら、できるだけ少ないデータを使って検証するのである。2年分のデータはランダムに選ぶ。いつも同じデータを使うのではなく、特定の年のデータを好んで使うこともない。

　「最も興味のある」データで検証を行うべきだと主張するトレーダーもいる。例えば、先物市場の場合、最も興味のあるデータは、世界市場が崩壊した2007年から2009年までのデータということになるだろう。システムがこれらの年で最悪のパフォーマンスを示したのなら、次にマーケットショックが起きたときも最悪のパフォーマンスを示すはず、というのが彼らの言い分だ。彼らの考えは理解できるが、賛成はできない。私はできれば金融危機の間のデータを使っての事前検証は避けたいと思っている。なぜなら、深刻なショックやパニックのときに限ってパフォーマンスの優れたシステムが生成される可能性があるからである。システムはショックやパニックのときは素晴らしくうまくいくが、「普通」のときには多くの損失を出しかねない。

　2年分のデータを使って、次に述べるプロセスに従えば、私のアイデアにメリットがあるのかどうかははっきりする。限定的検証の目的は、システムがトレード可能なものかどうかを判断するためではなくて、システムが何らかの可能性を持っているかどうかを知るためである。私の場合、2年の限定的検証はパスするが、もっと厳密な検証では失敗する戦略は多いが、限定的検証の結果が悪かったために戦略を放棄してしまったが、のちに素晴らしい戦略であることが判明すると

いったようなことはめったにない。

仕掛けの検証

トレードシステムを検証するときに一番最初に知りたいのが、仕掛けに有用性があるかどうかである。良い仕掛けのように見えるが、それは手仕舞いのおかげであることが多い。システム全体として検証すれば、仕掛けの本当の効果は分からない。

仕掛けそのものを評価するとき、私は通常次の3つの方法を使う。

●固定ストップと目標値による手仕舞い
●固定本数での手仕舞い
●ランダムな手仕舞い

固定ストップと目標値による手仕舞い

固定ストップと目標値による手仕舞いの検証では、私がトレードしている投資対象と時間枠に合った損切りと目標値を選ぶ。保有期間が数日間のスイングタイプのシステムでは、損切りは500ドルから1500ドルが適切だ。同様に、適切な目標値を設定する。ほかの条件が同じなら、損切りと目標値を同じ金額に設定すれば、手数料とスリッページ差し引き前では、仕掛けがランダムだと想定すると、50％のトレードは勝ちトレードになる。損切りと目標値を金額で設定することで、仕掛けのシグナル、設定した損切り、設定した目標値を持つ戦略を作成することになる。

固定本数での手仕舞い

　固定本数での手仕舞い検証では、X本後の足で手仕舞いするという手仕舞い条件を設定する。考え方はこうだ。良いトレードは仕掛けたらすぐに利益を出すため、すぐに手仕舞って利益を確保することができるが、例えば10本以上の足が形成されても利益のない場合は、仕掛けが早すぎたため、仕掛けを遅らす必要がある。この検証を行うことで、仕掛けのシグナルが正しい方向にあるかどうかをチェックすることができる。

ランダムな手仕舞い

　ランダムな手仕舞いの検証は、このあと説明する「モンキーテスト」の一環として行うが、時には検証の最初に行うこともある。背景にある考え方は、手仕舞いの影響をなくし、仕掛けに勝ちトレードを生みだす能力があるかどうかを見るということである。ランダムに生成された手仕舞いで常に利益を生みだす場合、仕掛けにエッジがある可能性が高い。

仕掛けの評価基準

　上記の３つの検証テクニックのそれぞれは、結果を分析するいくつかの方法がある。例えば、勝率は仕掛けを比較する非常に有効な方法だ。スリッページや手数料を含まずに検証すれば、仕掛けの勝率は50％を超えるはずだ。ランダムな仕掛けではおおよそこうなる。私の経験から言えば、勝率は52～62％になることが多い。勝率の値がこれだけ高いということは、価値のある仕掛けテクニックが存在することを示している。

161

勝率を使うことには反対する声もある。正しいことは悪くはないが、これはお金を稼いでなんぼの世界だということである。勝率60％の戦略が勝率40％の戦略よりも稼ぐお金は少ない場合がある。特に、トレンドフォローの仕掛けを使っている場合がそうである。ブレイクアウトや移動平均線の交差といったトレンドフォローの仕掛けは、一般に勝率は低い。勝率の低いシステムは、いくつかの大きな勝ちトレードと、たくさんの小さな負けトレードがあることで勝率の高いシステムを上回るわけである。この場合、勝ちトレードの利益は負けトレードの損失よりもはるかに多い。このような場合は、１トレード当たりの平均利益を使ったほうが良い。

　勝率も１トレード当たりの平均利益も意味があるので、私は両方を使っている。これは事前検証なので、ドローダウンやそのほかの統計量については無視する。この時点で私が知りたいことは、仕掛けにエッジがあるかどうかだけである。勝率と１トレード当たりの平均利益を見ればこれが分かる。

　ここであなたが気になっているのは最適化についてだろう。最適化すべきなのだろうか。私は最適化は行うが、結果を見るとき、ただ最良の結果を見るだけではなく、すべての結果を見る。例えば、仕掛けの入力パラメーターとしていろいろな値を使って、100セットの演算を行ったとしよう。利益が出たのがわずかで、勝率が50％を超えたものが少ない場合は、そのシステムは廃棄する。しかし、70％を超えるパラメーターのセットで利益が出たら、その仕掛けは検証をパスしたとみなす。

手仕舞いの検証

　仕掛けの検証と同様、手仕舞いの検証にもいくつかの方法がある。複雑なのは、手仕舞いが仕掛けと関係がある場合である。例えば、仕掛

けに支持線を使い、手仕舞いに抵抗線を使うときがそうである。これらを分離するのは難しい。このような場合、私は手仕舞いは検証せずに、このあとで述べる完全検証に進む。

手仕舞いそのものを評価するとき、私は次の2つの方法を使う。

●似たようなアプローチの仕掛け
●ランダムな仕掛け

似たようなアプローチの仕掛け

手仕舞いそのものを検証するのは、手仕舞いにエッジがあるかどうかを見るためである。エッジは仕掛けにのみ適用できると考える人が多いが、手仕舞いも仕掛け以上とは言わないが、同じくらい結果に影響を与える。慎重に考え抜かれた手仕舞いは、仕掛けが悪くても利益を生むシステムに変わる可能性だってあるのだ。

このあと実際の仕掛けを実際の手仕舞いで検証するが、今のところは、手仕舞いがどう機能するかを見ていくことにしよう。そのために、私が使いたい仕掛けに似た仕掛けを作成する。これは主としてトレンドフォローとカウンタートレンドフォローに分けられる。どんなタイプの仕掛けを使いたいかは分かっているので、それに似た仕掛けを作成する。例えば、トレンドフォローの場合、X本の足のブレイクアウト戦略を使い、カウンタートレンドの場合、RSI（相対力指数）をベースにした仕掛けを使う。いずれの場合も、実際の仕掛けに匹敵する仕掛けを作成する。そして、それを手仕舞い戦略で検証する。似たようなアプローチの仕掛けで利益の出る堅牢な手仕舞い戦略は、実際の仕掛けでも利益が出る可能性が高い。これは仕掛けを使わずに手仕舞いを検証する方法だ。

ランダムな仕掛け

　詳しくはこのあとのセクションで説明するが、ランダムな仕掛けでうまくいく手仕舞い戦略があったとすると、それに堅実な仕掛けのテクニックを組み合わせれば本当に良いシステムが出来上がる。このアプローチは以前ほどは使わなくなったが、新しい手仕舞いのテクニックがランダムでエッジのない仕掛けを使ったときにどう機能するのかを見るのに今でもときどき使っている。

手仕舞いの評価基準

　手仕舞いそのものを検証するとき、私は勝率はまったく見ずに、全体的な収益性のみを見る。これに加えて、最大順行幅（MFE）と最大逆行幅（MAE）も見る。価格が逆行したときには手仕舞いはしたくはなく、潜在的利益（実際の利益と順行幅を比較することで知ることができる）もあまり市場には戻したくないというのが最大順行幅と最大逆行幅の考え方である。これらの統計量の問題点は、これらの値に合わせてシステムを設計してしまう傾向がある点である。私の経験から言えば、このように設計しても良いシステムができるとは限らない。ただ、これらの統計量はあなたのシステムの可能性を見る分には便利に使える。

コアシステムの検証

　仕掛けと手仕舞いを別々に検証するメリットはいくつかある（その1つは、良い仕掛けや良い手仕舞いを見つけたら控えておいて、ほかのシステムに使える）が、前にも述べたように、重要なのは仕掛けと手仕舞いの相互作用である。仕掛けと手仕舞いを別々に検証しても、事

前検証では完全コアシステムも必ず検証する。

　システム全体を検証する目的は、限られたデータで戦略がうまく機能するかどうかを見るためである。このときに用いる主な判断基準は、純利益である。また、いろいろな変数で利益が出て、パラメーターのセットのほとんどで利益が出ればなおよい。例えば、ブレイクアウトの値が10個で、損切りの値が10個あるシンプルなブレイクアウト戦略があったとすると、10×10＝100で100セットの演算を行うことになる。私の考える良い戦略とは、限られたデータのなかで70セット以上で利益が出る戦略である。70セット以上で利益が出たら、このあと述べるモンキーテストを行い、そのあとさらに詳細な検証へと進む。

　ほとんどの場合、利益の出るセットの数は全体の30～70％というのが普通だ。これは私にとっては「中間地帯」を意味する。戦略は十分には良くないのは明らかだが、さらに調べてみる価値はある。このような場合は、ルールやフィルターを加えたり、仕掛けや手仕舞いを変更することもあるが、これといった決まった法則はない。以前にうまくいったルールや条件を加えることが多い。小さな変更を加えたあと、サンプル結果を再評価する。

　このように繰り返しルールを変更することの欠点は、システムをヒストリカルデータにフィットさせてしまう危険性があることである。1～2回の変更はオーケーだが、良い結果を得るために何回も戦略を変更すれば、「バックテストは素晴らしく見えるが、実際にトレードすると最悪のパフォーマンスを示す」シナリオに陥る可能性が高い。1～2回変更しても結果があまり改善されなければ、その戦略は廃棄するのがよいだろう。

　前にも述べたように、限定した最適化で事前検証するとき、70％以上で純利益が出るのが望ましく、純利益が出るのが30～70％の場合は、改善の余地があるかどうかを調べる。利益の出るセット数が30％を下回る戦略はどうすればよいのだろうか。このような場合は、ジョージ・

コスタンザ・アプローチ（ジョージ・コスタンザとは『となりのサインフェルド』に登場する人物）を使うことにしている。「何もかもうまくいかないときは、逆をやればきっとうまくいくに違いない」。シグナルを逆にして、売っていたものは買い、買っていたものは売る。戦略のロジックにもよるが、いつもまったく逆の結果が生じるわけではないが、逆に近い結果を生じることが多い。しかし、この逆のアプローチの効果が表れるのは、手数料とスリッページを加味する前であることは明らかだ。これはなぜなのだろう。例えば、30ドルの手数料とスリッページ差し引き後、1トレード当たりの平均利益が−50ドルのシステムを考えてみよう。これは逆アプローチの良い候補になりそうだ。なぜなら、1トレード当たりの利益は20ドル（50ドル−30ドル）になると考える人が多いからだ。しかし、実際には逆トレードは10ドルの損失になる。なぜなら、ドテンするときには手数料とスリッページが2倍かかるからである。計算してみよう。

−50ドル（手数料とスリッページ差し引き後の平均トレード）
＋30ドル（手数料とスリッページ）
−20ドル（手数料とスリッページ差し引き前の平均トレード）

では、システムを逆にしてみよう。

＋20ドル（手数料とスリッページ差し引き前の平均トレード）
−30ドル（手数料とスリッページ）
−10ドル（逆システムの手数料とスリッページ差し引き後の平均トレード）

システムを逆にするとき、手数料やスリッページを正しく加味しない人が多い。逆システムの多くは、表面上は良く見えるが、実際のト

レードではうまくいかないのはこういうわけである。

この時点で戦略がうまくいけば、仕掛け、手仕舞い、コアシステムを検証する。すると、結果はトレード可能なシステムが達成できる「かもしれない」ことを示すだろう（システムが本当にトレード可能であると結論づけるまでにはまだまだ多くのステップを踏まなければならない）。これは事前検証、つまり最初のハードルだが、ここまでやれば幾分かは励まされる。ここまでくれば、次はいよいよ事前検証の最後のステップだ。このステップには動物が登場する。もちろんこれは比喩的な話だが。

猿真似

最後に行う検証の1つは、「猿真似」というものだ。これは私の戦略がダーツを投げるサルよりも優れているかどうかを調べるものだ。1973年のバートン・マルキールの本に次のような下りがあった。「新聞の経済欄にダーツを投げれば、専門家たちが注意深く選ぶのと同様のポートフォリオを選ぶことができるだろう」。彼の著書『ウォール街のランダム・ウォーカー』（日本経済新聞出版社）は投資家やトレーダーにとっての古典で、猿真似というこのアイデアは多くの人の間で共感を呼んだ。結局、サルよりも悪いパフォーマンスを上げる人はいないということである。私は個人的には市場がランダムであるという話には賛成できない。市場がランダムであることを信じていれば、トレードでのエッジなど探したりはしないだろう。持続するエッジはランダムな市場には存在しないので、モンキーテストは非常に便利なテストであると思っている。

私が作るどんな戦略も、そのパフォーマンスはサルがダーツを投げるよりもはるかに優れたものでなければならない。もしそうでなければ、私はそんな戦略をトレードしたいとは思わない。この検証では3

つのモンキーテストと2つの時間枠を使う。これらの検証をすべてパスすれば、ランダムよりも優れているという確信を持てる。

モンキー検証1 ──「仕掛け」

　最初の検証は、私が開発した仕掛けがランダムよりも優れているかどうかを調べるためのものだ。これは単に戦略の仕掛けをランダムに生成した仕掛けと入れ替えてみるだけである。仕掛け以外の要素は変えずに、ランダムな仕掛けを8000回行った。各検証では異なる仕掛けがランダムに生成されるため、8000個のパフォーマンスリポートが生成される。仕掛けのシグナルの頻度を調整することで、ウオークフォワード履歴に近い数のトレードを得ることができる。さらに、買いトレードと売りトレードの比率も同じにする。これら2つの拘束条件は以下のことを意味している。つまり、「モンキー」は私のシステムと同じ頻度でトレードし、買いトレードと売りトレードの比率もほぼ同じであるということである。

　通常、良い戦略は、純利益と最大ドローダウンにおいて10回のうち9回はモンキーを打ち負かす。モンキー試行を8000回行ったので、モンキーはおよそ7200回は私の結果よりも悪く、およそ7200回は私のウオークフォワードの結果よりもドローダウンは高いということになる。これらの目標に達しなければ、私の仕掛けがランダムよりも本当に優れているのかどうかは疑問である。

モンキー検証2 ──「手仕舞い」

　2番目の検証は、私が開発した手仕舞いがランダムよりも優れているかどうかを調べるためのものだ。これは仕掛けの検証に似ているが、モンキーがポジションをランダムに手仕舞う点が異なる。トレードに

おける足の本数をウオークフォワード履歴と同じに維持することで、ランダムな手仕舞いをコントロールする。例えば、ウオークフォワード履歴の１トレード当たりの足の本数が平均で４本で、その日の終わりに手仕舞うとすると、ランダムな手仕舞いも平均４本の足の数で、その日の終わりに手仕舞う。その日の終わりに手仕舞うことが私の基準であれば、必ずその日の終わりに手仕舞う。

モンキーの仕掛けと同様、ウオークフォワードの結果はモンキーの手仕舞いの90％以上優れていなければならない。

モンキー検証３——「仕掛けと手仕舞い」

私の戦略がモンキーの仕掛けとモンキーの手仕舞いよりも優れていると判断したら、次は戦略がモンキーの仕掛けとモンキーの手仕舞いよりも優れているかどうかを調べる。なぜなら、私のエッジが仕掛けと手仕舞いの相互作用のなかにある場合があるからである。例えば、私の仕掛けは、手仕舞いを支持線や抵抗線の辺りに設定したときのみ有効な場合があるといった具合だ。つまり、仕掛けだけでは、あるいは手仕舞いだけでは、十分とは言えないということである。

この検証では、すべての仕掛けのコードと手仕舞いのコードをランダムなモンキーコードに置き換える。ランダムな仕掛けと手仕舞いのパラメーターは私の戦略に合うように調整する。調整するパラメーターは以下のとおりである。

- トレード数
- 買いトレードと売りトレードの比率
- １トレード当たりの平均的な足の本数

これらの条件はほかのモンキー検証に適用する条件と同じであるこ

とに注意しよう。そして、ほかの検証同様、モンキーの仕掛け・手仕舞い戦略を8000回実行し、結果を同じ方法で比較する。

時間枠

　モンキー検証を最初に行うのは開発段階である。これは戦略が克服しなければならないもう1つのハードルだ。しかし、これらの検証をウオークフォワードの時間枠で行うと、ほとんどの場合で良い結果が出る。なぜなら、悪い戦略は開発プロセスのこの段階までたどり着けないことが多いからだ。とはいえ、私は戦略がこの検証をパスするかどうかを確認する。これによって、私が本当にエッジを持っていることを確信することができる。

　モンキー検証は、戦略をリアルタイムで実行するときにも行う。私が見るのは過去6カ月から12カ月の結果だ（3カ月でも悪くはないが、トレード数が少ないと有効性に問題がある）。もしこの6～12カ月の間に、モンキーのほうがはるかに良い結果を出したら、あると思っていたエッジは減少したか完全に消えたことを意味するので、そこでそのシステムのトレードは終了だ。

モンキー検証――例

　モンキー検証が、ウオークフォワード履歴やリアルタイムでどう機能するのかを分かってもらうために、このセクションでは例を見ていく。

　図12.1は開発段階を終えたシステムのウオークフォワードパフォーマンスと、初期開発を終えたシステムのパフォーマンスを示したものだ。システムはしばらくはうまくいっていたが、そのあとはいくつかの大きなドローダウンを喫している。この6カ月のモンキー検証から

図12.1　サンプルシステムのウオークフォワードパフォーマンス

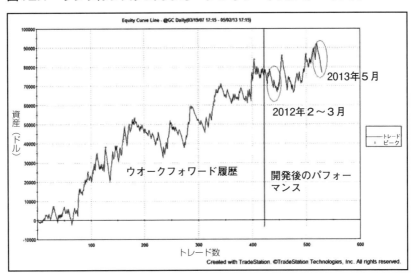

は、このシステムのエッジは消えたので、トレードは中止すべきであると言えるだろうか。この質問に答えるために、図に示した時点でモンキー検証をやってみる。

基準戦略のイージーランゲージ（トレードステーション）コードと、3つのモンキー戦略については**付録A**を参照してもらいたい。

基準戦略に匹敵するランダム戦略を作成する第1ステップは、基準戦略に関連する統計量を集めることである。これを示したものが**表12.1**である。

表12.1のデータはパフォーマンスリポートから得ることができる。ランダム戦略との比較に使う2つのパラメーターは、純利益と日中最大ドローダウンだ。そのほかのパラメーターはランダム戦略の「調整」に使う。調整の目的はランダム戦略と基準戦略とで、トレード数、買いトレードと売りトレードの割合、1トレード当たりの平均時間がほぼ同じになるようにするためだ。こうすることでこれら2つの戦略を

表12.1　基準パフォーマンス

パラメーター	
期間	2007/3/19～2011/11/1
純利益	7万2650ドル
日中最大ドローダウン	－2万2270ドル
トレード数	430
買いトレードの比率	40%
1トレード当たりの平均の足の本数	2.5
トレード可能日数	1165
トレード数÷トレード可能日数	0.37

表12.2　モンキー検証1

検証期間（2007/3/19～2011/11/1）	純利益が基準ケースよりも悪かった割合	日中最大ドローダウンが基準ケースよりも悪かった割合
ランダムな仕掛け、基準的な手仕舞い	100%	99%
基準的な仕掛け、ランダムな手仕舞い	99%	94%
ランダムな仕掛け、ランダムな手仕舞い	99%	99%

公正に比較することができる。

　ランダム戦略と基準戦略のトレード数が同じになったら、ランダム戦略を8000回実行して、結果を比較する。これらの結果は**表12.2**に示したとおりである。

　結果は非常にはっきりしている。基準戦略のほうがどのランダム戦略よりもはるかに良い。人間のほうがモンキーよりも優れているので、人間に1点。これによって、基準戦略はランダム検証をパスした。

　しかし、数カ月あとに基準戦略とランダム戦略を比較するとどうなるだろうか。**図12.1**を見ると、基準戦略は2012年2月から3月にかけてパフォーマンスが下落している。2012年3月1日を最終日として、そ

表12.3 モンキー検証2

検証期間（2011/3/1～2012/3/1）	純利益が基準ケース（780ドル）よりも悪かった割合	日中最大ドローダウンが基準ケース（－1万5680ドル）よりも悪かった割合
ランダムな仕掛け、基準的な手仕舞い	49%	73%
基準的な仕掛け、ランダムな手仕舞い	99%	100%
ランダムな仕掛け、ランダムな手仕舞い	60%	95%

の前の12カ月における基準戦略の純利益は780ドルで、日中最大ドローダウンは1万5680ドルだった。これをランダム戦略と比較してみよう。ランダム戦略を8000回実行した結果は**表12.3**に示したとおりである。

結果を見ると若干の不安要素がある。注目する数字にもよるが、基準戦略はランダム戦略よりもパフォーマンスが少しだけ上回っていただけなのは明らかだ。私は個人的にはすべての数字を1つのグループとして見る。それらの数字のほとんどが60～70％以下の場合、不安になる。数字のほとんどが50％を下回ったら、不安はさらに高まる。なぜなら、どの数字を見ても私の戦略はモンキー戦略よりも良いとは言えないからだ。

このケースの場合、50％を下回る数字は1つのみで、70％を下回る数字は2つある。私はおそらくはこの戦略でトレードを続けるだろう。もっと保守的なトレーダーはこの時点でトレードを中止するかもしれないが、これもまた合理的な判断だ。

次に基準戦略のパフォーマンスが大幅に下落したのは2013年5月である。2013年5月1日に終了するそれまでの1年間で基準戦略は1105ドルの損失を出し、日中最大ドローダウンは1万5100ドルだった。これをランダムモンキーシステムと比較してみよう（**表12.4**）。

結果はより明確だ。平均的にモンキーシステムは基準戦略と同じか

表12.4 モンキー検証3

検証期間（2012/5/1〜2013/5/1）	純利益が基準ケース（−1105ドル）よりも悪かった割合	日中最大ドローダウンが基準ケース（−1万5100ドル）よりも悪かった割合
ランダムな仕掛け、基準的な手仕舞い	50%	64%
基準的な仕掛け、ランダムな手仕舞い	1%	1%
ランダムな仕掛け、ランダムな手仕舞い	49%	72%

優れている。これは戦略が最初に持っていたエッジは消えたか、一時的に途切れたことを意味する。賢明なトレーダーなら、このシステムでのトレードは2013年5月の初め辺りで中止するだろう。このケースの場合、2013年5月1日以降の基準戦略のパフォーマンスから判断すると、この判断は正しかったということになる。

　あなたの戦略をランダムに生成された戦略と比較するのも良いだろう。前の例に出てきたシステムは、分析の結果、モンキーがダーツを投げるランダムなシステムよりもはるかに優れていた。これを知ることで、自信を持ってトレードを始めることができる。

　残念ながら、戦略の開発段階でこの分析を行っても、その戦略が将来的にうまくいくかどうかは分からない。その戦略は欠陥品で、実際にトレードを行うと損失しか出さないこともあるし、市場の性質が変わり、あなたの戦略がそれに適応できないこともある。いずれにしても、その戦略が有効かどうかを判断するには、基準戦略の結果とランダムモンキー戦略の結果を定期的に比較することが重要だ。前の分析からも分かるように、ランダム検証は早期の警告を検出する良い方法であり、パフォーマンスがランダムシステムを上回るまでその戦略によるトレードは中止するのがよい。ランダム検証は一言で言えば、トレードをいつ中止すべきかを判断する便利なツールと言えるだろう。

第13章

掘り下げた検証 ── ウオークフォワード分析

In-Depth Testing / Walk-Forward Analysis

　何らかのエッジを持つトレードシステムを手に入れ、それがすべての事前検証をパスしたら、もっと掘り下げた検証へと進む準備が整ったことになる。前にも述べたように、掘り下げた検証には主として4つの方法がある。

- ヒストリカルバックテスト（インサンプルテスト）
- アウトオブサンプルテスト
- ウオークフォワードテスト
- リアルタイムテスト

　私は長年にわたってこれらの方法を使ってきた。成功したこともあれば、不成功に終わったこともある。検証できる十分な履歴、ヒストリカルとリアルタイムの結果の一致具合、変化する市場状態への感度の点から考えると、私はウオークフォワード分析が最も優れているのではないかと思っている。本章でこれから説明する検証では、ウオークフォワードテストのみを用いる。ウオークフォワードテストの説明に入る前に、最適化するパラメーターがまったくない場合はどうなるのかを考えてみよう。

最適化するパラメーターがない

時として、最適化するパラメーターを１つも持たないシステムを開発することがあるかもしれない。例えば、仕掛けが特定のローソク足パターンに基づき、手仕舞いとして目標値を設定し、固定金額の損切りを使う場合などがそうである。理由はどうであれ、損切りや目標値は変えたくないし、仕掛けも変えたくない。あなたの頭のなかには「最適化」という文字はない。これはカーブフィッティングやオーバーフィッティングを防ぐ１つの方法ではある。

このような場合、掘り下げた分析はヒストリカルテストのみになる。結果が目標に一致すれば、次のステップに進み、そうでなければ、その戦略はあきらめて、次のアイデアへと進む。

ここで重要なポイントが１つある。最適化戦略がうまくいかない場合、前に戻って戦略を微調整し、テストをやり直すようなことをしてはならないということである。例えば、戦略を実行してみて、満足できない結果が出たとする。このとき、仕掛けをほかのローソク足パターンに変更して、もう１回実行するようなことはすべきではないということだ。これは仕掛けをほかの方法で最適化したことになる。

思い当たる節がある人は、次に述べる疑似コードを使って、これら２つの戦略を最適化可能な１つの戦略にまとめてみるとよい。

戦略１
ローソク足のパターンＡで買いを仕掛ける
損切りＸドル、目標値Ｙドル

戦略２
ローソク足のパターンＢで買いを仕掛ける
損切りＸドル、目標値Ｙドル

戦略3 ── 戦略1と戦略2の組み合わせ
For i=1 to 2
If i=1, enter long with candlestick pattern A
if i=2, enter long with candlestick pattern B
Stop-loss $X, profit target $Y

　このアプローチの良い点は、最適化していることを前もって知ることができ（隠れた、あるいは忘れられた最適化によって結果が損なわれることはない）、おそらくは戦略を組み合わせた（例えば、戦略1はある年ではうまくいくが、ある年では戦略2のほうがうまくいく）ほうが、それぞれの戦略よりも良い結果が出ることである。
　最適化するパラメーターが本当にない場合は、ウオークフォワード分析の代わりに1回だけ行うヒストリカル分析をやるとよい。結果が良ければ、次のステップに進むことができる。しかし、たいていは最適化するパラメーターは1つはあるものだ。そんなときは、ウオークフォワード分析が最も良い。

ウオークフォワード入門

　ウオークフォワードテストは従来の最適化とどう違うのだろうと疑問に思う人が多い。ウオークフォワードの概念をトレードソフトの説明で理解するのはかなり難しいのではないかと私は思っている。特殊なソフトやスプレッドシートのなかった昔、ウオークフォワードテストは手動で行うか、カスタム・コンピューター・プログラミングで行うしかなかった。ワールドカップ・・チャンピオンシップ・オブ・フューチャーズ・トレーディングで優勝したとき、私は手動のウオークフォワードテストを使って開発した戦略を使った。ウオークフォワードテストを手動で行うのは難しく厄介だったが、手動で行うことでそ

のプロセスを明確に理解することができた。

この概念をしっかり理解してもらうために、まずはこのプロセスを簡単なブレイクアウトシステムを使って説明したいと思う。これによってウオークフォワード分析をどう行えばよいのかステップバイステップで理解してもらえるはずだ。

その前に、ウオークフォワード分析で使われる用語を定義しておきたい。

イン期間 最適化に用いられるヒストリカルデータの一部。

アウト期間 イン期間のあとの（あるいは前の）期間で、最適化の結果を使って評価されるヒストリカルデータの一部。

適合度ファクター 「最良」の結果を判断するのに用いられる基準。これによって最適化したパラメーターを選ぶことができる。

アンカードテスト/アンアンカードテスト イン期間の開始日が時間とともに変化するのか、あるいは常に同じなのかを規定する。

これらのパラメーターの選び方については詳しくはこのあと述べるが、これから行うテストではイン期間としては5年、アウト期間としては1年、適合度ファクターとしては純利益、イン期間の開始日は時間とともに変化するものとする。

このテストで使う戦略としては、非常にシンプルなカウンタートレンド・ブレイクアウト・システムを使う。

「X」期間の高値で引けたら売る
「Y」期間の安値で引けたら買う
損切りは「Z」

トレードステーションのイージーランゲージのコードは以下のとお

りである。

```
input: X(5), Y(5), Z(200);
if close=highest(close,X) then sellshort next bar at
   market;
if close=lowest(close,Y) then buy next bar at market;
SetStopLoss(Z);
```

　この例ではeミニS&P（ES）のつなぎ足を使い、データとしては2000年1月1日から2010年1月1日までの10年分のデータを使う。用いるのは日足で、1取引のスリッページと手数料を25ドルとする。
　比較のため、まずは2000年から2010年までのすべてのデータを使って最適化する。適合度ファクターとして純利益を使うと、次の最適値が得られる。

　X = 9
　Y = 5
　Z = 600ドル

　この最適化によって10年にわたる純利益は5万5162ドルになる。
　次に、ウオークフォワード分析を行う。最適化期間は5年なので、まずは2000年1月1日から2005年1月1日までのデータを使って最適化する。この最適化によって純利益が最も高いパラメーターは以下のようになる。

　X = 7
　Y = 17
　Z = 600ドル

表13.1 サンプルウオークフォワードテストの結果

インサンプルテスト期間	最良のパラメーター(X,Y,Z)	アウトオブサンプル期間	アウトオブサンプルテストの結果
1/1/2000–1/1/2005	7,17,600	1/1/2005–1/1/2006	−$3,138
1/1/2001–1/1/2006	7,45,100	1/1/2006–1/1/2007	−$2,325
1/1/2002–1/1/2007	49,7,600	1/1/2007–1/1/2008	+$5,963
1/1/2003–1/1/2008	21,11,1000	1/1/2008–1/1/2009	−$19,113
1/1/2004–1/1/2009	9,5,600	1/1/2009–1/1/2010	+$8,675

　これで最初のインサンプル検証は終了だ。さてここで、最初のアウトオブサンプル期間（2005年1月1日～2006年1月1日）にこのパラメーターを適用してみよう。この期間は最初の最適化期間には入っていないので、アウトオブサンプル期間とみなされる。この最初のアウトオブサンプルテストの結果は3138ドルの損失だった。

　同様に、期間をずらしながらインサンプルテスト（最適化）とそれに対するアウトオブサンプルテストを行った。結果は**表13.1**に示したとおりである。

　これが終わったらいよいよウオークフォワード分析だ。ウオークフォワード分析の完全なパフォーマンスリポートを作成するために作成した戦略は以下のとおりである。この戦略では、ウオークフォワード期間が変化するたびにパラメーターの値も変化する。

```
var: X(5), Y(5), Z(200);

If date>1050101 and date<1060101 then begin
   x=7; y=17; z=600;
end;
If date>1060101 and date<1070101 then begin
   x=7; y=45; z=100;
```

```
end;
If date>1070101 and date<1080101 then begin
  x=49; y=7; z=600;
end;
If date>1080101 and date<1090101 then begin
  x=21; y=11; z=1000;
end;
If date>1090101 and date<1100101 then begin
  x=9; y=5; z=600;
end;
If date>1100101 and date<1110101 then begin
  x=9; y=5; z=600;
end;
If date>1110101 and date<1120101 then begin
  x=9; y=5; z=700;
end;
If date>1120101 and date<1130101 then begin
  x=9; y=5; z=700;
end;
If date>1130101 and date<1140101 then begin
  x=9; y=5; z=700;
end;


if close=highest(close,X) then sellshort next bar at
  market;
if close=lowest(close,Y) then buy next bar at market;
SetStopLoss(Z);
```

図13.1　ウオークフォワードの結果と最適化の結果の比較（開発中）

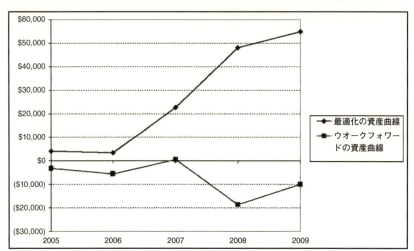

　これでウオークフォワードの結果と最適化の結果を比較することができる。比較した結果は**図13.1**に示したとおりである。この比較で興味深いのは以下の点である。

- 最適化の資産曲線はウオークフォワードの資産曲線よりもはるかに良い。最適化結果の資産曲線は最適化した曲線だから、これは想定の範囲だ。あなたが関心のある期間でパラメーターを最適化すれば、どんな戦略もよく見えるということである。
- ウオークフォワードの結果はあまり良くない。ウオークフォワード分析は「パス」するのが非常に困難なのである。ほとんどの戦略はこの分析で失敗する。しかし、ウオークフォワード分析は完全なる最適化結果よりも現実をより忠実にシミュレートするものなので、ウオークフォワード分析は最適化よりもより正確な分析法である。

　これについては前に何回か述べたが、あなたは「ウオークフォワード分析は完全最適化テストよりも将来のパフォーマンスをより正

図13.2　ウオークフォワードの結果と最適化の結果（開発の前後）

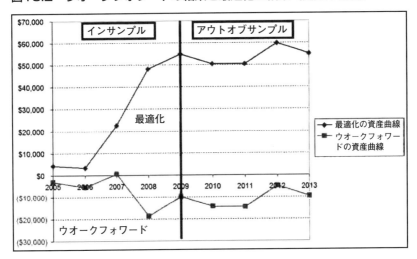

確に反映しているとどうして言えるのか」と思っていることだろう。これは私の経験によるものだ。このケースで使ったシステムはパフォーマンスの違いを示す好例である。最適化とウオークフォワード分析の2010年1月1日から2013年11月14日までの結果を示したものが**図13.2**である。**図13.2**を見ると分かるように、最適化テストのアウトオブサンプル期間（2010年～2013年）のパフォーマンスはフラットだった。これは2005年から2009年までの曲線とまったく異なる。2005年から2009年までの平均年次利益はおよそ1万ドルだった。しかし、ウオークフォワード分析となると、話はまったく違ってくる。2010年から2013年までの曲線はウオークフォワードの場合もフラットだが、これは2005年から2009年までの曲線とあまり変わらない。つまり、ウオークフォワードシステムのパフォーマンスは何年にもわたってほとんど変わっていないということである。パフォーマンスはほとんどの年でフラットか下降気味だった。

　例を1つ見ただけでは常にそういうことが言えるとは限らないが、

最適化のバックテストとウオークフォワードバックテストのパフォーマンスは一般的にはこうなる。最適化の結果をアウトオブサンプルデータに適用すると、結果は一般に低下する。多くの人が悪徳なベンダーが売っているシステムに不満を感じるのはそのためだ。これらのベンダーは最適化した結果を見せる。しかし、将来的な結果はバックテストほど良くないのがほとんどだ。一方、ウオークフォワードはテスト期間全体でほぼ同じパフォーマンスを示す。多くのトレーダーがウオークフォワードの結果のほうを好むのはこのためだ。ウオークフォワード分析による資産曲線は将来的にも安定している。必ずしもこうなる保証はないが、私の経験から言えばほとんどがこうなる。

ウオークフォワード分析の入力量

これまでに述べてきたようにこの分析を手動で行う場合、分析を行う「前に」次のパラメーターを決める必要がある。

イン期間
アウト期間
適合度ファクター
方法──イン期間の開始日を固定するのか、しないのか（アンカーか、アンアンカーか）

私のようにソフトを使うのであれば、これらの値は必ずしも事前に知る必要はない。これは良し悪しだ。良い点は、最適化を1回行えば、ウオークフォワード分析を何回も繰り返す必要がない点である。悪い点は、これらのパラメーターはあなたの戦略の従来の入力パラメーターと同じように最適化できるという点である。これは少なくとも従来

の意味では最適化には見えないかもしれないが、例えば、イン期間の2つの数値を見て、結果の良いほうを選べば、それは明らかに最適化していることになる。分析を行う前に判断してほしい。

ウオークフォワード分析の入力量を事前に選ぶ（ほかの方法についてはこのあと述べる）場合、それぞれの数値はどのように選べばよいのだろうか。その方法は以下に述べたとおりである。

イン期間

イン期間は、それぞれの期間で用いる最良のパラメーターについて意味のある結果が得られるように、十分なトレード数を確保するのが目的だ。イン期間においてはそれぞれの入力変数に対して十分なトレード数を確保するようにしたい。例えば、最適化する入力量が4つある場合、イン期間における適切なトレード数は100～200である。これは1入力量に対して25～50トレードに相当する。1入力量当たりの「ベスト」なトレード数に対するルールはないが、統計的有意性を得るためには30トレードが妥当だとする人が多い。

アウト期間

ちょっと妙に思えるかもしれないが、ウオークフォワード分析を毎日やっている人がいる。つまり、アウト期間は1日だけということになる。個人的にはこれはちょっと極端すぎるように思えるが、これで成功しているのであれば、どうして私が異議を唱えることができようか。アウト期間を選ぶときに重要な要素がいくつかある。1つ目は、アウト期間をあまりにも長くすると、ウオークフォワード分析のアウト期間が1～2つになってしまうということだ。これでは単一期間のアウトオブサンプルテストとほとんど変わらない。2つ目は、アウト期

間をあまりにも短くすると、毎日、毎週、再最適化を行っていることになる。最適化しなければならないシステムがたくさんある場合、開発とトレードにかけられる時間に制約があることを考えると、これでは持ちこたえられそうにない。アウト期間には限度というものがある。私は通常、イン期間の10～50％に設定する。例えば、イン期間が1000日なら、アウト期間は100～500日の間ということになる。これはかなりの幅だが、堅牢なシステムなら最終結果はアウト期間にはあまり左右されない。100日のアウト期間も500日のアウト期間もパフォーマンスはあまり変わらない。

適合度関数

ウオークフォワード分析のパラメーターのなかで、最も異論の多いパラメーターが適合度関数だ。2人のシステム開発者が適合度関数を巡って殴り合いのけんかになったことがあるほどだ（これほど熱心になれるとは驚きだ）。適合度関数の長所と短所を取り上げて議論はしたくないが、これまでに私が使ってうまくいった適合度関数を紹介しておこう。

純利益

大概の人はこれを選ぶ。これは非常に良い適合度関数だと思う。結局、テストが終わったときに利益が出なければ、ほかのパラメーターは無意味でしかない。私は個人的にはこの適合度関数を最もよく使う。なぜなら、このファクターは理解しやすく、使いやすいからだ。しかし、このファクターではドローダウンという重要な要素が考慮されていない。しかし、私の経験から言えば、一般に純利益が大きいと、ドローダウンは小さい傾向がある。ドローダウンも欠かせないと思うの

であれば、次に述べる適合度関数を使うとよいだろう。

資産曲線の直線性

あなたの理想とする資産曲線はどんなものだろうか。毎日、安定的に上昇する資産曲線ということになるだろうか。現実の世界における例としては、銀行預金やマネーマーケット口座の利息が挙げられる。得られる利息は少額かもしれないが、銀行口座の場合、毎日お金を稼ぐことができ、損失を被る日は１日もない。毎日お金を稼ぎ、ドローダウンのない先物システムを設計できればどんなによいだろう。右肩上がりの資産曲線が理想で、最適化するパラメーターとしては打ってつけだ。問題は、あなたのソフトでこの適合度関数が選択肢として設定されていなければ、最適化するのは難しいという点である。また、イン期間の開始日を固定しないウオークフォワードテストではこれを適合度関数として使うのは難しいかもしれない。最後に、この最適化方法は、直線性を重んじるため、非常に低い純利益を最適なものとして選ぶこともある。純利益が低い場合、考えられる問題が２つある。１つは、利益が少ないため、スリッページや手数料を少なく見積もれば、リアルタイムでは損を出す戦略を選んでしまうことになる場合があるという点である。もう１つは、最終結果として１トレード当たりの平均利益が非常に少ない場合、市場がちょっと変わっただけでも効果的だったものが効果がなくなる場合があるという点である。

最適化の判断基準として資産曲線の直線性を使う場合の大きなメリットは、ポジションサイジングにとって非常に有効であるという点である。ドローダウンが最小で、利益がゆっくりと着実に伸びていく戦略を考えてみよう。アグレッシブなポジションサイジングにはこういったアプローチは理想的だろう。

口座リターン

適合度関数のなかで最大ドローダウンを明示的に使う場合、口座リターンは良い選択肢になる。口座リターンについては、ソフトによって定義がまちまちだが、口座リターンは一般に次のように定義される。

口座リターン＝純利益÷（最大ドローダウン＋必要な委託証拠金）

必要な委託証拠金は時間とともに変化するので、委託証拠金をゼロにしたり任意の数値に設定することで、委託証拠金をこの方程式から除外する人が多い。口座リターンは、利益とその利益を得るためのリスクを考慮に入れるので、適合度関数としては打ってつけだ。最大の欠点は、イン期間の開始日が変化するウオークフォワード分析を使っている場合、口座リターンは期間によって大きく異なることがあるという点である。

開始日を固定するのか、変化するのか（アンカーか、アンアンカーか）

ウオークフォワード分析にはあいまいな点が1つある。それは最適化ウィンドウである。最適化ウィンドウにはアプローチが2つある。1つは、時間とともに変化するウィンドウで、もう1つは開始日を一定にするウィンドウである。**図13.3**はこれら2つのアプローチの違いを示したものだ。

一般に、2つのアプローチの結果は似たようなものになる。特に分析の初期ではそうだ。しかし、時間がたつにつれて結果は違ってくる。これは、開始日を固定したウオークフォワードは全データセットにわたる結果を考慮に入れるのに対して、開始日を変化させるウオークフ

図13.3 開始日を一定にしたウオークフォワード分析と開始日を変化させたウオークフォワード分析

	2007	2008	2009	2010	2011	2012	2013
開始日が一定							
インサンプル1のウィンドウ	■	■	■	■			
ウオークフォワード1のウィンドウ					■		
インサンプル2のウィンドウ	■	■	■	■	■		
ウオークフォワード2のウィンドウ						■	
インサンプル3のウィンドウ	■	■	■	■	■	■	
ウオークフォワード3のウィンドウ							■
開始日を変化させた場合							
インサンプル1のウィンドウ	■	■	■	■			
ウオークフォワード1のウィンドウ					■		
インサンプル2のウィンドウ		■	■	■	■		
ウオークフォワード2のウィンドウ						■	
インサンプル3のウィンドウ			■	■	■	■	
ウオークフォワード3のウィンドウ							■

表13.2 パフォーマンス統計量はすべてが加算法が適用されるわけではない

最適化期間	純利益	最大ドローダウン	口座リターン＝純利益÷最大ドローダウン
年1	$12,000	$6,000	2.0
年2	$6,000	$4,000	1.5
年1と年2	$18,000	$6,000	3.0

ォワードは最も最近のウィンドウの結果のみを含むからである。開始日を一定にしたほうが良い場合もあり、開始日を変化させたほうが良い場合もあるが、私は開始日を変化させるアプローチをよく用いる。私が開始日を変化させるアプローチのほうが好みなのは、最も最近のデータのみが最適化に含まれるからである。10年前の結果が今の最適化結果に影響を及ぼすのはあまり好きではない。

　特定の適合度関数を使いながら、開始日を変化させるアプローチを用いるときの注意点は、あなたが用いるウオークフォワード分析ソフトによっては、結果に過ちがある場合があるということである。手動

で行うのであれば、これは問題にはならないが、ソフトを使う場合、計算が対象となる開始日と終了日の間の期間における適合度関数の違いではなくて、開始日と終了日に基づいて行われることを確認する必要がある。

例を見てみよう。**表13.2**に示したような最適化結果を得たとする。

この例では、純利益は加算法が適用される（年１の純利益と年２の純利益を足し合わせたものは、年１＋年２の合計純利益になる）が、最大ドローダウンと口座リターンには加算法は適用されないことに注意しよう。ウオークフォワード分析ソフトによっては、適合度関数には、純利益と同じように加算法が適用されると想定しているものがあるので、開始日を変化させたときの結果を使う場合は、ソフトの機能を十分に理解することが重要だ。あなたが選ぶ適合度関数によっては、間違った分析結果が得られる場合もあるので注意が必要だ。

分析の実行

ウオークフォワード分析の入力量がすべて決まったら、前の例で示したように分析を手動で行うか、ソフトで自動的に行う。いずれの方法でも、最終的には完全なるウオークフォワード分析を行うことができ、あなたの戦略に対する資産曲線を得ることができる。この時点で行わなければならないことは、結果を達成目標と比較することである。結果と達成目標が一致すれば、次のステップに進む。もし一致しなければ、その戦略は廃棄し、新しい戦略に着手する。これは口で言うのは簡単だが、実際に行うとなると非常に難しい。事前検証にも掘り下げた検証にもかなりの時間を割いてきた。ここであきらめてしまうのは不名誉だ。結果が目標にかなり近い場合は特にそうである。このような場合は、目標を下げるか、戦略を少し調整して、再びウオークフォワード分析を行うというのが成功への道であるように思える。ある

いは、これはただ単にもっと悪い癖や悪い意思決定へとつながるのだろうか。

　私は通常は、目標を下げたり、戦略を変更するのではなくて、この時点で戦略を廃棄する。しかし、時には目標を下げたり、戦略を変更したり、あるいは両方を行う場合もある。これは時には奏功することもあるが、たいていはうまくいかない。ヒストリカルデータに触れれば触れるほど（テストすればするほど）、システムをそのデータにフィットさせてしまうということを忘れてはならない。さらに、基準を下げれば、欲しくないものを手に入れることになる。実際のお金を使ってトレードするとき、あなたの心は反論するだろう——最初から信用できなかった負けシステムをなぜ使い続けなければならないのか。

　ウオークフォワード分析で犯しやすい過ちは、イン期間とアウト期間の最適化を行うことである。例えば、4年のイン期間と1年のアウト期間でウオークフォワード分析を行うとする。結果はまずまずだが、素晴らしく良くはない。そこであなたは、イン期間は4年で、アウト期間は2年にしたほうが良いのではないだろうかと思い立つ。結果は200％良くなり、すべての目標を満たす。「そうか、データは混ぜ合わせて使えばいいのか。よし、これで行こう！」と決心する。

　ちょっと待ってほしい！

　これはどういうことだか分かっているだろうか。2番目のイン期間とアウト期間を選び、分析を再実行し、最良のケースを選んだら、それはまさしく最適化だ。2つのケースを比較しただけなので、これは完全なる最適化ではないが、最適化であることに違いはない。最適化した結果は信用できないというルールを覚えているだろうか。ここであなたはジレンマに陥る——最初の実行（4年と1年）結果を受け入れる（目標と一致しなかったので戦略を破棄する）べきか、2番目の実行結果を受け入れる（最適化しなかったふりをする）べきか。

　実を言うと、私もこれをやってしまうことがある。でも、うまくい

ったためしはない。ここで大きな疑問が出てくる。「ウオークフォワードの完全性を維持したうえで、複数のイン期間とアウト期間をテストし、最良の結果を選ぶ方法はあるのだろうか」。幸いにも答えはイエスだ。最初のウオークフォワード分析の枠組みのなかで、2層目のウオークフォワード分析を行うのである。ただし、数年分のデータは使わずに取っておく。私は通常、3年分のデータを残しておく。3年分のデータを差し引いたデータで、最良のイン期間とアウト期間の組を選び、残りの3年分のデータでウオークフォワード分析を再び行う。これにパスしたら、次のステップに進む。パスしなければ、その戦略は廃棄する。いずれのケースでも、少なくとも最良のイン期間とアウト期間の組を選ぶようにある程度の努力はした。このアプローチの欠点は、最適化を行ったという事実である。最適化すればするほど、結果は悪化するのが一般的だ。

このプロセスを詳しく見てみよう。

1. 2000年～2008年のデータを使って、異なるイン期間とアウト期間の組み合わせでウオークフォワード分析を行い、最良のイン期間とアウト期間の組を選ぶ。
2. 2009年から現在までのデータを使って、ステップ1で選んだ最良のイン期間とアウト期間の組を使ってウオークフォワード分析を行う。
3Ａ. 2009年から現在までのデータを使って行ったウオークフォワードの結果が良ければ、開発を続ける。
3Ｂ. 結果が良くなければ、ほかのイン期間とアウト期間の組を使って分析をやり直すよりも、その戦略は廃棄したほうがよい。

図13.4はイン期間とアウト期間の最適化アプローチと、従来のウオークフォワード分析を比較したものだ。

図13.4　ウオークフォワードテストのなかで別のウオークフォワードテストを行う

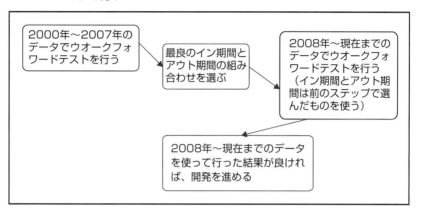

ウオークフォワード戦略のまとめ

　ウオークフォワード分析を終了し、結果を分析し、結果が目標に一致したら、次のステップに進む準備は完了だ。しかし、その前にチェックしなければならないことがもう1つある。それは、完成したウオークフォワード履歴戦略である。ウオークフォワード履歴戦略と最適化可能な戦略の違いは以下に示したとおりである。

最適化可能な戦略

```
input: avg(10);
// strategy code
```

ウオークフォワード履歴戦略

```
var: avg(10);
```

```
If date is between Jan 1, 2010 and Jan 1, 2011 then
avg=8
If date is between Jan 1, 2011 and Jan 1, 2012 then
avg=12
If date is between Jan 1, 2012 and Jan 1, 2013 then
avg=6
// strategy code
```

　ウオークフォワード履歴を使った戦略は日付によって変数が変わる。こうして、実行する戦略に対してシームレスな履歴が入手できる。ウオークフォワード履歴を作成するのに、結果を切り貼りする必要はない。

　この戦略から得られる結果は、1つひとつを別々に分析するアプローチから得られる結果とは違ったものになるだろう。保有期間が数日から数週間のスイング戦略では特にそうである。それは、ウオークフォワードパラメーターをベースにすれば、変数はトレードの最中で変わるため、トレードを手仕舞ったりドテンしなければならないからである。これがあなたの戦略にとって重要かどうかを調べるには、独立したウオークフォワード履歴戦略を作成してみることである。

第14章

モンテカルロ分析とインキュベーション

Monte Carlo Analysis and Incubation

　ウオークフォワード分析を行い、結果に満足したら、次はモンテカルロシミュレーションでその戦略を評価する。ランダムなシミュレーションはまったく異なる利益やドローダウンを示してくることもあるため、これは非常に重要なステップだ。ヒストリカルトレードを一列に並べると、最大ドローダウンは非常に小さかったということもあるかもしれない。しかし、歴史は同じようには繰り返さないので、この戦略をトレードしている間に発生すると思われる最大ドローダウンを知ることは重要だ。

　第7章で述べたように、私はエクセルのスプレッドシートを使ってモンテカルロ分析を行う。このツールについては本書のウェブサイト（http://as.wiley.com/WileyCDA/Section/id-822115.html　詳細は「本書のウェブサイトについて」を参照）からダウンロード可能だ。あるいは、インターネットでも有料・無料を含めさまざまなモンテカルロシミュレーターが入手可能だ。優れた無料シミュレーターにはネオティックが作成したEquity Monacoがある（http://equitymonaco.software.informer.com/）。優れた有料のシミュレーターには、＠Rick（http://www.palisade.com/）がある。これらのどれを使ってもほぼ同じ結果を得ることができる。結果の表示方法や機能で選ぶとよいだろう。重要なのは、あなたの意思決定のベースになるようなシミュレーション

結果を得ることである。

　私が作成したスプレッドシートシミュレーターを使う場合、あなたの戦略のパフォーマンスリポートからトレード結果をスプレッドシートにコピー＆ペーストし、当初資産額、トレードを中止する資産額、1年間のトレード数を入力して計算ボタンを押せば、スプレッドシートが資産曲線を2500回計算してくれ、結果を表示してくれる。これは1年間のトレード結果である。スプレッドシートの出力例は**図7.2**に示したとおりである。私が最も重視するのは、リターン・最大ドローダウン・レシオ（ret/DD）であり、この値が2.0を超えればその戦略は受容可能ということになる。この値が2.0を下回った場合、得られるリターンに対してリスクをとりすぎていることを意味し、トレードする価値はない。

　エクセルのマクロを書くのが得意な人は、私が作成したモンテカルロスプレッドシートを必要に応じて手直しすればよい。例えば、ポジションサイジングを加えたり、どの結果を表示するかを変更することも可能だ。このシミュレーションの利点は、あなたが理解できるような結果を提示してくれることである。私にとってうまくいくものは、あなたにとってもうまくいくはずだ。でも、あなたならもっと良いアイデアが浮かぶかもしれない。

インキュベーション

　戦略開発のなかで最も重要なステップの1つは、心理的に最も困難なステップでもある。この最後のステップについて議論する前に、これまで述べてきた戦略開発プロセスを振り返ってみよう。

1．戦略の達成目標を設定し、その途中の各ステップの目標も設定する。目標にそぐわない戦略は、多大な時間を割く前に除去するこ

とができる。
2．エッジを持っていると思うトレードアイデアを着想する。さらに、市場、時間枠など、検証のための重要な要素を設定する。
3．事前検証を行い、結果に満足できたら、その戦略にはエッジがあることが期待できる。
4．ウオークフォワード分析で掘り下げた検証を行う。得られた結果に満足したら次のステップに進む。
5．モンテカルロ分析でどれくらいのパフォーマンスが得られるかを知り、現実的な将来的パフォーマンス予測も行う。

　これら5つのステップにはハードワークが要求される。成功する戦略を見つけるまでには、何十個、あるいは何百個という戦略を廃棄しなければならないこともある。最後のステップであるモンテカルロ分析を終えれば、達成感を感じられるはずだ。モンテカルロ分析を終えたら、興奮のあまりトレードするのが待ちきれない思いでいっぱいになることだろう。もちろん、モンテカルロ分析を終えたからと言って、すぐにトレードするのは危険だ。モンテカルロ分析を終えたら、次はインキュベーションだ。
　インキュベーションとは何だろうか。簡単に言えば、「見て、待つ」ことである。リアルタイムでトレードする前の3～6カ月の待機時間をインキュベーションと言う。この間は、もう1回アウトオブサンプルテストをやっているかのように、戦略のパフォーマンスをモニターする。私はインキュベートした戦略は1カ月に1回チェックする。
　ところで、戦略をインキュベートするのはなぜ重要なのだろうか。理由は以下のとおりである。

●モンテカルロ分析を終えたあなたは感情が高ぶった状態にある。あなたの「ベイビー」は生き残り、前途有望であることが確認できた

のだから。その戦略には時間と労力だけでなく、多くの感情的資本も投資した。成功してほしいと思うのは当然だ。いや、それは成功する「必要」がある。こう思うことによって、もろい心理状態に陥る。実際のお金を使ってすぐにトレードを始めたら、失敗なんてことは考えられない。でも、実際は失敗することが多い。パフォーマンスが悪化すると、戦略を早々にあきらめたり、もっと悪いことに、行き当たりばったりにサイズを増やしたり（ダブルダウン）する。

●リアルタイムでトレードを始める前にしばらくの間待つことで、戦略を作成するのに費やした汗や涙や血のにじむような努力のことは忘れ、戦略をもっと客観的に見ることができるようになる。インキュベーションをパスすれば、それはそれで素晴らしいことだが、パスしなくても、錯乱状態に陥る必要はない。短期間の苦難は、長期的な成功を得るための代償となることがあるが、トレードシステムにも同じことが言える。

●これまで見てきたように、システム開発プロセスは難しく、複雑だ。その過程では何千という過ちを犯すだろう。過剰最適化のように大きな過ちもあれば、後知恵バイアスを使って戦略のルールを作成するといった小さな過ちもある。開発中の過ちというものは、戦略をまだ見たことのないデータで検証するまで、何か間違ったことをしたかどうかは分からない。大きな過ちは、リアルタイムでトレードした結果にすぐに現れる。この期間だけサイドラインにいることで、多くのお金を節約することができる。

●インキュベーションは、戦略がリアルタイムでどんなパフォーマンスを上げるのかを見る機会を与えてくれる。たとえお金を稼げる戦略でも、あなたは気に入らないこともあるだろう。例えば、すべてのピボットハイで売る戦略などがそうだ。ヒストリカルバックテストでは気にすることはないかもしれないが、リアルタイムであなたの戦略が市場が高値を付けるたびに格闘するのを見るのはあなたの

好みには合わないかもしれない。それは今、認識するほうがはるかにマシだ。実際にお金を投じたあとで気づいても遅いのだ。

　私はインキュベーションは実際のお金を使わずに行う。なぜなら、注文の出し方、用いる足のタイプなどはすべて、戦略のバックテストエンジンで正確に再現できることが分かってきたからである。しかし、少しだけ実際のお金を投じてみたくなることもあるかもしれない。例えば、仕掛けに指値注文を使う場合、実際のお金を使って執行価格が戦略エンジンの執行価格と一致するかどうか確かめたい場合などがそうだ。ソフトによっては、一致しないこともある。また、エキゾチックな足のタイプを使う場合、バックテスト結果とリアルタイム結果はまったく異なることもある。これをチェックするにはリアルマネーでの検証が必要だ。問題のあることが確認できれば、そのあとの戦略ではこうした足のタイプは避けることができる。バックテストが正確かどうかをチェックするのに、リアルマネーによる検証でしかチェックできない場合もある。
　前にも述べたように、私はインキュベーション期間はリアルマネーでの検証は行わない。その1つの理由としては、次のようなことを示すバックテストを避けるためである。

- 足の安値で買い注文が執行されたり、足の高値で売り注文が執行される。こんなことは実際に起こることはまれだが、悪徳なシステムベンダーや物事があまりよく分かっていないシステム開発者はこういった現象を示す戦略を開発することが多い。
- その価格に到達したら執行される指値注文。たまに――0～30％の時間帯――、その価格に到達した途端に執行される指値注文があるが、ほとんどの場合は、確実に執行されるためには、価格が指値を突き抜ける必要がある。

- レンコ、ケース、ポイントアンドフィギュアなどのエキゾチックな足。これらの足は価格履歴に基づいて形成されるため、執行されたかどうかは信用できない場合が多い。これらの足はリアルタイムの自由裁量トレードを除いては避けたほうが無難だ。
- 仕掛けと手仕舞いの足が同じ戦略や、損切りや目標値が非常に近いので、利益を出しての手仕舞いと損失を出しての手仕舞いが同じ足で発生する戦略。仕掛けと手仕舞いが同じ足で発生する場合、たとえティックデータでも戦略エンジンを簡単にだませてしまう。これは値動きに関して戦略エンジンが行う前提によるものだ。通常、結果はリアルタイムトレードに比べると過度に楽観的なことが多い。

インキュベーションの評価

　私がインキュベーションを行う目的は、開発段階で大きな過ちをしていないことを確信し、プロセスから感情を排除し、リアルタイムパフォーマンスがトレードするのに十分魅力的かどうかをチェックするためである。本書ではこのあと、これらの目的を達成するのに私が使っているテクニックを紹介する。

第15章

分散化

Diversification

　トレードシステム開発を何回も行ううちに、トレードシステム開発はアルゴリズム戦略工場のようなものであることが分かってくるはずだ。原材料が仕掛けと手仕舞いの戦略アイデアとして、入口に搬入されてくる。限定的検証、ウオークフォワードテスト、モンテカルロシミュレーションといったマシンがあなたのアイデアを処理し、もっと良い製品にしたり、あるいはズタズタに寸断したりする。工場の終点では、トレード可能なトレードシステムが生成される場合もあれば、スクラップになる運命のゴミしか生成されない場合もある。これを何回も行えば、たくさんのゴミの山にうずもれることもあるが、たくさんのトレード可能な戦略を手に入れられることもある。これの立役者になるのが分散化である。

　古いことわざに、「すべての卵を１つのかごに入れて、そのかごを見張っておけ」というものがある。これはトレードでは、１つのトレードシステム（かご）を見つけて、すべてのお金（卵）をそのなかに入れよ、ということになる。これはうまくいけば最高だ。１つのシステムを集中的にトレードするトレーダーがいる。私はそういったたぐいではないが、できればあなたにもそういったたぐいにならないでもらいたい。それはなぜか。それは、トレードシステムというものは失敗するもので、永遠に続くトレードシステムはほとんどないからである。

さらに、どんなトレードシステムも必ずドローダウンを経験する。ドローダウンから回復することもあれば、しないこともある。あなたは1つのトレード戦略の運・不運にあなたのお金を任せたいと思うだろうか。

この問題を避けるために、私は逆のアプローチを使う。つまり、分散化だ。1つのかご（トレードシステム）ではなくて、たくさんの相関性のないトレードシステムの間で資産を分散するのだ。たくさんのかごを持っているため、それぞれのかごを監視してトラッキングするのには労力を要するが、メリットははっきりしている。

- システムが失敗するのを心配する必要がなくなる。1つのシステムのみをトレードしている場合、そのシステムやそのシステムの背景にあるアプローチに翻弄される。例えば、トレンドフォローシステムでトレードしていて、何年にもわたって市場がフラットのままだと、トレンド相場になるまでドローダウンに陥ることになる。しかし、異なるスタイルの複数のシステムでトレードしていれば、トレンドシステムがうまくいかないときは、カウンタートレンドシステムがうまくいき、カウンタートレンドシステムがうまくいかないときは、トレンドシステムがうまくいく。
- 注文の執行問題がほとんどない。1つのシステムでトレードしているとき、資産が増えるにつれ、トレードサイズも増える。最終的には、サイズは執行に影響を及ぼすほど大きくなる。例えば、金を10枚トレードしているとすると、10枚とも執行されれば、損切り注文には数ティックのスリッページが余計に発生する可能性が高いが、複数のシステムをトレードしていれば、どのトレードのサイズも小さいので、執行問題はほとんどない。
- 資産曲線がスムーズになる。正しく分散化すれば、異なるスタイルのトレードシステムで、異なる市場で、異なる時間枠でトレードで

きる。システムや銘柄や時間枠が異なるため、資産曲線はスムーズになり、ドローダウンは何倍も少なくなり、全体的なボラティリティも低減できる。

分散化は正しく行えば、おそらくは「聖杯」に近いものが達成できる。分散化を効果的に行うには、①分散化を念頭に置いたうえでシステムをどう設計するか、②分散化度をどうやって測定するか――が重要になる。それではそれぞれの項目について詳しく見ていくことにしよう。

分散化を念頭に置いたうえでシステムをどう設計するか

次のセクションでは分散化度を測定する簡単な方法について説明するが、これらの測度は設計段階ではなくて、事後に使う。というのは、トレードシステムを見て、弱点を見つけ、最初のシステムの問題を解決するために２番目の補足的なシステムを設計するのは難しいからだ。もちろんできないわけではないが、かなりタフな作業になる。したがって、私はもっと簡単な方法を使う。これは非常にうまくいく。

戦略開発の初期段階を振り返ってみよう。初期段階ではトレードしているシステムの特徴を特定する。

- 銘柄
- 足の時間枠
- カスタムタイムセッション（取引時間帯）
- 仕掛け
- 手仕舞い

あとで分かったことだが、最初の戦略の特徴を変えると、相関性のないシステムを作成することができる。これはあなたのトレードアイデアを使って違ったことをやるのと同じくらい簡単だ。

本書の第4部で作成する2つのユーロ先物戦略がこの良い例だ。トレードする市場は同じだが、足の時間枠（105分足と60分足）、取引時間帯（1つは夜間取引、もう1つは日中取引）、仕掛け（まったく異なる仕掛け）、手仕舞い（異なる手仕舞い。1つは小利を狙い、もう1つは大きな利益を狙う）を変えた。これらの変更によって、2つのシステムは完全に異なる振る舞いをする。したがって、結果も違ってくる。結果的に分散化されたことになる。

分散化の度合い

2つ以上のシステムがあるとき、これらのシステムでトレードすると分散化度が向上することをどのようにしてチェックすればよいのだろうか。私はこのチェックに4つの方法を使う。

日々のリターンの相関

各システムの日々のリターンの相関をエクセルで算出する。日中のシステムの場合、例えば1時間足のような短い時間枠の足で相関を算出する。日々のリターンを使うときは、まずすべての履歴で相関をチェックし、そのあと6カ月から1年のデータでチェックする。この分析はエクセルを使えば簡単だ。各戦略の日々の結果を横軸と縦軸にXとYとしてプロットし、R（相関係数）を算出する。相関係数が低いほど、分散化度は高い。すべてのケースにおいて相関が1.0よりも小さいとき、相関は低いと考えられ、したがって分散化度は高い。ここで注意点が1つある――長期的な相関が低いからといって、システムの

表15.1　相関を使って分散化度をチェックする

戦略	R（相関係数）
ユーロナイト	0.9370
ユーロデイ	0.9745
ユーロデイ・ユーロナイト	0.9817

相関性がまったくないわけではないという点だ。結果の相関性が高い期間が数週間か、数カ月ある場合もある。アグレッシブにポジションサイジングするときは特に注意が必要だ。相関がないと思っていた戦略でも突然相関性が高くなる場合があり、このようなときはリスクが減るどころではなく、リスクを増幅してしまう。これは2008年の金融危機のときに発生した。それまで相関性のなかった銘柄やアプローチが突然同じ方向に動きだしたのだ。危機のときは分散化は役には立たないこともある。

資産曲線の直線性

　前にも述べたように、トレードシステムにとって理想的な資産曲線は右肩上がりの、完全に直線の資産曲線だ。資産曲線の直線性は分散化度を測る非常に良い指標でもある。戦略の資産曲線を描き、線形回帰分析を行い（エクセルでできる）、Rを算出するだけである。Rが１のとき、資産曲線は完全に直線であることを示しているため理想的だ。この結果を示したものが**表15.1**である。これはこのあとの章で説明するユーロシステムのRを測ったものだ。表を見ると分かるように、２つの戦略を合わせたRは、それぞれの戦略のRよりも良い。したがって、これらの戦略を合わせて１つの戦略にすれば、分散化度が高まり、

表15.2 ドローダウンを使って分散化度をチェックする

戦略	最大ドローダウン
ユーロナイト	3008ドル
ユーロデイ	3523ドル
ユーロデイ・ユーロナイト	3265ドル

したがって資産曲線もよりスムーズになる。

最大ドローダウン

　分散化度を測るもう1つの指標は最大ドローダウンである。複数のシステムをトレードしても、絶対ベースでは必ずしも最大ドローダウンが減少するわけではないが、最大ドローダウンの減少につながることが多い。これは各システムとシステムを組み合わせたときの資産曲線があれば簡単にチェックできる。これを示したものが**表15.2**である（ユーロシステム）。

　このケースの場合、組み合わせたシステムの最大ドローダウンは各システムの最大ドローダウンの間にある。これを見ただけでは、分散化されているのかどうかは分からない。こんなときは、リターン・リスク・レシオを見ればはっきりする。

モンテカルロのリターン・ドローダウン・レシオ

　それぞれのシステムのドローダウンを測るだけでは明確な答えは出ないこともある。そんなときは、モンテカルロ分析を使って組み合わせたシステムがリスク調整ベースでそれぞれのシステムよりも良いか

表15.3 リターン・ドローダウン・レシオと利益の出る確率を使って分散化度をチェックする

戦略	リターン・ドローダウン・レシオ	1年以内に利益の出る確率
ユーロナイト	2.2	89%
ユーロデイ	5.2	97%
ユーロデイ・ユーロナイト	6.7	98%

どうかを判断する。年次パーセンテージリターンを最大パーセンテージドローダウンで割った数値がそれである。数値が高いと、リスクに対するリターンが大きいことを意味する。確認のために、1年間でお金を稼げる確率も見る。この分析を行えば、結果ははっきりする（**表15.3**）。

すべての分析結果を見ると、結果は明らかだ。2つのシステムを組み合わせた資産曲線はよりスムーズで、ドローダウンは悪いほうのシステムのドローダウンよりも小さく、リターン・リスク・レシオは良くなり、利益が出る確率も高くなる。組み合わせたシステムは、分散化によってそれぞれのシステムよりも優れているのは明らかだ。

この分散化度チェックの良い点は、システムが分散化されていることを確認するのに数学を使わない点である。仕掛け、手仕舞いなどのパラメーターを異ならせて異なるシステムにすることで、分散化は達成される。こうならない場合もあるが、たいていの場合はこうなる。

最後に、分散化の良い点をもう1つ。それは、戦略開発工場の生産性が向上することである。すでに示したように、2つの良いシステムを一緒にトレードすることで結果ははるかに良くなった。分散化によってパフォーマンスが向上するため、それぞれのシステムのパフォーマンス目標は下げることができる。1つの「ものすごく素晴らしい」

戦略を作成するよりも、多くの「そこそこの」戦略を作成すればよいのである。素晴らしいとは言えないまでも良いシステムを作るのは簡単なので、分散化することによって目標に早く到達することができるかもしれない。

第16章

ポジションサイジングと
マネーマネジメント

Management

　ポジションサイジングやマネーマネジメントについてはまだ詳しく説明していない。だからと言って、ポジションサイジングやマネーマネジメントを軽視しているわけではない。ポジションサイジングについては、ポジションサイジングのグルであり、著者でもあるラルフ・ビンスの「ポジションサイジングはトレードのなかで最も重要な要素の1つである」という意見に賛成だ。問題なのは、ポジションサイジングを極端に考えすぎて、重要なのはポジションサイジングだけと考える人がいることである。これは間違いだ。負ける戦略で素晴らしいポジションサイジングを使っても、長い目で見れば負け続けるだけである。

　ポジションサイジングやマネーマネジメントについて書いている人は多く、一般のトレード本同様、良いものもあれば悪いものもある。私が最も優れていると思う本は、バン・タープの『ディフィニティブ・ガイド・トゥー・ポジション・サイジング（The Definitive Guide to Position Sizing）』と、ラルフ・ビンスの書いた著書である。ビンスの本は数学的要素が多く、経験の乏しいトレーダーにとっては少し難しいが、彼が伝えようとするメッセージは素晴らしいものである。本章では、1つのシステムとポートフォリオレベルで私がポジションサイジングをどう使っているのかについて見ていく。まず最初に、私の考

えるポジションサイジングの問題点について見ておこう。

最適なポジションサイジングはない

　ポジションサイジングについては随分と研究を重ねたが、分かったことは、どんなトレードシステムであっても、最適なポジションサイジング、ポジションサイジングの唯一正しい方法はないということである。トレード本のなかには、自分のやり方がベストだと言い、それを証明する例を１～２つ示しているものもある。こんなものはまやかしだ。特定の資産曲線に対して、いろいろなポジションサイジングモデルを試し、その曲線に対してベストなものを見つけることはできるかもしれないが、それがどんなシステムにとってもベストだと言うことはできない。少し前に新しいポジションサイジングの方法を開発した本（本のタイトルは伏せておく）があったが、この方法は、トレードの最初に大きなリスクを取り、口座資産が増えたらポジションを減らしていくというものだった。これは資産曲線が最初にスムーズな曲線を描けばうまくいく。これはほとんどの本が示している例だ。しかし、同じ著者がリアルタイムで彼の「素晴らしい」方法を適用したら、たちまちのうちに口座が破産したという事実を多くの人は知らない。これは口座が最初に上昇ではなくて下落したのが原因と思われる。１つのシステムでうまくいくポジションサイジング手法がすべてのシステムでうまくいくと考えてはならない。

リスクとリワードはチーム

　多くの人が求めるのは、超過リスクがなくて超過リワードを提供してくれる魔法のポジションサイジングテクニックだ。しかし、リワードとリスクは密接な関係がある。つまり、より大きなリワードが欲し

ければ、より多くのリスクをとらなければならないということである。結果を見てもこれははっきり分からない。資産曲線に示されたリターンとドローダウンを見ると、超過リスク（ドローダウン）はなくて、大きな超過リワード（リターン）が得られたように思える。しかし、トレードの最初にとったリスクは資産曲線には現れないことを忘れてはならない。リスクはあるのに、認識できなかっただけなのである。最終的な結果がどうであれ、長期的に考えると、より多くのリターンが欲しいのであれば、より多くのリスクをとらなければならないということを忘れてはならない。

ポジションサイジングは最適化できる

多くの人は戦略を開発して検証したら、5～10個の異なるポジションサイジングテクニックをテストし、結果が最良のものを選ぶ。これが最適化にほかならないことに彼らは気づかない。特定の仕掛けや手仕舞いパラメーターではなくて、ポジションサイジング手法そのものを最適化したのである。トレード戦略を最適化するときと同じように、ある手法が過去のデータで最適だったからと言って、将来的にも最適かどうかは分からない。その手法はベストではない可能性のほうが高い。それでも異なるポジションサイジングテクニックをテストしたいと言うのなら、モンテカルロ分析を使うことである。モンテカルロ分析を行えば、どのポジションサイジングテクニックが優れているのか、良い目安を与えてくれるはずだ。

負けるシステムは勝者にはなれない

コアとなるトレードシステムが負けるシステムなら、どんなタイプのポジションサイジングテクニックを使っても勝てるシステムにはな

らない。重要なのはポジションサイジングだ、と言うトレードのグルがいる。彼らはポジションサイジングを重視してはいるが、負けるシステムで勝てるとは言っていない。負けるシステムで勝てるのなら、リッチなカジノギャンブラーがたくさんいるはずではないか。エッジのないカジノゲームでポジションサイジングを使って長期的に成功した人を私は知らない。これにはもちろん、イカサマをしたり、カードカウントといったエッジを与えてくれるような手法は含まれない。イカサマをしたり、カードカウントを行えば、ポジションサイジングは効果的だ。覚えておいてほしいのは、戦略が良くなければ、ポジションサイジングテクニックなど無用の長物ということである。どんなサイズにしても、戦略が良くなければ負けるのである。重要なのは、まずはエッジを与えてくれる戦略を持つことである。エッジのある戦略があってこそ、ポジションサイジングは効果を持つのである。

勝てるシステムでも敗者になることがある

　負けるシステムではポジションサイジングを使っても勝者になることはできないとするならば、ポジションサイジングを使えば勝てるシステムは絶対に敗者にはならないと思うかもしれないが、そうではない。勝てるシステムに過度にアグレッシブなポジションサイジングや、不適切なポジションサイジングを適用すれば、有り金を全部失うこともあるのだ。これまで私は何回もこれを見てきた。勝てるシステムを持っていたら、「アクセルペダルを思いっきり踏み込んで」、できるだけアグレッシブにトレードしなければならないと考える人は多い。彼らのほとんどは避けられないドローダウンに遭遇したとき、大きな音を立ててクラッシュする。

サイズの幻想

　トレードシステムを販売している強引なセールスマンはさまざまなセールストークでシステムを売り込んでくる。「私のメソッドを使えば、1年で1枚につき5000ドル稼げます。注文にゼロをいくつか足して100枚にすれば、すぐに贅沢な生活ができるようになりますよ」。彼らのトークのウソを見抜けないのなら、私がそのごまかしを説明しよう。

　ごまかしその1。彼らはあなたが100枚トレードするのに十分な委託証拠金を持っていることを想定している。1枚トレードするのに1万ドルの口座が必要（これはすでにかなりアグレッシブ）な場合、100枚トレードするには100万ドルの口座が必要になる。そんなお金を持っているのであれば、そもそも彼らのセールストークに耳を傾けたりはしないだろう。ドローダウンは必ず発生する。このことを考慮したうえで口座を持たなければならないことを忘れてはならない。

　ごまかしその2。「100枚」のトレードなど、ほとんどの人にとっては心理的に無理である。資産曲線が右肩上がりなら、100枚トレードして1年に50万ドル貯金することも可能だろう。しかし、5回続けて負けて、10万ドルの損失を出せば、あなたの心は折れる。したがって、一番良いのはセールスマンの言葉は無視することだ。枚数を徐々に増やしていき、サイズを上げる前にその金額に慣れるようなポジションサイジングを行うことが重要だ。

短期的にトレードする場合、イチかバチかやってみる

　エッジが小さいため、短期的にだけトレードしたい場合、アグレッシブなポジションサイジングは極めて有効だ。短期的には勝てる確率が高いからだ。長期的には破産するかもしれない場合でも、短期的に

は利益が出る。これの典型例がマルチンゲール戦略だ。まず最初にコイン1個を賭ける。負けるたびに賭けを2倍にする（コイン2個、コイン4個、コイン8個……）。最終的に勝ったら、1ドルの利益になる。このアプローチで面白いのは、賭け金が無限にあるとすると、1セット（ずっと負け続けて、初めて勝つまでを1セットとする）当たり、必ず1ドル儲かるという点である。しかし、これを何回も繰り返すと、成功率はゼロになる。なぜなら、勝つまで資金がもたないからだ。もちろん、1セットプレーして、そこでやめるのはほとんどの人にはなかなかできない。マルチンゲールに賭けの制約を設けると、魅力はなくなる。何年にもわたってマルチンゲール戦略を続けた元トレーダーをたくさん知っている。「元」トレーダーという点が重要だ。

ポジションサイジングを行わないのは良くない

　勝てるシステムを持っている人はポジションサイジングを行わない人が多い。損失を出すのが怖いのか、自信をなくしてしまうからか、あるいはほかの問題があるからなのかは分からない。彼らはずっと同じサイズでトレードし続ける。これはアグレッシブすぎるポジションサイジングと同じくらい悪い。勝てるシステムを持っているということは、金の卵を産むガチョウを持っていることを意味する。そのガチョウを大事に育て、生む卵の数を最大化するためには何を食べさせればよいのかを考えることである。でも、無理をさせてはならない。結局、ガチョウを最大限に活用できるのは、それを持っている間だけなのだから。

戦略を開発したあとでポジションサイジングを行うか、それとも戦略開発と同時にポジションサイジングを行うか

　私のこれまでの戦略開発ではほとんどの場合、１枚トレードすることを想定して戦略を開発したあとでポジションサイジングを行ってきた。これは良い方法だと思う。特にシステムのポートフォリオのポジションサイジングを最終段階で決める場合はなおさらだ。

　しかし、私と同じく生計のためにトレードをやっている仲間のトレーダーであるアンドレア・ウンガーは私のやり方には反対だ。彼がワールドカップ・チャンピオンシップ・オブ・フューチャーズ・トレーディングで４回優勝した経験を持つことを考えれば、彼の話に耳を傾けたほうが無難だろう。彼の言い分はこうだ——１枚トレードするシステムを開発すれば、良いシステムが開発できるだろうが、そのシステムではおそらくはポジションサイジングは生かせない。例えば、開発プロセスにポジションサイジングを含めれば、２枚以上トレードできて純利益が増えるため、負けトレードの金額は少なくて済む。私の経験によればこれは確かに納得がいく。私がこれまで開発したシステムのなかで私の好みのシステムの１つは、１枚トレードすることを想定したものだった。しかし残念ながら、このシステムでは比較的大きな損失が出た（１枚につき2000ドルから3000ドル）ため、口座が大きくなるまでポジションサイジングはできなかった。10枚トレードしたいときに必要な口座サイズを考えてみよう。これは１トレードで３万ドルの損失が出る可能性がある。30万ドルの口座の場合、１回負ければ口座は10％減少する。これは無謀なトレーダーにしてみても、かなり大きな損失だ。したがって、この場合、システム開発にポジションサイジングを含めたとすると、最大損失としては500ドルを想定するのが妥当だろう。こうしたシステムであれば、小さい口座でもポジショ

ンサイジングを適用することができる。

ポジションサイジング──1つのシステム

　新しい戦略のトレードを始めるときは、できるだけ小さいサイズから始めることにしている。たいていは1枚から始める。しかし、この逆を考える人が多い。エッジがあれば、そのエッジをできるだけ大きなサイズで利用したほうがよいと考えるわけである。でも、エッジが消えてしまったらどうなるのだろうか。私の経験によれば、サイズは小さく始めたほうがよい。第一に、開発・検証・インキュベーションを終えて、自分はシステムにエッジがあると思っていても、ないこともある。第二に、私はトレードを始めるとき、感情的に投資してしまうことが多い。結局、私は自分の作成したものが成功してほしいのだ。したがって、小さいサイズでトレードすることで方程式から感情を取り除いてしまうわけである。この新しい戦略はポートフォリオの戦略の1つになる。小さく始める最後の理由は、戦略の利益に基づいてサイズを増やしていきたいからである。戦略が利益を出せば、サイズを大きくするが、フラットのままか損失を出せば、サイズは限定される。

　1枚で始めた場合でも、資産が増えていくにつれてサイジング計画がどんなものになるのかはあらかじめ分かっている。ほとんどの場合、私は固定比率サイジングを使う。

　　N＝int（x×資産÷最大損失）

ただし、N＝整数で表した枚数（端数は切り捨てる）
　　　　 int＝整数関数（端数を切り捨てて整数にする関数）
　　　　 x＝各トレードに賭ける資産の比率
　　　　 資産＝現在の口座資産

最大損失＝ウオークフォワードバックテストから得た最大の
ヒストリカル損失

　私の自由裁量で決められる変数は固定比率のｘだけである。ｘは0.02より小さくすべきだとか、○○よりも小さくすべきだとか言うトレーダーが多い。ｘの値を小さい値にすることに異論はないが、最良のｘの値を決めるのに私はモンテカルロシミュレーションを使う。モンテカルロシミュレーションで決めた値は私にとってリターン・ドローダウン・レシオを最大にする値だからだ。もちろんこの値は破産リスクや許容最大ドローダウンなどほかの制約を受ける。例を見てみよう。
　このあと説明するユーロシステムのモンテカルロ分析を使って、固定比率サイジングの効果を見てみよう。さまざまな固定比率ｘの値で分析を行い、次のチャートを見る。

　リターンのメジアン ── できるだけ高いほうが良い
　リターン・ドローダウン・レシオ ── できるだけ高いほうが良い
　最大ドローダウンのメジアン ── できるだけ低いほうが良い
　破産リスク ── できるだけ低いほうが良い

　リターンを最大化し、ドローダウンは最小化したいので、どこかに妥協点があるはずだ。これは結果だけではなくて、私の好みにもよる。例えば、ドローダウンや破産リスクを気にしなければ、リターンやリターン・ドローダウン・レシオのチャートのピーク点を選ぶだろう。このピーク点はｘ＝0.32に相当する。これはラルフ・ビンスのオプティマルｆである。しかし、ｘ＝0.32にすると、最大ドローダウンが67.4％以上になる確率が50％になる。また、破産リスクは21％になる。これはどう考えても高すぎる。45％の最大ドローダウンと10％の破産リスクを受け入れ、この基準にマッチしないチャート上のポイントをすべ

図16.1　1つのシステムのポジションサイジング

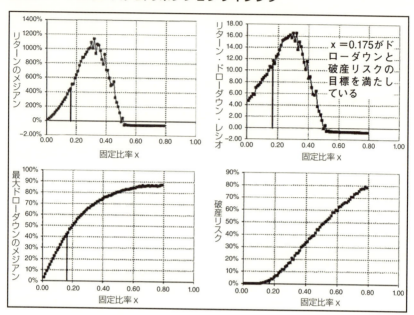

て除去すれば、xの最大値=0.175になる（**図16.1**）。したがって、このシステムではxの値として0.175を使う。

ポジションサイジング――複数のシステム

　常に複数のシステムをトレードしているので、結果の相関というものを考えなければならない。つまり、各システムのxの値を別々に決めて、それで全システムをまとめてトレードすることはできないということであり、その代わりに、全システムをまとめて分析し、各システムのxの値をすべて試してみなければならない。1つのシステムと同様、私が欲しいのは、許容最大ドローダウンと破産リスクの影響を受けるリターン・ドローダウン・レシオを最大化する、各システムの

図16.2　複数のシステムのポジションサイジング

当初資産	システム1のx	システム2のx	システム3のx	システム4のx	システム5のx	破産リスク	儲けが出た週の%	※1	利益のメジアン	リターンのメジアン	※2
$55,000	0.13	0.1	0.1	0.2	0.15	4%	78%	24.0%	$1,409,964	199%	63.59
$55,000	0.14	0.11	0.1	0.2	0.15	3%	79%	24.7%	$1,526,904	206%	68.71
$55,000	0.13	0.1	0.1	0.21	0.15	3%	78%	24.8%	$1,461,254	202%	64.88
$55,000	0.13	0.11	0.1	0.21	0.15	4%	78%	25.0%	$1,599,621	211%	70.42
$55,000	0.13	0.12	0.1	0.2	0.16	3%	79%	25.2%	$1,491,816	204%	66.33
$55,000	0.14	0.1	0.1	0.21	0.15	4%	78%	25.3%	$1,512,240	205%	66.83
$55,000	0.13	0.12	0.11	0.2	0.16	4%	79%	25.3%	$1,656,845	215%	71.10
$55,000	0.13	0.1	0.11	0.2	0.16	4%	78%	25.4%	$1,464,586	202%	64.13
$55,000	0.14	0.1	0.11	0.2	0.15	4%	77%	25.7%	$1,589,272	210%	69.66
$55,000	0.15	0.1	0.1	0.2	0.15	3%	79%	25.7%	$1,531,103	207%	66.45
$55,000	0.14	0.12	0.1	0.2	0.15	4%	79%	25.7%	$1,404,228	198%	61.12
$55,000	0.13	0.1	0.11	0.2	0.15	4%	78%	25.8%	$1,435,627	200%	65.17
$55,000	0.13	0.12	0.1	0.21	0.15	4%	78%	25.8%	$1,576,721	210%	67.71
$55,000	0.13	0.1	0.1	0.21	0.16	4%	79%	25.8%	$1,538,894	207%	66.67
$55,000	0.14	0.12	0.1	0.21	0.15	4%	78%	25.8%	$1,589,530	210%	66.89
$55,000	**0.13**	**0.1**	**0.1**	**0.22**	**0.17**	**4%**	**79%**	**25.8%**	**$1,710,702**	**218%**	**74.38**
$55,000	0.13	0.12	0.1	0.21	0.16	4%	79%	25.8%	$1,496,538	204%	66.32
$55,000	0.13	0.13	0.1	0.21	0.15	4%	78%	25.9%	$1,572,240	209%	67.86
$55,000	0.13	0.11	0.1	0.2	0.15	5%	78%	25.9%	$1,388,113	197%	62.79
$55,000	0.13	0.12	0.1	0.2	0.15	4%	78%	26.0%	$1,444,798	201%	63.21
$55,000	0.14	0.12	0.11	0.21	0.15	4%	78%	26.0%	$1,662,600	215%	69.06

※1　90パーセンタイルドローダウン
※2　リターン・ドローダウン・レシオのメジアン

xの値である（各システムごとにxの値は異なる）。このプロセスの例は**図16.2**に示したとおりである。この例では５つのシステムを同時にトレードする。私が選んだ損失の制約の影響を受ける、リターン・ドローダウン・レシオを最大化する各システムのxの値は図に示したとおりである。

　ポジションサイジングについては学ぶべきことはまだまだたくさんあり、本章ではそのごく一部に触れたにすぎないが、私のアプローチについてはおおよそは分かってくれたものと思う。前にも述べたように、私の考え方は、最初はゆっくりと始め、システムに利益を出させ、ポジションサイジングに必要な資産に到達するまで待つということである。これによってリスクを管理可能なレベルに維持することができる。私が用いるアプローチは固定比率サイジングだが、異なるサイジングテクニックは使えないのだろうかとあなたは思うはずだ。本章で示したアプローチを改良してあなたのサイジングアプローチを開発し、私と同じ分析を行うことをお勧めする。こうすることで、どんなポジションサイジング手法を選んでも、論理的な分析が可能になる。

第17章

プロセスの文書化

Documenting the Process

あなたが作成するすべての戦略をトラッキングしながら、この開発プロセスをやり遂げるのは、並大抵のことではない。これをうまく管理するには正しく文書化することである。私は現在、エクセルのスプレッドシートを使って自分の作成した戦略を管理している。このスプレッドシートは本書のウェブサイト（http://as.wiley.com/WileyCDA/Section/id-822115.html　詳細は「本書のウェブサイトについて」を参照）からダウンロード可能だ。これを示したものが**図17.1**と**図17.2**である。ここでは私が重要だと思う項目を設定した。システム開発が上達してくると、別の項目を加えたいと思うかもしれないが、もちろん別の項目を加えても構わない。その場合は必要に応じてスプレッドシートを編集すればよい。

私がスプレッドシートのなかで設定した項目について見ていこう。

トレード目標

利益、ドローダウン、リターン、トレード数など、トレード目標をすべてリストアップする。目標を最初にはっきりと書いておけば、目標に到達しないシステムを容認することはなくなる。

図17.1　開発プロセスの文書化

システム開発プロセスのチェックリスト			
トレード目標	基準		目標を達成した日
すべての目標をリストアップ			
トレードアイデア			完了日
戦略の名前			
戦略の概要			
エッジ			
検証する市場			
足の時間枠			
ヒストリカルテストの期間 市場データ流列 市場データのカスタマイズ			
仕掛けルール			
手仕舞いルール			
限定的検証	結果		完了日
検証期間			
仕掛けの検証			
固定ストップ、固定利益目標			
固定足			
手仕舞いの検証			
似たようなアプローチの仕掛け			
コアシステムの検証			
モンキーテスト			
ランダムな仕掛け 　ランダムな手仕舞い 　ランダムな仕掛けと手仕舞い			
限定的検証	合格		不合格

図17.2　開発プロセスの文書化（続き）

システム開発プロセスのチェックリスト			
ウオークフォワードテスト	結果		完了日
イン期間			
アウト期間			
適合度関数			
開始日が一定または変化			
最適イン・アウト比率（該当する場合）			
作成したウオークフォワードヒストリカル戦略			
ウオークフォワードテスト		合格	不合格
モンテカルロ分析	結果		完了日
当初資産			
トレードを中止する資産			
トレード数（１年間）			
リターン・ドローダウン・レシオ			
モンテカルロテスト		合格	不合格
インキュベーション	結果		完了日
目標達成		合格	不合格
分散化			
目標達成		合格	不合格
ポジションサイジング			
目標達成		合格	不合格
注記事項			完了日

トレードアイデア

検証しようとする戦略の詳細をリストアップする。

戦略の名前　それぞれの戦略に名前を付けることで、物事はトラッキングしやすくなる。私が用いるのは標準的な命名法で、これによってトレードソフトの戦略リストのなかから戦略を簡単に見つけることができる。例えば、次のような名前は分かりやすい。

KJD2013-10 BrkOut A

KJD	＝私のイニシャル。1000個の戦略リストから、あなたの書いた戦略を簡単に見つけることができる。
2013-10	＝年と月。この戦略を作成したのは2013年10月。
BrkOut	＝戦略の簡単な説明。これはブレイクアウト戦略を示している。
A	＝戦略のバージョン。ルールを変えたり追加したら、次のバージョンはBになる。これにはいくつか目的がある。1つは、戦略が時間とともにどう変化したかをトラッキングできるようにするためだ。もう1つは、戦略にいくつの変更を加えたかを知ることができるようにするためだ。例えば、バージョンMまで来ると戦略の修正に時間がかかりすぎている。オーバーフィッティングリスクはバージョンとともに高まることを忘れてはならない。

名前の最後に「W」を加えることがあるが、これはウオークフォワードバージョンが基準バージョンと異なるコードを持つときである。また、名前の最後に「H」が加えられると、それはヒストリカル・ウオ

ークフォワード・バージョンであることを意味する。

戦略　概要。戦略の簡単な説明。
エッジ　エッジだと思うもの。これは良い警告になる。エッジが何なのか分からないときは、おそらくはエッジはない。
検証する市場　調べようと思っている銘柄。
足の時間枠　検証を行うときに使う足のタイプ。
ヒストリカルテストの期間　分析の開始日と最終日。
市場データ　用いるデータの識別子。例えば、金先物のつなぎ足を検証する場合、トレードステーションでは「@GC」となる。
市場データのカスタマイズ　特殊な取引時間帯やほかに特別なものを使う場合はここに記入する。
仕掛けのルール　仕掛けのルールの説明。簡単な英語を使ってもよければ、疑似コード、あるいは実際のコードを使っても構わない。あとで参照するときのために仕掛け手法を記録しておくのが目的。
手仕舞いのルール　仕掛けのルールと同じ方法で、手仕舞いのルールも記録しておく。

限定的検証

限定的検証の項目をリストアップする。

検証期間　限定的検証に使う１年～２年分のヒストリカルデータ。
仕掛けの検証　仕掛けの検証（固定ストップ、固定の目標値、固定足）における一般結果（例えば、仕掛けがものすごく良い、良い、悪いといった具合）を記録する。
手仕舞いの検証　手仕舞いの検証における一般結果（ものすごく良い、良い、悪い）を記録する（似たようなアプローチの仕掛け）。

コアシステムの検証　システム全体の一般結果。

モンキーテスト　ランダムな「モンキー」テストを行った場合、結果をここに記録する。

限定的検証　すべての限定的検証の結果に基づいて、システムが合格か不合格かを決定する。

ウオークフォワードテスト

戦略が限定的検証をパスしたと想定して、次はウオークフォワードテストへと進む。

イン期間　インサンプル期間におけるトレード日数。

アウト期間　アウトオブサンプル期間におけるトレード日数。

適合度関数　用いた適合度関数。

開始日が一定または変化する（アンカーかアンアンカーか）　開始日は一定か、あるいは変化させたか。

最適イン・アウト比率　イン期間とアウト期間の比率を最適化したのであれば、その比率を記入。また、実際のアウトオブサンプルデータの範囲も記入。

作成したウオークフォワードヒストリカル戦略　ウオークフォワード履歴で戦略を作成したのであれば、それを記入。私は戦略の最後に「H」を付けることにしている。

ウオークフォワードテスト　すべてのウオークフォワードテストの結果に基づいて、システムが合格か不合格かを決定する。

モンテカルロテスト

戦略がウオークフォワードテストをパスしたと想定し、次はモンテ

カルロテストへと進む。

当初資産　シミュレーションに用いる当初資産を記入。

トレードを中止する資産　資産がこの水準を下回ったらトレードを中止する目安となる資産額を記入。

トレード数（１年間）　１年間トレードしたときのトレード数。

リターン・ドローダウン・レシオ　モンテカルロシミュレーションからの結果を記入。

モンテカルロテスト　すべてのモンテカルロテストの結果に基づいて、システムが合格か不合格かを決定する。

インキュベーションテスト

戦略がモンテカルロテストをパスしたと想定して、次はインキュベーションテストに進む。

目標達成　戦略はインキュベーションに合格か、不合格か。

分散化チェック

ほかの戦略と一緒に使う戦略のみが該当する。今の戦略は分散化を念頭に置いて開発したか。

目標達成　戦略は分散化チェックに合格か、不合格か。

ポジションサイジングチェック

戦略を検証するときは、「１トレード当たり１枚」のルールに従って

検証するので、これは簡単なチェックだ。しかし、開発段階で特殊なポジションサイジングを使った場合、それは最適化の結果ではないので、使ったポジションサイジングテクニックをここに記入する（特に、ほかのシステムと一緒にトレードした場合）。

目標達成　その戦略は「1トレード当たり1枚」のルールに従って開発したのか、それとも、最適化を含まないほかのポジションサイジングテクニックを使ったのか。

注記事項

すべての検証と開発が終了したら、あなたが記録しておいたほうが良いと思える情報を記入する。例えば、トレードを開始した日付など。戦略が検証をパスしなくても、仕掛けや手仕舞いのルールが気に入っているのであれば、その旨をここに記入する。戦略は不合格だったが、戦略のなかには気に入っている部分もあった経験がある。最後に注記事項を書いておけば、あとで参照して、「そうそう、この仕掛けはボラティリティが高かったから、大豆で検証したかったんだ」といったことを簡単に思い出すことができる。

最終リスト

これらのシートは各戦略を管理する良い方法だ。これに加え、私は仕掛けと手仕舞いのアイデアも記録することにしている。これは完全な形の戦略ではないが、あとで別の戦略に使うことができるアイデアだ。例えば、本やトレード雑誌で魅力的な仕掛けアイデアを見かけても、すぐに検証することはできないが、それらは私の仕掛けリストに加えておく。このリストには目的が2つある。1つは、アイデアマネ

ジャーとして機能するということである。将来的な検証に備えてアイデアを記録しておくのである。もう1つは、こういったリストがあれば検証するアイデアが枯渇することはない。アイデアリストはあなたが検証するよりも速く増えていくはずだ。

第 4 部

システムの構築

Creating A System

第18章

目標、初期検証、ウオークフォワードテスト

Gaols, Initial and Walk-Forward Testing

　これまで、私が使っている戦略開発プロセスを紹介してきた。本章では2013年3月に作成して、2013年8月にリアルマネートレードを始めた2つの戦略の開発について見ていきたいと思う。本書のウェブサイト（http://as.wiley.com/WileyCDA/Section/id-822115.html　詳細は「本書のウェブサイトについて」を参照）では、これらの戦略をまだ私が使っている場合は更新を見ることができ、もう使っていない場合は事後分析を見ることができる。

　このあとの章ではプロセスについて、第24章以降はリアルタイムトレードの実況解説と更新について見ていく。

新しい戦略の開発

　新しいトレード戦略を開発するとき、私はSMARTの法則（第9章参照）に基づいてまずは目標を設定する。

　「私はユーロ通貨のトレード戦略を作成したい。それは日中戦略で、年次リターンは50％、最大ドローダウンのメジアン（モンテカルロシミュレーションによって決定）は25％以下、リターン・ドローダウン・レシオは2.0以上の戦略だ。そのシステム（2つ以上の独立した戦略を含む）はトレード日の55％以上で利益を出す。1日に行うトレードは

233

最大で２つ。開発期間は１カ月（2013年３月末）とする。これまでに開発できなければ、次のアイデアに進む」

　この目標はSMARTの法則を満たしているだろうか。見ていくことにしよう。

●具体的

　パフォーマンス目標が設定された日中ユーロ戦略だから、具体的だ。少し具体的すぎるくらいで、目標の記述が長すぎる。

●測定可能

　50％の年次リターン、25％を下回るドローダウン、リターン・ドローダウン・レシオは2.0以上、55％の勝ち日。これらのベンチマークに対してパフォーマンスを測定することができる。

●達成可能

　50％の年次リターン、25％を下回るドローダウン、リターン・ドローダウン・レシオは2.0以上。システム開発を始めたとき、これらの目標は高すぎた。戦略を正しく開発するのは非常に難しいものだと思ったものだ。そこそこ最適化された戦略に比べるとこれらの数字は小さく思えるため、これらの数字をバカにする人が多い。良く見えるバックテストは必ずしも重要ではないことを覚えておこう。ここに掲げた目標は達成可能なものばかりだ。最も難しいのは日中戦略という部分だろう。

●関連性がある

　目標に掲げたあらゆるものはこのシステムの開発に関係のあるものばかりだ。したがって、関連性がある。

●期限を決める

開発期間は1カ月と決めているので、これは期限を決めた目標になる。このように期限を決めることで、ある程度出来上がった戦略に変更を加えすぎることはなく、そのためオーバーフィッティングやそのほかの悪習を防ぐことができる。

目標がSMARTの法則を満たしていることが確認できたら、トレードアイデアの開発に進むことができる。

これまでの経験から言えば、日中システムは長期スイングシステムに比べると開発が大変難しい。私の経験では最良の日中システムは、トレード頻度が低く、できるだけ長くトレンドに乗るシステムだ。こういったシステムは、できるだけ早く損切りし、勝ちトレードはその日の終わりまで保有するような方向に導いてくれる。このシステムで最大の効果を得るには、米国の日中取引の時間帯にトレードするのがよい。なぜなら、大きな動きはこの流動性の高い時間帯に発生するからである。このアプローチの欠点は、リターンの分布が多くの小さな負けと少ない大きな勝ちで構成されるために、必然的に勝率が低くなる点である。この欠点を回避するには、リターンの分布が多くの小さな勝ちと少ない大きな負けで構成される勝率の高い別の戦略が必要になる。

お分かりのように、欲しいシステムを考えるだけでも、事を進める最良の方法が見えてくる。よく考えた結果、次のような結論に達した。

つなぎ足（@EC）を使ってユーロ通貨の戦略を2つ作成する。

戦略1

夜間戦略の「ユーロナイト」。用いる足は105分足で、取引時間は午後6時（米東部標準時［ET］）から午前7時（ET）。トレードはすべて午前7時までには手仕舞うので、戦略2には干渉しない。この戦略

はたくさんの小さな勝ちトレードとたまに出る大きな負けトレードを目指すもので、トレードは午前1時（ET）までには仕掛ける（戦略を自動化していない場合、若干の睡眠時間が必要）。

戦略2

日中戦略の「ユーロデイ」。用いる足は60分足で、取引時間は午前7時（ET）から午後3時（ET）。トレードはすべて午後3時までには手仕舞う。日中取引時間は午後5時までだが、午後3時から午後5時までは取引量が減少するので、トレードはすべて午後3時までには手仕舞う。

検証期間では短い時間足を使うので、検証には2009年1月1日からのデータしか使わない。スイングシステムでは通常5年から10年のヒストリカルデータを使うことを考えると、これは私にとっては少し違ったアプローチになる。2008年の金融危機は検証期間に含まれていないので、開発は少し厳しいものになるだろう。この戦略開発では、①わずか4年分のヒストリカルデータしか使わない、②大きなマーケットイベントは含まれていない――ので若干近道をすることになる。近道をすることで、それほど堅牢なシステムはできないかもしれないが、それもやむを得ないものと受け止める。戦略開発にはこうしたトレードオフが付き物で、唯一正しい方法というものはない。時には、私がここでやっているように、試してみて何が起こるかを観察する必要がある場合もある。

予備情報がそろったので、次は仕掛けのルールと手仕舞いのルールだ。手仕舞いのルールは仕掛けのルールに比べると比較的不変なので、ここでは手仕舞いのルールから始める。どちらの戦略も、1トレード当たり、スリッページと手数料の17.50ドルを差し引いた損失が450ドルを超えないようにしたい。これは34ティック分の損失に相当する。も

っと細かい開発では、この損切り額は34ティックを下回るようにするつもりだ。

利益については、ユーロナイト戦略では目標値は最適化し、ユーロデイ戦略では5000ドルに固定する。これまでユーロでは日中に5000ドルの動きはなかったため、利益を5000ドルに固定するということは、「できるだけ多くの利益を確保し、取引時間の最後まで保有せよ」を意味する。

どちらの戦略もその取引時間の終わりにすべての保有ポジションを手仕舞いする。これは厳格な手仕舞いで、最適化は不要だ。

手仕舞いはシンプルなので、この戦略を成功させる鍵は仕掛けにある。ざっと調べて検証したところ、どちらの戦略も反転タイプの仕掛けが最も良いことが分かった。反転タイプの仕掛けの例は図18.1に示したとおりである。これは順行や逆行をしている間にドテンするというやり方だ。トレンドに逆らって仕掛け、そのあと逆のトレンドを期待するため、これらの戦略は一種の平均回帰戦略になる。

戦略1のユーロナイト戦略では、買いの仕掛けは過去X本の足の高値の平均からATR(真の値幅の平均。アベレージ・トゥルー・レンジ)の倍数を差し引いたものになる。売りの場合はこの逆になる(図18.1)。

戦略2のユーロデイ戦略では、価格が過去Y本の足の最高値に達し、X本の足のモメンタムが下落したら、現在の高値からZティック上に売りの指値注文を入れる。買いの場合はこの逆になる。したがって、執行されるためには、反転する前に価格はもう一歩上昇(下落)する必要がある。この例は図18.2に示したとおりである。

私のエッジとは何だろうか。反転タイプの仕掛けを使っているので、価格が反転すると思われる短期エリア(ユーロナイト戦略1の場合)と中期エリア(ユーロデイ戦略2の場合)を見つけることが私のエッジだと思っている。現在価格から離れたところに指値注文を入れるこ

図18.1　反転タイプの仕掛けの例

　とで、私のエッジはゴムバンドのようなものになる。指値注文が執行されるまで伸びて、執行されたら縮んで、利益をもたらしてくれる。注文が執行されたあともゴムバンドが伸び続ければ、私の仮定は間違っ

図18.2　ユーロデイ戦略の仕掛け例

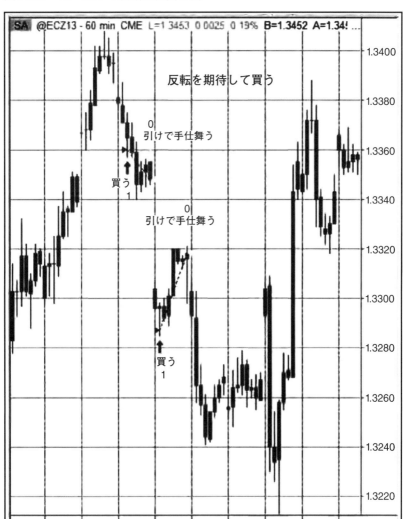

ていたことになり、損切りに引っかかったり、取引時間の終わりに損失を出すという代償を払わなければならない。

　仕掛けのルールと手仕舞いのルールがそろって、戦略の基本構造が

出来上がったので、次は事前検証に進む。

限定的検証（事前検証）

　限定的検証では、2009年の結果だけに焦点を当てた。フル検証は2009年から現在までなので、初期検証では全データのおよそ25％を使うことになる。これで戦略が有効かどうかの目安を得ることができる。これらの検証で私が確認したいのは、仕掛け、手仕舞い、仕掛けと手仕舞いの組み合わせがうまくいくかどうかである。

　仕掛けの検証　固定ストップと目標値。この検証とそのほかの限定的検証の結果は**表18.1**に示したとおりである。結果はすべて受容できるレベルにあるので、掘り下げた検証に進むことができる。

　仕掛けの検証　固定足による手仕舞い。結果はなかなか良いようだ。仕掛けにはエッジがあると思われる。

　手仕舞いの検証　似たようなアプローチの仕掛け。手仕舞いを検証するために、私が今使っているスタイル（平均回帰の指値注文）に似た仕掛け条件を設定した。結果が良ければ、私が選んだ手仕舞いは良かったということになる。結果は上々のようだ。

　コアシステムの検証　この検証は、仕掛けと手仕舞いを組み合わせたシステム全体のゆるやかな最適化になる。システムのパフォーマンスは非常に良いという結果が出たので、掘り下げた検証に進める。

　モンキーテスト　このランダムテストは状況によっては非常に役立つが、追加的な情報を提供してくれないこともある。それがこのケースである。

　限定的検証のまとめ　どちらの戦略も行った検証はすべてパスしたので、次の段階に進むことができる。しかし、いつもこうなるとは限らない。結果が芳しくなく、さらなる検証の必要がないことも多く、そ

表18.1　限定的検証のまとめ——ユーロデイ戦略とユーロナイト戦略

	ユーロナイト戦略	ユーロデイ戦略
仕掛けの検証——固定ストップと利益目標	82％の最適化で利益が出る	76％の最適化で利益が出る
仕掛けの検証——固定足による手仕舞い	１～５本の足で手仕舞う＞＞良い	１～５本の足で手仕舞う＞＞良い
手仕舞いの検証——似たようなアプローチの仕掛け	平均回帰の指値注文による仕掛け＞＞受容可能	平均回帰の指値注文による仕掛け＞＞受容可能
コアシステムの検証	85％の最適化で利益が出る	81％の最適化で利益が出る
モンキーテスト	ランダムよりも良い仕掛け	ランダムよりも良い仕掛け
	ランダムよりも良い手仕舞い	ランダムよりも良い手仕舞い

ういった場合は次のアイデアに進めばよい。また、結果が良くも悪くもなく、ルールやフィルターを加えて結果の改善を図る場合もごくたまにある。非常にまれなケースとして、戦略が最初だけ受容可能ということもある。それがここでのケースである。アイデアの構築と検証を重ねるにつれ、この３番目のケースに当てはまる戦略はますます増えていくだろう。戦略開発を始めるときは、がらくた戦略がたくさん生まれることを覚悟する必要がある。そんな戦略は捨てて、ルールや条件を残りの戦略に加えていくのである。

ウオークフォワードテスト

　限定的検証が終了したら、ウオークフォワードテストに進む。この検証では、最適化をフルに行い、そのあとウオークフォワード分析を行う。このプロセスを示したものが図18.3である。

図18.3 ウオークフォワードテスト──ユーロデイ戦略とユーロナイト戦略

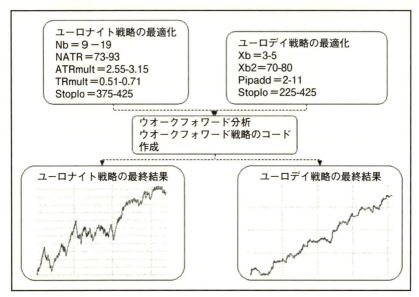

第19章

モンテカルロテストとインキュベーション

Monte Carlo Testing and Incubation

　ウオークフォワードテストが終了し、満足のいく結果が出た。これで戦略は有効であることが分かった。ウオークフォワードテストの資産曲線は素晴らしいが、将来的にも同じような資産曲線が得られるとは限らない。私を含めどのシステム開発者もここで望むことは、資産曲線の要素（つまり、各トレード）がウオークフォワード履歴とほぼ同じになることである。これはトレードの平均利益とその標準偏差（分散）を考えると分かりやすい。これらの値のいずれかが著しく変化すると、システムは将来的に失敗する可能性が高い。例えば、平均損益がマイナスに転じると、将来的なパフォーマンスもマイナスに転じるのは明らかだ。同様に、標準偏差が上昇すると、ドローダウンは大きくなり、ポジションサイジングは困難になり、その結果、資産曲線は大きく下落するだろう。

　ウオークフォワードのトレードパフォーマンスが将来的に継続すると仮定すると、将来的なパフォーマンスが時間とともにどれだけ変化するのかを考えてみることは非常に有効だ。この分析を行うのに、私は1年分のトレードをモンテカルロ分析でシミュレートしてみる。

ユーロデイ戦略

第7章で述べたように、シンプルなモンテカルロ分析を行うのに必要な情報は以下のとおりである。

- ●当初資産
- ●トレードを中止する資産
- ●1年間のトレード数
- ●各トレード結果

どんなシミュレーションでも、1年分以上のトレードをシミュレートしたいはずだ。あるいは、ポジションサイジングを含めたり、トレードを中止しなければならない資産にならないようにしたいかもしれない。シミュレーションで何をしたいのか、したくないのかが分かってくると、こうしたことも分かってくるだろう。私の用いる手法はあなたには合わないかもしれないが、それはそれで構わない。

モンテカルロシミュレーションの入力量がそろったら、スプレッドシートにそれらの入力量を入力して、「計算」ボタンを押す。結果は**図19.1**に示したとおりである。ユーロデイ戦略の場合、破産リスクを10％（私の個人的な閾値）以上にならないようにすれば、このシステムでトレードを始めるのに必要な資金は6250ドルで、「平均的」な年に期待できる数値は以下のとおりである。

最大ドローダウン	23.7％
リターン	129％
リターン・ドローダウン・レシオ	5.45

このほかで興味深い点は、最初の年の破産確率は4％で、資産が3000

第19章 モンテカルロテストとインキュベーション

図19.1 モンテカルロシミュレーションの結果——ユーロディ戦略

Monte Carlo Simulator

INPUTS

Base Starting Equity $	5,000
Stop Trading if Equity Drops Below $	3,000
# Trades, 1 Year	99
System Name	Euro Day

Individual Trade Results

Profit/Loss
$107.50
($292.50)
$207.50
($292.50)
($292.50)
$807.50
$520.00
$270.00
$45.00
$920.00
$1,032.50
($292.50)
($292.50)
$157.50
$320.00
$282.50
($42.50)
($292.50)
$432.50

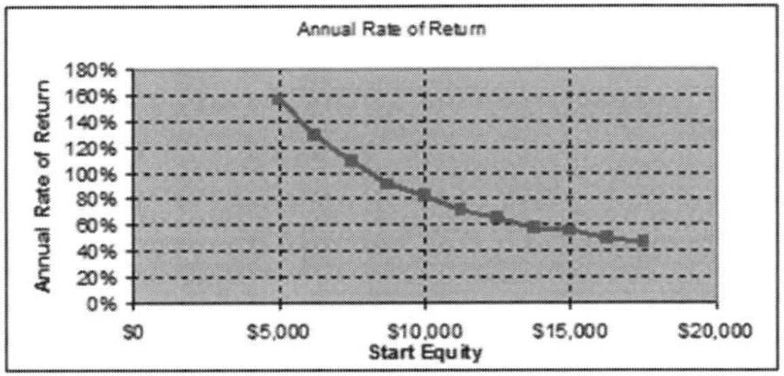

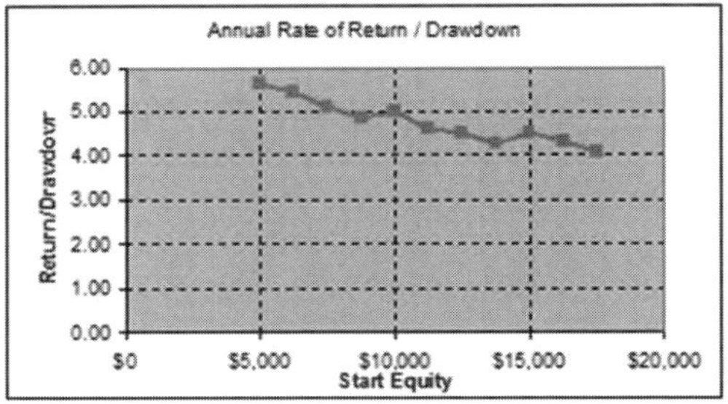

RESULTS

Start Equity	Ruin	Median Drawdown	Median $ prof	Median Return	Return/DD	Prob>0
$5,000	13%	28.0%	$7,811	156%	5.85	88%
$6,250	4%	23.7%	$8,049	129%	5.45	94%
$7,500	1%	20.7%	$8,136	108%	5.10	96%
$8,750	0%	18.5%	$7,968	91%	4.85	97%
$10,000	0%	16.6%	$8,288	83%	4.98	97%
$11,250	0%	15.5%	$8,093	72%	4.60	97%
$12,500	0%	14.2%	$8,093	65%	4.50	97%
$13,750	0%	13.1%	$7,943	58%	4.28	97%
$15,000	0%	12.1%	$8,280	55%	4.53	97%
$16,250	0%	11.6%	$8,143	50%	4.33	97%
$17,500	0%	11.0%	$8,049	46%	4.08	97%

245

ドルを下回ってしまう点である。また、最初の年に利益の出る確率は94％である（つまり、当初資産の6250ドルを上回って最初の年を終えるということ）。

　私の達成目標によれば、これらのパラメーターはすべて受容可能で、モンテカルロシミュレーションは成功したとみなすことができる。しかし、あなたの達成目標によれば、当初資産が6250ドルのこのシステムはあなたにとっては十分ではないかもしれない。例えば、破産リスクとして０％に近い数値を好む人は多く、最大ドローダウンが23.7％では高すぎると感じる人もいるだろう。要するに、私が良いと思えることでも、あなたにとっては良いと思えないかもしれないということである。だから、あなた自身の達成目標を持つことが重要なのである。つまりは、自分で開発したものをトレードすることに満足できなければならないということである。自分に合わないものをトレードすれば、間違いなく崩壊へとつながる。

ユーロナイト戦略

　ユーロナイト戦略でも同じくモンテカルロシミュレーションを行う。結果は**図19.2**に示したとおりである。ユーロナイト戦略でも破産リスクが10％を上回らないようにすると、当初資産としては6250ドル必要になる。「平均的」な年に期待できる数値は以下のとおりである。

最大ドローダウン	25.0％
リターン	52％
リターン・ドローダウン・レシオ	2.0

　このほかで興味深い点は、最初の年の破産確率は６％で、資産が3000ドルを下回ってしまう点である。また、最初の年に利益の出る確率は

第19章 モンテカルロテストとインキュベーション

図19.2 モンテカルロシミュレーションの結果――ユーロナイト戦略

INPUTS

Base Starting Equity $	5,000
Stop Trading if Equity Drops Below $	3,000
# Trades, 1 Year	92
System Name	Euro Night

Individual Trade Results

Profit/Loss
$520.00
$545.00
$482.50
$157.50
$170.00
($442.50)
$307.50
$107.50
$132.50
$170.00
$207.50
$195.00
$432.50
$182.50
$170.00
$245.00
$82.50
$370.00

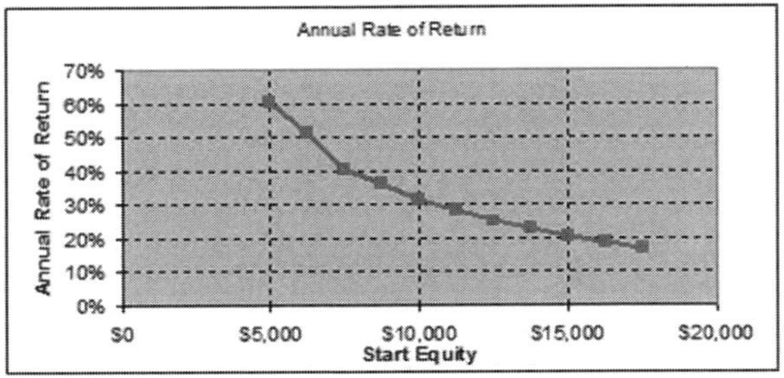

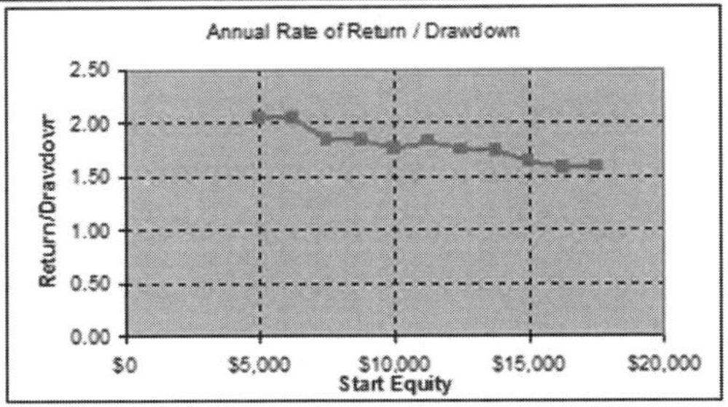

Monte Carlo Simulator

RESULTS

Start Equity	Ruin	Median Drawdown	Median $ prof	Median Return	Return/DD	Prob>0
$5,000	17%	29.8%	$3,028	61%	2.05	79%
$6,250	6%	25.0%	$3,228	52%	2.04	85%
$7,500	2%	22.0%	$3,040	41%	1.83	85%
$8,750	0%	19.4%	$3,178	36%	1.85	85%
$10,000	0%	17.4%	$3,153	32%	1.76	85%
$11,250	0%	15.5%	$3,178	28%	1.83	86%
$12,500	0%	14.5%	$3,134	25%	1.75	86%
$13,750	0%	13.2%	$3,165	23%	1.75	86%
$15,000	0%	12.4%	$3,103	21%	1.64	85%
$16,250	0%	11.6%	$3,065	19%	1.57	86%
$17,500	0%	11.0%	$3,003	17%	1.59	85%

247

85％である（つまり、当初資産の6250ドルを上回って最初の年を終えるということ）。

この戦略はユーロデイ戦略の足元にも及ばないことに注目しよう。ユーロナイト戦略の目標を考えると、これは当然と言えよう。思い出してもらいたいのは、ここで求めていたのは勝率の高い戦略であって、多くの利益を稼ぐ戦略ではないということである。とはいえ、ユーロナイト戦略は、リターン・ドローダウン・レシオがわずか2.0でかろうじて受容レベルにある点を除けば、私の目標を満たしている。私の基準を満たしているので、モンテカルロシミュレーションの最終ステップへと進むことができる。

ユーロデイ・ユーロナイト戦略

どちらの戦略も私のパフォーマンス基準を満たしているが、私にとって本当に重要なのは、ユーロデイ戦略とユーロナイト戦略を組み合わせた戦略のパフォーマンスがどうなるかである。モンテカルロ分析を行う前に、若干のデータ操作が必要になる。前のシミュレーションでは、個々のトレードを入力量として使い、それはうまくいった。しかし、ユーロデイ戦略とユーロナイト戦略を組み合わせた戦略では、両方の戦略を一緒にトレードするとき、実際に起こることを反映させるためにトレードの正しい比率と分布をどう使えばよいのだろうか。1つの戦略のみをトレードする日もあれば、両方の戦略をトレードする日もあるだろう。この事実をシミュレーションに反映させたいのである。

2つの戦略を1つにまとめるには、個々のトレード結果を使うのではなく、日々の結果を使う。こうすれば、任意の日の最終結果は1つのシステムの結果とみなされる。これを示したものが**表19.1**の「組み合わせた戦略」の欄である。

表19.1　複数システムの日々の結果を足し合わせて「1つ」のシステムにする

日付	ユーロデイ戦略	ユーロナイト戦略	ユーロデイ・ユーロナイト戦略
2013/09/09	+$100		+$100
2013/09/10		+$600	+$600
2013/09/11	+$100	+$250	+$350
2013/09/12	−$400	−$50	−$450
2013/09/13		+$100	+$100

　このテクニックを使えば、各戦略のトレードの性質を維持しながら、2つの戦略を日々のトレードにまとめることができる。2つ以上のシステムを1つの戦略にまとめるほかの方法もある。結果を日々の結果にまとめて、それをシミュレーションで使うのである。

　トレードデータを日々の結果にまとめたら、ユーロデイ・ユーロナイト戦略に対してモンテカルロ分析を行うことができる。結果は**図19.3**に示したとおりである。ユーロデイ・ユーロナイト戦略では、破産リスクを10％を上回らないように維持すれば、必要な当初資産は6250ドルで、「平均」的な年では次のような数値が期待できる。

最大ドローダウン	25.8％
リターン	176％
リターン・ドローダウン・レシオ	6.6

　このほかで興味深い点は、最初の年の破産確率は5％で、資産が3000ドルを下回ってしまう点である。また、最初の年に利益の出る確率は95％である（つまり、当初資産の6250ドルを上回って最初の年を終えるということ）。

　この分析で最も興味深い点は、組み合わせたシステムはそれぞれの

第4部 システムの構築

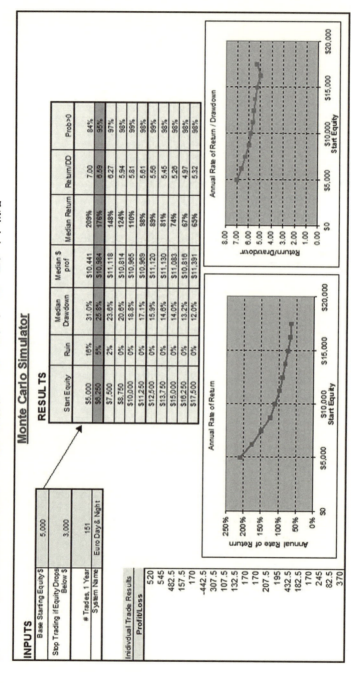

図19.3 モンテカルロシミュレーションの結果――ユーロディ・ユーロナイト戦略

250

システム単独よりもパフォーマンスが良い点である。この点は強調したい——組み合わせたシステムはそれぞれのシステム単独よりもパフォーマンスが良い。これは第15章で述べた分散化効果によるものだ。モンテカルロ分析で私が最も重視している統計量であるリターン・ドローダウン・レシオは5.5から6.6へとかなり上昇した。これは両方のシステムを一緒にトレードすることで、リターンは各戦略を組み合わせたものが得られるが、ドローダウンは足し合わせたものよりも小さくなるからである。1つの戦略がドローダウンに陥っても、もう1つの戦略は資産の高値を更新することもある（あるいは、少なくとも最大ドローダウンを更新しない）。相関性のない戦略をトレードすることで分散化効果が働き、これが可能になるのである。

　モンテカルロ分析全体を見ると、ユーロデイ・ユーロナイト戦略では私のパフォーマンス目標はすべて達成されている。したがって、ユーロデイ・ユーロナイト戦略はこの分析を「パス」したとみなされ、次のステップであるインキュベーションへと進むことができる。

インキュベーション

　この時点で、3.5年分以上のウオークフォワードバックテスト履歴が得られ、およそ5カ月分の「インキュベーション」結果も得られた。インキュベーションとは、ユーロデイ戦略とユーロナイト戦略システムの最初のコードに変更を加えることなく（定期的に行う再最適化は除く）、リアルタイムでのパフォーマンスを観察することである。

　ウオークフォワードの結果　2009年7月〜2013年3月
　インキュベーションの結果　2013年3月〜2013年8月

　過去5カ月のインキュベーションの結果がウオークフォワードの結

果に「近い」場合、この戦略は安心してリアルタイムでトレードすることができる。

結果は一致するか

インキュベーションデータとウオークフォワードデータが一致するかどうかは、どのようにして判断すればよいのだろうか。私は統計学者ではないので、数学的にも統計学的にも100％厳密ではないのを承知のうえで、できるだけシンプルにやりたいと思う。しかし、私のやり方は常識テストはパスする。やり方は3つある。

1．スチューデントのt分布

この統計学的検定は2つのデータグループ（ウオークフォワードの結果とインキュベーションの結果）が大きく異なるかどうかを調べるものだ。

これはエクセルを使えば簡単にできる。あるいはグーグルで検索すれば、オンラインのt検定ツールが見つかるだろう。

この検定を行った結果、分布が同じ確率は56％である。つまり、これらの戦略はリアルタイムでのパフォーマンスとヒストリカルなパフォーマンスがほぼ一致することを意味する。しかし、戦略が異なる確率が0％から20％の場合、検証の開発段階で過ちを犯した可能性が高い。

2．データ分布の比較

まずデータのヒストグラムを2つ作成する。最初のヒストグラムは実際のデータで、ウオークフォワードの結果とインキュベーションの結果を重ね合わせてみて、一致するかどうかを見る。2番目のチャートでは、平均と標準偏差に基づいて理論的な正規曲線のヒストグラム

図19.4　インキュベーションの結果――データ分布の比較

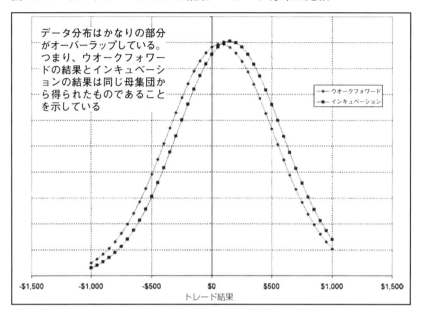

をプロットする。図19.4を見るとこれらのデータはかなり近似していることが分かる。

3．資産曲線の比較

　これは私の好みの手法だが、あまり科学的でもなく数学的でもない。これは単にすべてのデータをプロットして、資産曲線を作成するだけである。得られた資産曲線から、ウオークフォワードの終了時点とインキュベーションの開始時点がどこにあるか分かるかどうかを見る。分かる場合、インキュベーションがスタートしたときに何かが起こったことを意味し、これは通常は良くない兆候だ。この手法に疑問を感じる人は、最適化したパラメーターで戦略を作成し、それをしばらくリアルタイムで実行してみるとよいだろう。ほとんどの場合、曲線の変

図19.5　インキュベーションの結果——資産曲線の比較

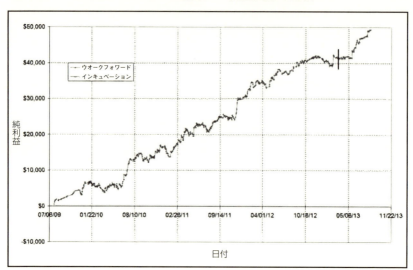

化に気づくはずだ。このケースの場合、曲線のインキュベーションの部分には大きな変化は見られない（**図19.5**）。これは良い兆候だ。

　分析の結果、このケースではインキュベーション期間のパフォーマンスとウオークフォワードテスト期間のパフォーマンスはほぼ同じであると判断した。実際にはインキュベーション期間のほうがウオークフォワードテスト期間よりも良い。これはちょっとした不安要素になる（通常はこの逆）。しかし、２つの期間の結果はほぼ同じなので、検証における失敗はなかったことを確信できる。だからといって、システムをリアルタイムでトレードしたときに必ずしも利益が出るという意味ではないことを覚えておこう。

最終的な決定

　すべての検証を終えたら、実際のトレードに進めるかどうかを決定

できる。たとえすべての開発ステップをパスしても、まだトレードはやらない。ポジションサイジングとほかの戦略との相関がまだだからだ。

ポジションサイジング

　ポジションサイジングについては第16章で詳しく述べたが、戦略は任意のポジションサイジングテクニックを行うために設計したわけではない。もちろん、ポジションサイジングは実際のお金を使ってトレードを始める前に考えなければならない重要な項目だ。素晴らしい戦略が出来上がったとしても、妥当なポジションサイジングを適用できなければ、実際のお金を使ってトレードする価値はない。1枚トレードしたときの損失が非常に大きくて、戦略をトレードするのに必要な口座サイズが極端に大きいときがこれに該当する。

　この良い例が、私が開発して長年にわたってトレードしてきたシステムに似たシステムだ。このシステムはトレードの50％が勝ちトレードになり、1枚につき5000ドルの利益を出し、残りの50％が負けトレードになり、1枚につき3000ドルの損失を出す。したがって、1トレード当たりの損益は1000ドルの利益ということになる。バン・タープの期待値が0.33なので、これは非常に良いシステムということになる。しかし、この戦略をトレードするのにどれくらいのお金が必要なのだろうか。1年間に20回トレードすると仮定し、トレードを中止する資産が3000ドルとすると、破産確率を6％にするには、2万ドルの口座が必要になる。また、最大ドローダウンはおよそ33％である。このドローダウンは高すぎる。ドローダウンが25％を下回るようにするには、3万5000ドルの口座が必要になる。ほとんどのトレーダーにとって、こんなシステムは高嶺の花だ。これは1枚だけでトレードするシステムである。どんなポジションサイジングを使っても、ドローダウンと破

産確率は悪化するばかりだ。つまり、このシステムは利益は出してもトレードできないシステムということである。

ほかの戦略との相関

戦略をリアルタイムでトレードする前に、私は新しいシステムのパフォーマンスとすでにトレードしているシステムのパフォーマンスを必ずチェックする。調べるのは日々のリターンの相関である。これによって新しい戦略が既存の戦略のいずれかと高い相関性を持つかどうかをチェックすることができる。2つの戦略が高い相関性を持っている場合、どちらの戦略のポジションサイジングも半分にしないかぎり、その2つの戦略をトレードするのは良い考えとは言えない。相関性の高い2つの戦略をトレードすれば、特定の市場や特定のトレードスタイルに対するイクスポージャーが大きくなりすぎることになる。別々に開発した戦略の場合、ほとんどの場合これは問題にはならないが、チェックするに越したことはない。

モンテカルロ ── 一貫性

モンテカルロ分析の副次的効果の1つは、一貫して利益を上げられるかどうかが分かる点である。あなたがカジノのマネジャーだと仮定しよう。5分間の間に、あなたのカジノはお金を儲けるかもしれないし、損をするかもしれない。結果はランダムなので、ハウスといえども短時間では損を出すこともある。しかし、時間がたつにつれて、あなたが利益を出す確率は上昇し、最終的にはほぼ確実に利益を出す。あなたのカジノは、犯罪地下組織がフロアで暗躍しないかぎり、おそらくは毎週儲けを出し、ほぼ確実に毎月儲けを出す。

こんなカジノの話を聞くと、私も自分のトレードシステムで毎週、毎

月、あるいは毎年利益を出したいと思う。これは私の「ルーレット盤」――つまり、私のトレードシステムがどれくらいのエッジを提供してくれるか――によって決まるのは明らかだ。ヒストリカルな結果が将来的な結果に一致すると仮定すると、モンテカルロ分析を使って利益の出る確率を知ることができる。その数字からは、任意の時間にどれくらい一貫して利益を上げられるかを知ることができる。

この考えに基づいて、ユーロデイ・ユーロナイト戦略システムを分析してみた。結果を見る前に、このシステムは1年に平均で1万ドルから1万2000ドルの利益を上げることを念頭に入れておいてもらいたい。これは非常に良いシステムだが、安定したリターンを提供してくれるのだろうか。それでは結果を見てみよう。

- **週次** 59.6％の週で利益が出る。したがって、1年では31週で利益が出て、21週で損失が出る。これでも悪くはないが、生計を立てるには十分とは言えない。
- **月次** 74.8％の月で利益が出る。したがって、1年では損失が出るのは3カ月だ。これはあまり安定したリターンとは言えない。3カ月連続で損失が出たらどうなるのか。
- **四半期ごと** 86.2％の四半期で利益が出る。これはなかなか良い。
- **年次** 98.8％の年で利益が出る。これは30年から40年の間に損失を出すのは1年だけということになる。素晴らしい結果だ。毎週そして毎月の不確実性に甘んじることができれば、ほぼ毎年少なくとも幾ばくかの利益が出る。

もちろんこの分析を行う前には、簡単な仮定を設けなければならなかった。例えば、このトレードシステムでは毎年平均して151回トレードを行うものとするといった具合だ。これは毎週平均で3回トレードを行うことを意味する。しかし、実際のトレード数はゼロの場合もあ

れば、5回の場合もあり、あるいはその中間の場合もある。毎週平均で3回トレードを行うと仮定すれば、エラーになることもある。でも、それで結果が大きく変わるとは思わない。もし90％の週で利益が出ることを求めた場合、仮定を設けたとしても、私の戦略はうまくいかないだろう。

次の質問は当然ながら、「それぞれの期間に対して、どのような数字を求めればよいのか」ということになるだろう。これはトレーダーとその達成目標によって違ってくる。給料ぎりぎりの生活をしてきたトレーダーは95％の勝ち週、つまり1年で3週だけの負け週を求めるだろう。これ以上の負け週を出せば、アパートを立ち退かなければならないことを知っているからだ。プロのCTA（商品投資顧問業者）は月ベースで評価されるので、95％の月が勝ち月になることを望むだろう。しかし、長期トレーダーはどれくらいの四半期や年で勝ちたいのかだけを気にするだろう。すべてはトレーダーの環境によって違ってくる。

分析全体をもう一歩進めるために、良いシステムをあなたのポートフォリオに追加すれば、利益の出る期間は長くなる。これはカジノがルーレット盤を補足するために新たなゲームテーブルを追加するのと同じである。

ビッグデーを排除する

外れ値トレードを履歴から排除すれば、結果は大きく違ってくる。履歴には614日のトレード日がある。1000ドルを超える利益を出す日は20日だ。1年間のトレードでは、こうした「ビッグデー」を5日は期待できる。ビッグデーが現れなければ、システムは平均で、少し儲かるだけである。こうしたビッグデーがなければ、私は困ることになる。そこで質問だ。こうしたビッグデーを将来期待すべきでないのはなぜか。それは私のシステムのルールと変数はこうしたビッグトレードを見つ

けるように、カーブフィッティングされた可能性があるからである。ビッグトレードが10～20回あれば、カーブフィッティングされた可能性は十分にあり得る。しかし、これらのトレードはデータアノマリーやバックテストの問題ではないだろう。戦略2（ユーロデイ戦略）は利益の上限を設けることなく利が伸びるように設計されていた。もしビッグトレードがわずかしかなければ、データかバックテストに何らかの問題があったと思うだろう。

興味深い質問をもう1つ。もし利益のほとんどをこうした「外れ値」トレードに依存しているとすると、任意の年に多くの外れ値トレードが発生する可能性はどれくらいあるだろうか。

外れ値の日

私のシステムのパフォーマンスは、ビッグトレード（外れ値トレード）に依存している。では、1年間でどれくらいの外れ値トレードを期待することができるだろうか。私の出した結論は以下のとおりである。

- 1年間では、4～6回のビッグトレードを期待できる。これはビッグトレードは隔月に1回しか発生しないことを意味する。
- 1年間に8回以上のビッグトレードが発生する確率は10％を下回る（実際には6.6％）。
- 1年間にビッグトレードが0回か、1回か、2回発生する確率は13.6％。

この分析は現実を直視するものであり、はっきりと分かることが1つある。それは、このシステムで成功しようと思ったら、すべてのトレードを受け入れる必要があるということである。なぜなら、見逃し

たトレードは年に1回あるビッグトレードだったかもしれないからである。

　これらのデータによれば、このシステムはほとんどの時間帯でフラットで、若干上昇したり下落したりする時期があり、各時期の間にビッグトレードが発生することが予想される。こうした予測をすることは非常に重要だ。なぜなら、正しい予測をすることは長期的な成功にとって不可欠だからである。こうした予測をすることで、すぐに稼げなくても落胆することはないし、システムを信じられなくなることもない。どういったことが期待できるのかを知ることは私にとって非常に役に立つ。何も起こらない日が続くときは特にそうである。

第5部

リアルタイムでトレードする前に考えなければならないこと

Considerations Before Going Live

口座とポジションサイジング

Account and Position Sizing

　戦略を開発し、リアルタイムでしばらく観察し、いよいよ自分のお金を使ってトレードすることになった。しかし、その前に考えなければならないことがいくつかある。口座にはどれくらいのお金を入れておけばよいのか。ポジションサイジングはどうすればよいのか。小さく始めるべきか、それとも大きく始めるべきか。ポジションサイジングテクニックはあるのか。うまくいかなくなったら、いつトレードを中止すべきか。

　2013年8月中旬にインキュベーション期間が終了したとき、このシステムが次の数カ月間どんなパフォーマンスを見せるかは見当もつかない。うまくいくことを願ってはいるが、どの戦略でもそうだが、損切りをし、必要があればトレードを中止する覚悟はいつもできている。

　このあとの混乱を避けるために、私の戦略をまとめておこう。

ユーロトレードシステムの2つの戦略
●戦略1

　ユーロナイト戦略。夜間取引時間帯にトレードする。勝率は高い。小さな勝ちトレードが多く、たまに大きな損失が出る。用いるのは105分足。

●戦略2

ユーロデイ戦略。日中取引時間帯にトレードする。勝率は低い。主要な利益発生器。用いるのは60分足。

どちらの戦略も独立した戦略で、常にいずれかの戦略のみを使う。市場はユーロ通貨市場（6E）。

いつトレードを中止すべきか

　2013年8月20日（月曜日）からユーロ戦略をリアルタイムでトレードすることにした。そこで、新しい戦略のトレードを始めるときに、だれもが避けて通りたがる問題を解決しておかなければならない。それは、うまくいかなくなったら、いつトレードを中止すべきかである。

　トレードを中止しなければならない状況は星の数ほどあるだろう。あらかじめ決めておいた資産額に達したとき、追証が発生したとき、お金がなくなったとき、X回連続して負けトレードになったとき、Xカ月間連続して負けたとき……。正しい「1つ」の答えはないし、間違った「1つ」の答えもない。

　しかし、トレードの中止時期を決めるときには3つのガイドラインがある。

1. 中止時期は、使っているシステムに基づいて決めなければならない。例えば、そのシステムが以前に25％のドローダウンを出したことがあれば、10％のドローダウンが発生したらトレードを中止するというのは理屈に合わない。しかし、実際のシステムの特徴を考慮することなく、こうした気まぐれな決定をする人がどれほど多いかを聞くと、あなたは驚くに違いない。
2. トレードを中止する基準を紙に書く。そして、いつもそれを見て、覚えておく。これはある日突然やってくる災難からあなたを守っ

てくれるかもしれない。
3. 紙に書いた基準に従う。書いた基準に達したら、トレードを中止する。これはシンプルだが、従うのは非常に難しい。

トレードの中止時点を決めるのにいつも同じ基準を用いるわけではないが、ユーロシステムでは次のようにして決めた。

A. ウオークフォワード履歴を見て、発生した最悪のドローダウンを選ぶ（1日単位）。それを1.5倍する。なぜなら、最悪のドローダウンは将来必ず発生するからだ。私のシステムでは、最大ドローダウンが3265ドルで、それを1.5倍すると4898ドルになる。
B. モンテカルロシミュレーションを使って、95％レベルの最大ドローダウンを見つける。これは、例えば、1年間トレードするとすれば、95％の時間帯で最大ドローダウンがこの数値を下回る最大ドローダウンのことを言う。私のシステムではこれは5082ドルである（もっと保守的にやりたければ、99％レベルを使えばよい。ちなみに99％レベルのドローダウンは6512ドルになる）。

ここで注意しなければならないことは、これらのドローダウンの数字は常に1枚でトレードをすることを想定しているということである。しかし、時間がたてば2枚以上トレードしたくなることもあるだろう。ちょっと話がややこしくなった。つまり、実際のドローダウン（複数枚数）はドローダウン限度（1枚）よりもはるかに大きくなる可能性があるということである。したがって、1枚をトレードするときのドローダウンを忘れずに必ず計算して、限度の5000ドルと比較しなければならない。これについてはモニタリングシステムを設定するときに詳しく説明する。

上記のポイントAとポイントBからの結果の平均を取って、1枚ト

レードするときのドローダウンがおよそ5000ドルに達したらトレードを中止する。

　上記のポイント1とポイント2に従ったが、ポイント3については必要があれば従う。

　このシステムについては、私が考えているトレード中止時点は1枚をトレードするときのドローダウンである。これは非常にシンプルで、しかも堅牢だ。このシステムを今から何年にもわたってトレードし、枚数が増えても、1枚当たりの最大ドローダウンが5000ドルというのは変わらない。

　これまではモンテカルロシミュレーションの結果を使ってトレード中止時点を決めてきた。市場のボラティリティに基づく仮の中止時点も考えてみたが、実際には使ったことはない。市場が大変な状況になったら、ひと休みするのが一番だろう。トレードの中止時点を決めるのに、どの1つの統計量も、統計量の組み合わせも間違っているとは思わないし、「どんな場合にも通用するような」最適なものがあるとも思わない。あなたが適切と思える判断基準を選び、それを書き出し、それに厳密に従う。それが一番だ。そうすれば、システムが失敗しても泣きを見ることはない。システムの効力が失われる可能性があることが分かっていたのだから、事前に決めた時点でトレードを中止すればよい。

　問題なのは、「トレード中止時点」を決めなかったり、お金が底をついた時点を中止時点にすることである。1990年代終わりの私の経験から言えば、お金がなくなってトレードを中止するのはあまり楽しいものではない。

　システムのパフォーマンスがトレードを中止するほど悪くはないが、それほど良くもない場合はどうすればよいのだろうか。システムはお金は稼いでいる、あるいはブレークイーブンで、モンテカルロシミュレーション結果の範囲内にある。こんなときはいつトレードを中止す

ればよいのだろうか。こんなとき私は、ダウンサイドを見て、あとは放っておけばアップサイドが何とかしてくれるという方法を取る。つまり、最大ドローダウンを見て、それに達しなければ、システムを使い続けるということである。月によって、あるいは年によって、私のトレードしているどのシステムがうまくいき、どのシステムがうまくいかなくて、どのシステムが足踏みをしているのかは分かりようがないからである。システムを切ったり入れたりしないで、システムに任せておくしかない。

　しかし、年に数回、トレードするシステムはリバランスする。リバランスとは、新しいシステムを加えたり、パフォーマンスの悪いものを除去したり、ポジションサイジングを調整したりすることを言う。資金が問題の場合、トレードを中断して、利益は出してはいるがパフォーマンスがあまり良くないシステムを、もっと能力のあるシステムと入れ替える。分析結果は常に同じではないため、これについては厳密なルールはない。例えば、何らかの理由で私がそのシステムが気に入らなくなれば、そのシステムを使ってのトレードを中止するかもしれない。そのシステムはもう私には合わないからだ。

　矛盾したことを言っているのは分かっている。一方では、「最大ドローダウンがトレードの中止時点を決める唯一の基準」と言っておきながら、他方では、「トレードを中止する正当な理由がないかぎり続ける」と言っているのだから。しかし、最大ドローダウンは最悪のケースの判断基準なので、違反するわけにはいかない。しかし、同時に、システムが気に入らなくなる状況が発生するかもしれない。こういった状況が発生すれば、トレードを早々に中止することもあり得るだろう。トレードのほとんどのことがそうであるように、これは善悪の判断がつけにくいものだ。

　トレードを始める当初のプランでは、トレードをいつ中止するかを決める唯一の判断基準は最大ドローダウンである。小さなサイズで小

さな口座でこのシステムをトレードしているときには、もっと良いシステムのための資金が必要になるかどうかは分からない。しかし、状況によってはトレード中止時点を変えることもあるというように柔軟に考えたい。

最小資産

この時点ではっきりしていることは、①ユーロデイ・ユーロナイト戦略システムでリアルタイムでトレードを開始する、②１枚でトレードしているときのドローダウンが5000ドルに達したらトレードを中止する――という２点である。ここで決めなければならないのが口座サイズである。これは非常に重要だ。資産が少なすぎれば、中止時点に達する前に資金が枯渇するだろうし、資産が多すぎれば、リターンは低くなり、効果的な資産配分はできないだろう。現在、ユーロ通貨の取引所の当初証拠金は2750ドルである。これを「トレード中止」のドローダウンに加えると、7750ドルになる。これがトレードを始めるときの最小口座サイズになる。この口座サイズであれば、最大ドローダウンに達するまでトレードを続けることができる。

ここでいくつか重要なポイントがある。

- ブローカーは、たとえデイトレードに対しても、取引所の証拠金を要求してくることを想定している。デイトレードの証拠金が適用されれば、必要な資産はもっと少なくて済むはずだ。しかし、デイトレードの証拠金を前提とすれば、多くの人はトレードサイズを増やすことになる。これはあまり良い考えとは言えない。
- 証拠金の金額は変わる可能性がある。取引所の証拠金が上昇したら、トレード中止時点に達する前にトレードを中止せざるを得なくなるかもしれない。

●常に1枚トレードすることを想定している。

　結局のところ、ポジションサイジングのことを考えると7750ドルを上回る口座サイズが必要ということになる。このあと述べる理由により、私は口座サイズは8500ドルにすることにする。

ポジションサイジング

　良いトレードシステムが作成できたら、最終的には複数枚でトレードしたくなるはずだ。ポジションサイジングの方法はたくさんあり（バン・タープはこのテーマについて長大な本を書いている）、唯一正しい方法というものはない。ポジションサイジングには超過リスクをとることなく、より多くのリターンが得られる聖杯テクニックはない。簡単に言えば、より多くの枚数をトレードすれば、リターンは増えるが、リスクも増えるということである。

　私が使っているアプローチを紹介しよう（少なくとも当面はこのアプローチを使うつもりだ。サイズが増えたら、アグレッシブさは抑えたい）。

　いつものように、まずは1枚から始める。なぜか。それは、リアルタイムでトレードを始めると、バックテスト、シミュレーションテスト、インキュベーションテストでは隠れていた問題が表面化するからである。例えば、戦略が自動化されている場合、コードの曖昧さによって複数の注文が出されたら、または発注に失敗したらどうなるだろうか。あるいは、スリッページの見積もりがまったく間違っていて、実際のスリッページを使うとまったく利益が出ない場合はどうなるだろうか。私の経験によれば、1枚から始めるのはリアルタイムトレードでの問題を見つけて修正する最も安価な方法なのである。

　1枚から始める2番目の理由は、戦略のパフォーマンスに対してで

きるだけ冷静でいたいからである。1枚の損益の多寡は、私にも私の感情にも影響を与えないだろうが、いきなり10枚から始めれば、損益の多寡に一喜一憂してしまうことになる。システムをいつも観察し、感情的になってしまうだろう。願わくば、利益が蓄積してきたら、枚数を不安を生じない範囲で増やしていきたい。そうすれば感情にかき乱されることはない。トレードが本当にうまくいけば、システムが安定的に動作することが証明され、6カ月後には、あるいは1年か2年後には、1回で10枚トレードすることは自然に思えるようになることだろう。

「エッジがあるのなら、すぐさまそれを活用し、最初から最大サイズでトレードしたほうがよい。エッジはやがては消えてなくなるのだから、あるうちに利用すべきだ」と言う人もいるだろう。これにも一理あり、それは私も理解できる。しかし、どういうふうにするのがベストなのかは私は分かっている。最初からフルスロットルで行くのは私にとって心理的に不安だ。もちろん、自分にとって合っていると思うアプローチを使うべきなのは言うまでもない。

1枚から始める最後の理由は、戦略に自己生成力を持たせたいからである。利益が増えれば口座は大きくなり、枚数を増やせる。口座がさらに大きくなれば、枚数をさらに増やせる。利益がなければ口座サイズが大きくなることはない。利益を生まないシステムに配分するお金をなぜ増やさなければならないのか。

このアプローチの欠点は、枚数を2枚にするまでには時間がかかる点である。例えば、口座資産1万ドルにつき1枚トレードすることを決めたとすると、枚数をさらに1枚増やすには100%のリターンが必要になる。さらにもう1枚増やすには、さらに50%のリターンが必要になる。これには時間がかかる。ポジションサイジングテクニックのなかにはこの点を考慮しているものもある（固定比率サイジングなど）が、これらのアプローチには私の嫌いなネガティブな特徴が含まれて

いる。

　このジレンマを回避するために、最初の口座資金を1.5枚から2枚トレードできる多さにする。上の例では、1万5000ドルの口座からスタートすることを意味する。この場合、枚数を1枚増やすのに必要なリターンはわずか50％である。これは依然としてシステムに高いパフォーマンスを強要することになるが、枚数を増やすのにそれほど時間はかからない。これは私にとっては最良のトレードオフである。

　これらを念頭に置いたうえで、私のユーロシステムでは固定比率サイジングを使うことにした。

　　N（枚数）＝X×資産÷最大損失

　ただし、
　N（枚数）＝枚数を整数で表したもの（数字は必ず切り捨てる）
　X＝固定比率。これはモンテカルロ分析を使って決定する。このシ
　　　ステムでは、X＝0.175（なぜこの数値になったかについては、の
　　　ちほど説明する）を使っている。
　資産＝現在の資産
　最大損失＝日々の最大損失。このシステムでは885ドル。

　この公式を使って算出したものが**表20.1**である。
　固定比率の0.175は高すぎるように思えるかもしれない。ほとんどの人はそう感じるだろう。この数値は破産リスク、年次リターン、最大ドローダウンに基づいて決めた。また、破産リスクなどの数値はモンテカルロスプレッドシートを使って算出した。これまでのポジションサイジング分析に基づいて、固定比率としてX＝ff＝0.175を使うのがベストだと判断した。もちろん、これは私の達成目標に基づく私の嗜好であって、あなたには合わないかもしれない。

表20.1　ポジションサイジング表

ff ＝	0.175
資産	N（枚数）
＜ $10,114	1
$10,114	2
$15,171	3
$20,229	4
$25,286	5
$30,343	6
$35,400	7
$40,457	8
$45,514	9
$50,571	10

　0.175という数値はどのようにして算出したのだろうか。なぜ1枚でトレードを続けないのだろうか、あるいは固定比率として0.01や0.02や0.10や0.50を使わないのはなぜなのか。私は自分に合ったポジションサイジングを決めるのに、モンテカルロシミュレーターを使う。このシミュレーターの基本バージョン（1枚バージョン）は関連ウェブサイト（http://as.wiley.com/WileyCDA/Section/id-822115.html　詳細は「本書のウェブサイトについて」を参照）から無料でダウンロード可能だ。このシミュレーターでは、任意のトレードシステムの最初の年の破産リスク、最大ドローダウンのメジアン、年次リターンのメジアンを算出することができる。

　このシミュレーターの基本バージョンでは、最初の1年は1枚のみでトレードするものと想定しているが、ここで私がやっているように、マクロコードを編集して異なるポジションサイジングテクニックをシミュレートするように設定することもできる。

　注目する数値は4つある。

1．破産リスク

事前に決めた最小キャッシュバランスに到達する確率がどれくらいあるか。この数値は低いほどよい。

2．最大ドローダウンのメジアン

1年の間にこの最大ドローダウンに到達する確率はおよそ50％だ。もちろん、実際の最大ドローダウンはこの数値を上回ることもあれば、下回ることもある。この数値はできるだけ低いほうがよい。上限はこの計算を何回も繰り返し行うことで決定した。

3．年次リターン

ドローダウンと同じく、この年次リターンに到達する確率も50％だ。もちろん、これよりも高いこともあれば、低いこともある。この数値はできるだけ高いほうがよいが、許容できる下限閾値はない（40％というのが適度な数値だろう）。

4．リターン・ドローダウン・レシオ

鋭い読者はこれはカルマーレシオだということに気づくはずだ。ただし、本当のカルマーレシオは、1年ではなくて3年のデータを使って算出する。この数値はできるだけ高いほうがよい。この数値には下限がある（参考までに言えば、プロのCTA［商品投資顧問業者］にとってカルマーレシオは1を上回れば良い数値とされる。カルマーレシオが1ということは、25％の年次リターンを求めた場合、25％のドローダウンを受け入れなければならないことを意味する）。

これらの基準を使えば、パラメーター値を変えてほかのポジションサイジングアプローチをいくつか試すことができる。ほかのポジションサイジングテクニックはそれほど多く分析したわけではないので、す

図20.1　ポジションサイジングの結果

当初資産	破産リスク	ドローダウンのメジアン	利益のメジアン	リターンのメジアン	リターン・ドローダウン・レシオ	サイジングテクニック
$8,500	1%	19.6%	$11,960	141%	7.12	常に1枚
$8,500	1%	37.8%	$31,598	372%	9.64	10Kで1枚増やし、そのあとは5K増えるごとに1枚ずつ増やす
$8,500	0%	22.0%	$13,189	155%	6.81	ff = 0.1
$8,500	1%	32.3%	$21,155	249%	7.86	ff = 0.15
$8,500	1%	38.1%	$30,735	362%	9.55	ff = 0.175
$8,500	1%	43.6%	$39,074	460%	10.44	ff = 0.2
$8,500	4%	53.9%	$60,688	714%	13.38	ff = 0.25

べてのポジションサイジングテクニックを網羅しているわけではない。私が選んだテクニックよりもうまくいくテクニックがあるかもしれない。

　結果を発表する前に、当初資産については若干遊びを設けたことを言っておかなければならない（中間結果は示していない）。基本的には、当初の口座サイズは、口座にお金がありすぎて1枚から2枚に比較的早く移行（最初に口座サイズを2倍にするのではない）できる口座サイズと、破産リスクを低く抑えることができる口座サイズの間に落ち着いた。最終的に落ち着いた当初資産は8500ドルである。これは良いトレードオフだと思う。

　結果は**図20.1**に示したとおりである。ff（固定比率）を0.175にした場合の結果はアミ掛けで示している。

　ff＝0.175は、私のすべての基準を満たしている。このポジションサイジングは今のところは私に合っている。しかし、今後はポジションサイジングテクニックを変えたり、ffの数値を変えることがあるかもしれない（ffの値を小さくした場合、口座が大きくなるにつれて、アグレッシブさを抑えることを意味する）。いつ変えるのかは、システムのパフォーマンスと相談のうえで決めることになる。

　私が使った固定比率サイジングでは、「平均的」な年（50%の年は悪

図20.2　最初の年のリターンのヒストグラム

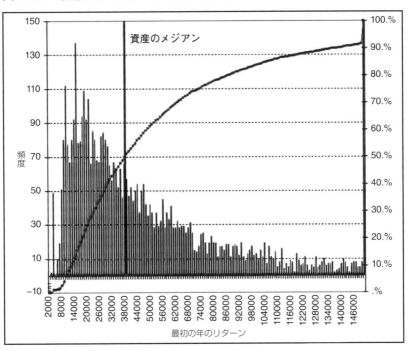

く、50％の年は良い）においては年間で３万735ドルの利益を期待でき、その年の間に38.1％の最大ドローダウンを被ることが予測される。利益の値は信じられないくらいに良い。私のモットーは、「何かが信じられないくらい良く見える場合は、それはおそらくは間違っている」ということである。この利益の数字はまさに信じられないくらい良い。最初の年で362％のリターンは高すぎるように思える。だから、この数字はちょっと疑わしい。しかし、実際のリターンはスペクトルの範囲内のどの数値にもなり得る。372％はメジアンにすぎないのだ。

図20.2は可能なリターンのヒストグラムを表したものである。１年目のリターンが最終資産のメジアン（黒い垂直線）の近くに集中しているのは興味深い。本当にそうなら私はとてもハッピーだ。25％（最

終資産はおよそ2万1000ドル、または年次リターンは147％）のラインに達してもハッピーだ。25％も「信じられないくらい良い」領域だが、これも可能性としてはあり得る。

異なるポジションサイジング

ユーロデイ・ユーロナイト戦略システムの2つの戦略はほとんどの部分が異なるが、私は同じポジションサイジングを使っている。2つの戦略の共通点は、損切りポイントだけで、これは1枚に付きおよそ425ドル（34ティック）である。トレード分布が異なることを考えると、同じポジションサイジングを使うことは正しいのだろうか。おそらくはこれら2つの戦略では異なるポジションサイジングを使ったほうがよいだろう。これによって全体的なパフォーマンスは上昇するはずだ。

トレードアイデアや頭に浮かぶ考えと同じように、異なるポジションサイジングを使うべきかどうかについては、検証して分析するまで判断は留保する。これが良いことなのかどうかは数字が教えてくれる。感情を差し挟まないのがポイントだと思う。このあと分析結果を見ていくが、私が注目したのは「戦略1は2枚、戦略2は1枚」トレードする手法である。

結果

今の手法（同じポジションサイジング）
　　口座サイズ　　　　8500ドル
　　最大ドローダウン　38.1％
　　年次リターン　　　362％

2/1サイジング（戦略1は2枚、戦略2は1枚）
　　口座サイズ　　　　1万2500ドル

最大ドローダウン　38.3％（今の手法と同じ）
年次リターン　　　255％

結論
戦略1を2枚、戦略2を1枚トレードするには口座にもっとお金が必要になるだろう。そして、年次リターンは下落するだろう。これは合理的なやり方とは言えない。

注意点　私は非常に簡単な分析を行って、上の結論に達したが、私が本当にやるべきことは、各戦略に対して固定比率サイジングを採用し、最適なサイジングを見つけることである。

第21章

トレード心理

Trading Psychology

私は自由裁量トレーダーから次のような質問をよく受ける。

自由裁量トレーダー 損ばかりで、もううんざりだ。私は感情に任せてトレードし、トレードの意思決定にも感情が入る。アルゴリズムトレードを試してみたいのだが。

私 自分の負け方を変える必要があることを認識したのは良いことです。あなたはなぜアルゴリズムトレードがうまくいくと思うのですか。

自由裁量トレーダー 私は何も考えないでただボタンを押すだけの人になれると思うからだ。システムに従えばいいんだよね。『ザ・シンプソンズ』にも似たような話があったよね。たしか、ホーマーが自分で仕事をしなくてもいいように、おもちゃのドリンキングバードに、キーボードの「y」のキーを続けてたたくように設定するって話。私はただシステムに従うだけのドリンキングバードになりたいのだ。

私 ドリンキングバードは最終的には止まり、あわや原発事故を起こしかけたのは知っていますよね。

自由裁量トレーダー な、何だって！

この会話はメカニカルトレードを人がどう考えているかをよく表している。多くの人はメカニカルトレードには感情が入る余地はないと思っているのだ。感情の現れ方は、自由裁量トレードとアルゴリズムトレードでは異なるが、どちらのトレードにも感情は存在し、感情はいろいろな場面で出てくる。アルゴリズムトレードの良い点は、感情が理論的には仕掛けシグナルや手仕舞いシグナルには入り込む余地がない点である。注意しなければならないのは「理論的には」という言葉である。実際には、感情はメカニカルで100％ルールをベースにしたトレードのいろいろな場面にひそかに入り込むことがある。どういった場面に感情は入り込むのか。本章ではこれについて見ていく。また、感情の影響を最小限に抑えるためのアドバイスも提供する。自由裁量トレードと同じように、感情はアルゴリズムトレーダーのパフォーマンスに大きなダメージを与えることもあるのである。

いつトレードを始めるべきか

　アルゴリズム戦略でリアルタイムトレードを始めるとき、ほとんどの人は最初のポジションは実際に仕掛けるまで、いつ仕掛けるべきかを考えない。しかし、前にも述べたように、1つのポジションを保有している最中にほかのポジションを保有するのは感情的になっている証拠だ。あなたのシステムが6回続けて勝ったら、あなたならどうするだろうか。負けトレードが1～2回発生するのを待ってからトレードを始めるだろうか。解決しなければならない問題は2つある。

1. 資産曲線を見てからトレードを開始すべきか。
2. システムがポジションをすでに取っている最中に、途中からでもトレードを開始すべきか。それとも、次の仕掛けのシグナルを待つべきか。

図21.1　ウオークフォワードの資産曲線の例

　トレードのほとんどの意思決定と同じように、これらについては絶対的に正しい答えや間違った答えはないが、あらかじめ問題を検討し、一貫した意思決定をすることで、トレードを始めるときに感情のほとんどは排除することができる。

　例えば、**図21.1**に示したような資産曲線（これは私が実際のお金を使ってトレードしてきた実際のシステムの資産曲線）を持つトレードシステムを作成したとしよう。ウオークフォワードテストの資産曲線はなかなか良い。数カ月間のインキュベーションテストもパスした。今、システムは資産がピークにあり、あなたはトレードを始めるのを待ちきれない思いでいっぱいだ（これは感情的な部分）。

　一見したところでは資産曲線は高値を更新している。これを見てあなたは、「これは暴走列車のようだ。すぐに乗らなければ！」と思うかもしれない。これはよく理解できる。しかし、ある地点までいくと、列

車はスローダウンするか、方向転換するだろう。資産曲線のピークで新しいシステムのトレードを始めるのは悲惨だ。その直後にドローダウンに耐えなければならなくなるからだ。おそらくは、資産曲線の小さな下落を待ってトレードを始めたほうがよいだろう。もちろん、下落が発生しないというリスクはあり、そんなときはすべての利益を棒に振ってしまう。

　資産曲線の高値更新か、その近くでトレードを始めるのか、それとも下落を待って始めるのか。どちらのアプローチも心理的なメリットとデメリットがある。どんなシステムでも、どれが最良のアプローチなのか分かる人はいない。多くのシステムでは、これはそれほど問題にはならないだろう。トレードを始めてすぐに利益を出し続けるシステムもあれば、ドローダウンに陥るシステムもあるからだ。私は個人的には、すぐにドローダウンに陥るシステムが大半だと思うが、それは資産曲線が上昇し続けるシステムのことはすぐに忘れ、すぐにドローダウンを出すシステムしか、私が覚えていないからだと思う。

　どちらのアプローチにも感情が入り込む余地があることを考えると、最も簡単なのは、トレードを始めるすべてのシステムについて事前に意思決定を行い、それに従うことである。例えば、資産曲線がピークにあろうと、ドローダウンから回復している最中にあろうと、その中間にあろうと、4カ月間のインキュベーションがうまくいったらトレードを開始することを決めたとしよう。これは正しいこともあれば、間違っていることもあるだろうが、ここには感情が入り込む余地はない。

　トレードを始めるアプローチが決まったら、既存のポジションがあることに気づくはずだ。次のシグナルを待つべきか。それとも、今の勝ちトレードや負けトレードに乗るべきか。この意思決定には感情が入り込む余地がある。資産曲線を見て意思決定するときと同じように、あらかじめ決めておき、それに従い、感情の入る余地を与えないのがベストだ。

既存のポジションに乗るのは、ソフトとトレードスタイルに依存する部分もある。自動化プラットフォームのなかには、手動で仕掛けたポジションを認識できないものもある。その場合、手仕舞いシグナルが発動しないこともある。ソフトにこういった問題があるときは、次のシグナルを待つのが一番だ。

　既存のポジションに乗るとき、トレードスタイルにも影響される。1日に何回もトレードするペースの速いデイトレードシステムでは答えは簡単で、次のシグナルを待つのが良い。次のシグナルは頻繁に発生するので、利益や損失は少ないかもしれない。しかし、ポジションを数日、数週間、あるいは数カ月間保有する戦略では話は違ってくる。こういう戦略ではどんなアプローチがベストなのだろうか。ポジションがブレークイーブンに近い場合は手動でやるのが良い。余分なコストがかかることもあれば、若干の利益が出る場合もあるが、長い目で見れば、そういったことはそれほど重要なことではない。

　今現在、大きく儲かっているか、大きく損をしているポジションを持っている場合は少し難しくなる。この場合にはどんなアプローチがベストなのだろうか。人によっては既存の勝ちトレードに乗りたがる人もいる。なぜなら、理論的には勝ちトレードは勝ち続けるからだ。それも一理ある。ただし、勝ちトレードに乗るのは大きなリスクが伴う。例を見てみよう。例えば、500ドルの利益と250ドルの損失を生むようにセットアップされたトレードがあったとしよう。あなたは目標値も変えないし、損切り水準も変えない。そのトレードは今300ドルの含み益が出ている。このトレードに乗るべきだろうか。最初のリワード・リスク・レシオは2：1だったが、今、レシオは200：550（0.36：1）になった。550ドル損をする前に200ドル儲かる確率は、500ドルの儲けか250ドルの損失を出す確率よりもはるかに高いが、私は損失のほうを重視する。損失は250ドルではなくて、550ドルの場合もあるのだ。余分な損失を出すリスクを負いたいかどうかは自分に聞いてみることだ。

今負けているポジションを持っているときにも同じことが言える。しかしこの場合、このポジションに乗れば損失は減り、潜在的利益は大幅に増加する。これは新しいシステムのトレードを始めるときに私が使うアプローチだ——今のポジションが負けているときはそれに乗り、勝っているときは次のシグナルを待つか、利益を戻してブレークイーブン近くになるまで待つ。これは私にとって安心できるアプローチだ。ここには感情の入り込む余地はなく、正しい意思決定をしたのかどうかを心配することもない。ただプランに従うだけである。私にとってこれが重要なのだ。

アルゴリズムシステムでリアルタイムでトレードを始めるとき、難しい問題がいくつかある。私は長年にわたって、いつトレードを開始すべきかについてはいろいろな選択肢の組み合わせを試してきた。資産曲線の下落を待ってからトレードを開始するというアプローチはまったくの期待外れだった。そんなときに限って、資産曲線は何カ月も上昇し続けた。保有ポジションに乗ると、その直後で損失を喫した。おそらくは次のシグナルを待ったほうがよかったのだろう。たまに逆のことが発生することもある。つまり、「利益が出た」ということである。全般的には状況はまったく改善されず、感情的資産を失っただけである。したがって、今は事前にプランを練り、どのシステムも同じ方法でトレードを開始している。こうすることで方程式から一切の感情は取り除かれる。

いつトレードを中止すべきか

トレードを開始するアプローチが決まったら、戦いの半分は終わったも同然だ。しかし、いつトレードを中止すべきかという問題もある。ここには感情の入り込む余地がたくさんある。自分のシステムに従おうが、アドバイザーやニュースレターやほかのサービスに従おうが、ト

レードをいつ中止するかのプランを持っていないのならば、持つ必要がある。

これはなぜなのだろう。人はストレスがかかると、正しい意思決定ができなくなることは調査で分かっている。システムでトレードして損を出すと、ストレスを感じるのは明らかだ。そんなときは、損失に過剰反応するか、現実から目をそらし、意思決定を避ける。どちらのシナリオも危険だ。したがって、いつトレードを中止すべきかの意思決定は、損をしているときにしてはならない。

理想的には、トレードを始める前にいつ中止べきかを決めておくのが最も良い。決めていなくても、遅すぎるということはない。あなたにとって最も重要な統計量を決めておくのだ。考えられる統計量としては以下のようなものがある。

- 最大ドローダウン
- 連敗数
- １週間、１カ月、あるいは１年の損失額
- Ｘカ月後の利益
- ＸＸ％を下回る勝率
- 資産のトレンドラインや資産の移動平均線の大きな中断
- 高値の更新、あるいはほかの「良い」統計量のブレイク（天井で中断しようとする人もいる）
- 測定できるもの、あるいはモニターできるもの
- 統計学的プロセスコントロールテクニック —— 上級者のみが対象

どんな条件を選んだとしても、紙に書いてそれに従うこと以上に重要なことはおそらくはないだろう。ここが重要なポイントだ。いつトレードを中止すべきかを決定する条件は、確実で信頼の置けるもので、書き留めておく必要がある。理想的には、配偶者や友人にも話してお

くことだ。なぜなら、公言しておけば、取り消すことは難しくなるからだ。

　ある資産運用会社は中止するときの基準として、最大ドローダウンの1.5倍と24カ月のコミットメントを使っていると聞いたことがある。これでも悪くはないが、最も良いのは、あなたが安心でき、従うことができるものを選ぶことである。

　手仕舞いプランを書き留めてそれに従えば、システムのパフォーマンスのことはあまり気にしなくてもよくなる。

　リアルタイムトレードを始めるアプローチと、うまくいかなくなったときにトレードを中止するアプローチが決まったら、あとはシステムのスイッチを入れて、それを動かすだけである。あなたはゆっくり眠ることができ、昼間の仕事に行くこともできる。感情をすべて排除して、あとはすべてシステムにお任せだ。これはグルが自動化「ロボット」や自動化「アドバイザー」を売るときの文句だ。彼らはこうやって人々を誘惑するのだ。人々を難破させるセイレーンの歌さながらだ。セイレーンの歌に惑わされて難破した古代ギリシャの水夫のように、感情を排除したアルゴリズムトレードとやらで感情によって失敗したトレーダーがどれほどいたことか。

　メカニカルなトレードでも感情はいろいろな方法で出てくる。感情が入り込む余地が最も多いのは、すべてのトレードを受け容れるかどうかを決めるときである。戦略を検証して価値のあるものであると結論づけたのなら、その戦略に従わなければならない。ドローダウンが発生するまでは、または何回も続けて負けるまでは、これは簡単だ。ドローダウンが発生したり、連敗すると、疑念と恐怖が忍びこむ。「最後の5回のトレードは負けだった。でも、ウオークフォワードテストではこれは2回しか発生していない」とあなたの頭のなかで小さな声がささやく。「このトレードは見送って、次に勝つまで待とう」。残念ながら、心はこういうふうに働くのだ。少なくとも私にとっては。頭の

なかで聞こえてくる声を振り払うには、時には強靭な精神が必要だ。しかし、長期的に成功するためには、シグナルを疑うことなくすべて受け入れなければならない。どのトレードを受け入れ、どのトレードを拒否するかを選べば、これまで行ってきた分析や検証を否定することになる。つまり、あなたはギャンブルをしていることになるわけである。これでは良い結末を迎える可能性は低い。

　戦略に良い感触を持つようになると、シグナルがいつ出るのかが事前に分かるようになる。例えば、各足の引けで移動平均線が上に交差して買いのシグナルが出ることを期待しているとすると、今の足が上昇トレンドなら、移動平均線の交差は今の足の引けで発生することが分かる。ここで貪欲が顔を出し、「なぜ足が引ける前の今、仕掛けないのか。追加リスクなくして追加利益が得られるというのに」とささやく。しかし、トレードを「えり好み」するのと同様、早まったことをしてはならない。これはうまくいくこともあるが、うまくいかないこともある。早く仕掛ける（手仕舞う）かどうかにイライラして、感情的資本の多くをムダにしかねない。これだけは覚えておこう。システムに従わない仕掛けや手仕舞いということは、ヒストリカルな結果も信じていないということになる。あなたが作成したのは、ヒストリカルなベースを持たない新しい戦略ということになるのだ。

　いずれのシナリオにおいても、戦略のルールに逆らって意思決定するときに感情が入り込む。したがって、いずれのケースにおいても、規律に厳密に従う、つまりシステムのルールに疑うことなく従うことで感情は排除できる。規律に従うことはなかなか身に付くものではない。特に１つの戦略のみをトレードしている場合はそうだ。戦略を注意深く観察し、いろいろと考え、必然的に戦略を却下してしまうのである。できれば、複数の戦略をトレードすることをお勧めする。３つ以上の戦略でトレードし始めると、ルールに従わないことは難しくなる。これはウソつきに似ている。たくさんの人にたくさんのウソをついてい

ると、やがてばれて真実が明らかになる。実際にやっていることと、やるべきことが分からなくなってしまう。こんなときはルールに従うのが最も簡単だ。

　自動化トレードでは、ストレスを感じているとき——つまり何かがうまくいかないとき——感情に対処しなければならないときがときどきある。インターネットがつながらなくなったとき、手動で間違って発注したとき、ブローカー問題、ロールオーバーを忘れたとき、どこからともなく現れる「やったぞ！」と思う瞬間などがそうだ。問題やポジションのミスマッチに気づくと、あなたのストレスレベルは最高潮に達する。少なくとも私はそうだ。こんなとき私は何をすべきか。すべてを手仕舞って、もっと良い価格を待って仕掛け直す、何もやらない、愚か者のようにわめきながら部屋中を走り回る。予想外の問題に遭遇したとき、人はこんな反応をする。支離滅裂に叫び声をあげたせいで感情があふれだし、その瞬間に最悪の決断を下すこともあるのだ。

　このようにストレスのかかったときに感情を排除する方法は驚くほどシンプルだ。ただし、実行するのは難しいかもしれない。あなたの現実の世界のポジションと戦略のポジションをできるだけ早く一致させるのがその方法だ。もっと良い価格を得ようとしたり、注文に余計な手を加えたりしてはならない。成り行き注文を使うのだ。この決定についてあれこれ考えてはならない。外部の刺激に反応してもいけない。ポジションをマッチさせるだけである。これは簡単なように思えるが、それほど簡単なことではない。やるべきことは、感情を持ち込まないようにするだけである。そうすれば長い目で見ればうまくいくはずだ。

　これについては前にも述べたが、ここでもう１回繰り返す——アルゴリズムトレードを成功させるための鍵は、規律を守ることである。規律をしっかりと守り、シグナルには必ず従う。早く仕掛けたり、早まって早く手仕舞いしたいという誘惑に打ち勝つことが重要だ。うまく

いかなくなったら、ルールに従っているかどうか見直す。これができるかどうかは、あなたがどれだけ規律を守るかどうかにかかっている。感情に負けてルールに従わなくなったら、あなたはギャンブルをしていることになる。ギャンブラーは市場では必ず負ける。

第22章 リアルタイムでトレードする前に考えなければならないそのほかのこと

Other Considerations Before Going Live

　正しい口座サイズで始める、いつ手仕舞いすべきかを知る、どのポジションサイジングテクニックを使うのかを決める。これ以外にも、リアルタイムでトレードする前に考えなければならないことがある。書き出せばきりがないので、私が最も重要と思うものを中心に見ていきたいと思う。

口座とブローカー

　私は今複数のシステムをリアルタイムでトレードし、いろいろなブローカーに口座を開いている。これにはいくつか理由がある。1つは、複数のシステムを同じ口座でトレードすれば、計理が難しくなるからである。手仕舞いし忘れたポジションが現れたことは1回や2回ではない。管理面から言えば、1つの口座で1つのシステムをトレードする、というのがはるかに簡単だ。

　複数のブローカーを使う2番目の理由は、ブローカーが倒産したり、あなたのお金を持ち逃げすることがあるからだ。2012年にPFGベストが長年にわたって銀行明細を偽造していたことが発覚して倒産したとき、私はお金を失った。それでもお金の3分の1は取り戻したが、全部取り戻すのは難しいだろう。これに関してはもう怒りの感情などないが、

スキャンダルが発覚した直後に行ったフォックスビジネスチャネルでの私のインタビュー（http://video.foxbusiness.com/v/1729212213001/pfgbest-victim-unable-to-trade-with-account-frozen）を見てみると、私はカンカンに怒っていた。でももう立腹する必要などない。リスクを分散しておけば、１つのブローカーが倒産してもトレードを続けることができるのだ。

　私のアプローチの欠点は明らかだ。ブローカーが倒産するのを心配して、多くのブローカーで口座を開けば悪いブローカーに当たる可能性は高まるだけである。最良のブローカーを見つけて、お金をすべてそのブローカーの口座に入れておくほうがよっぽどマシかもしれない。もう１つの欠点は、複数のブローカーを使うことで資本（委託証拠金）の最適利用ができなくなることである。お金を有効利用できないので、リターンは低下する。しかし、これは私にとっては受容可能なトレードオフだ。

　したがって、私のユーロデイ・ユーロナイト戦略システムでは、新しい口座を開くことにした。

　自動化の条件と、コードをすべてトレードステーションのイージーランゲージで書いていることを考えると、ブローカーとしてトレードステーションを使うか、ニンジャトレーダーブローカーを使うのが良いだろう。ニンジャトレーダーブローカーを選んだ場合、ニンジャトレーダーにはちょっとした素晴らしい特徴がある。それは、トレードステーションが生成したシグナルを取り込み、それをニンジャトレーダーで実行して、そのシグナルをニンジャブローカーに送るというものだ。以前これを使ってうまくいったことがあるので、これは良い選択肢だ。もちろん、トレードステーションを使うのが最も簡単なのは言うまでもない。

自動化、無人、VPS、注文はどこに保存されるのか

ユーロデイ・ユーロナイト戦略をリアルタイムでトレードするとき、考えなければならなかったほかの問題は以下のとおりである。

バックアッププラン

理想の世界では、コンピューターはクラッシュしないし、インターネットが接続できなくなることもなく、ブローカーが倒産することもない。しかし、現実の世界では、うまくいかないことが多い。以下のリストのなかで、あなたにとって必要なものはあるだろうか。

- バックアップPC
- バックアップのデータストレージ（オフサイトとオンサイト）
- バックアップのインターネットプロバイダー
- バックアップ電源
- バックアップの電話回線
- バックアップのブローカー
- バックアップのトレードデスク

このほかにもまだまだたくさんあるが、このリストにあるすべてのバックアップ（あるいはバックアップのバックアップ）を準備すれば大いに役立つだろう。

自動化するかしないか

インキュベーションの期間中、戦略をしばらく手動でシミュレーションモードでトレードした。トレードステーションがアラートを出す

と、別のプラットフォームで手動で発注した。時間がたつにつれて、いくつかのトレードを見逃し、間違いもいくつか犯し、注文中の注文をキャンセルし忘れるなど、いろいろとミスを犯した。でも、これはシミュレーションなので、これらのミスによって「お金」がかかるわけではない。でも、私が言いたいのはこういうことではない。私が言いたいのは、システムを開発したとおりにトレードしたいということである。これには自動化が最も効果的だ。したがって、私は自動化トレードを行う。

有人か無人か

「自動化トレード」は無人トレードではないことを、トレードステーションは常に警告してくる。これは非常に健全なアドバイスだ。なぜなら、インターネットが接続できなくなったり、発注し損なったりといった問題がときどき発生するからだ。私は戦略を実行しているときはかならずPCのそばにいる。つまり、「半有人」と言えばいいだろうか。口座資産が増え、枚数が多くなると、このアプローチを使う。

VPS

ダウンタイムやデータの遅れを最小限にし、信頼性を高めるために、トレードにVPS（仮想専用サーバー）を使う人が多い。私は今のところはVPSサービスは使っていないが、自分の状況は常に監視している。過去1年で、インターネットがダウンしたのは2回のみで、そのうちの1回は週末だった。もし私のシステムが1日に数回以上トレードしたり、高速スキャルピング戦略を使うのなら、絶対にVPSを使う。

注文はどこに保存されるのか

　私がこのトピックを取り上げたのは、自分の注文がどこに保存されているのか知らない人が多いからだ。あなたの自動化戦略が注文を出すと、注文はあなたのマシンに保存されるのだろうか。それともブローカーのサーバーだろうか、取引所だろうか。また、注文（指値注文や逆指値注文）によって発注経路が異なることもある。例えば、指値注文は直接取引所に送られるが、逆指値注文はブローカーに保存される。

　あなたは、自分の注文がどこに保存されているのかを知っておく必要があり、何か問題が起こったときにはどうするかを事前に決めておく必要がある。注文は取引所に送られたと思っていたのに、インターネット接続がダウンして執行されなければ、注文はあなたのPCに残ったままだ。緊急事態が発生してからではもう遅いのだ。こういった問題は事前に解決しておくことが重要だ。

ロールオーバー

　ロールオーバーのことがよく分かっていないトレーダーは多い。古い限月と新しい限月の間のプレミアム（差額）を「負担」しなければならないと思ったり、ロールオーバーを行うのに数スプレッド分を支払わなければならないと間違って理解している人が多いのだ。正しく行えば、プレミアムを支払う必要はない。ただし、買い気配値と売り気配値のスプレッドではなくて、その２倍分のスプレッドを支払わなければならないことはあり、また１往復分の手数料に相当する代金も支払わなければならない。ロールオーバーのときには必ずプレミアムだけ損をするか得をすると間違った印象を持つ人が多い。スケールトレードのときはそういうこともあるが、ロールオーバーがシンプルな

アルゴリズムシステムではこういったことはない。現実の世界の例を使って説明しよう。

　まず、「なぜ」ロールオーバーが必要なのかから説明しよう。ポジションを各トレード日の終わりに手仕舞いする日中トレーダーの場合、ロールオーバーは問題にはならない。ロールオーバー日に、新たな期近をトレードし始めるだけである。しかし、スイングトレーダーの場合は少し複雑になる。第一告知日もしくは最終取引日のどちらかのうち、最初に到来する日以前に、期近から２番限にロールオーバーしなければならない。例えば、ユーロ９月限を買っているとすると、ユーロ９月限を売ってポジションを手仕舞いしたあと、ユーロ12月限を買う。悪魔は細部に宿るということで、例を使って説明しよう。

　例えば、ユーロをトレードするシステムを持っているとする。戦略のパラメーターはすべてバックアジャストつなぎ足を使って算出する。今トレードしているのは９月限だ。しかし、今日の午後、12月限にロールオーバーしなければならないとしよう。

　つなぎ足チャートからのシグナルに基づいて、数日前に９月限を1.3272で買った。そのときは９月限が期近だった。つまり、つなぎ足は私が1.3272で仕掛けたと思っている。

　このシステムの損切りは625ドルで、利食いは1250ドルだ。したがって、私の損切りは1.3222に置かれ、目標値は1.3372に置かれている。両方とも最初の仕掛け時に中心限月（最も取引量の多い限月）だった９月限に基づくものだ。

　数日たった今、12月限にロールオーバーしなければならない。まず最初に計算してみよう。つなぎ足に何が起こるのか、そして、ロールオーバーのときになぜ２つの限月間のプレミアム（差額）は失われないのだろうか。ロールオーバーのとき、例えば、12月限は1.3303で、９月限が1.3299だったとしよう。２つの限月間のプレミアム（差額）は0.0004だ。12月限を期近にするにはつなぎ足を調整する必要がある。そ

のためには、今あるつなぎ足の各価格に0.0004を足せばよい。これで12月限が期近のつなぎ足が出来上がった。

さて、トレード戦略を更新したつなぎ足に適用すると、戦略はあなたは1.3276で買い、損切りを1.3226に置き、目標値を1.3376に置いたと思うだろう。「でも、ちょっと待った！」「私が買ったのは1.3276じゃない！　まるで狐に化かされた感じだ」。この例の計算式を見てみよう。ビッドアスクスプレッドと手数料は無視するものとする。

現実の世界 —— 実際のトレード口座が見るもの

あなたは9月限を1.3272で買い、1.3299で売った。したがって、利益＝337.50ドル。

あなたは12月限を1.3303で買った。現在価格は1.3303なので、利益＝0ドル。

現実の世界では、あなたの実現利益は337.50ドル、含み益は0ドルだ。

もし損切りに引っかかったら、（1.3226－1.3303）×125000＝－962.50ドルの損失が出る。これを現実利益の337.50ドルに足すと、総損失は625ドルになる。

目標値に達すると、（1.3376－1.3303）×125000＝＋912.50ドルの儲けになる。これを現実利益の337.50ドルに足すと、総利益は1250ドルになる。

戦略の世界 —— バックアジャストつなぎ足であなたの戦略には何が起こっていると思うか

最初のつなぎ足のシナリオでは、つなぎ足は私は1.3272で仕掛けたと思っている。

このシステムの損切りは625ドルで、利食いは1250ドルだ。したがって、損切りは1.3222に置かれ、目標値は1.3372に置かれている。

ロールオーバーした新しいつなぎ足のシナリオでは、つなぎ足は私は1.3276で仕掛けたと思っている。

このシステムの損切りは625ドルで、利食いは1250ドルなので、損切りは1.3226に置かれ、目標値は1.3376に置かれる。

ご覧のとおり、利益と損失は現実の世界と戦略の世界ではまったく同じだ。

ユーロ9月限を1.3222で買ったとしよう。9月中旬になった今、12月限にロールオーバーしなければならない。このロールオーバーをアルゴリズム戦略で行うとすると、どのようにすればよいだろうか。通常私は次の3つの方法の1つを使う。それぞれの方法にはメリットとデメリットがある。

方法1 ── クイックロール（通常、最も高くつく）

ユーロ9月限に成り行きの売り注文を入れ、ユーロ12月限に成り行きの買い注文を入れる。どちらも成り行き注文なので、すぐに執行されるだろう。上の価格を使って計算すると、次のようになる。

9月限の売り　1.3299（買い気配値）
12月限の買い　1.3304（売り気配値）
実現利益＝962.50ドル－5.00ドル（手数料）＝957.50ドル
含み益＝1.3304からの買い
利点　確実に執行される、速い、簡単
欠点　買い気配値と売り気配値の2倍分のスプレッドを支払わなければならない。2番目の注文を素早く入れないと、市場はあなたから逃げていく。お金がかかる

方法2──レッグインロール(正しく行えば、最も安く上がる)

　ユーロ9月限に成り行きでの売り注文を入れ、ユーロ12月限に買い注文を買い気配値で入れることを試みる。売り注文はすぐに執行される。買い注文は指値注文なので、運が良ければ望む価格で執行される。これは逆にもできる。つまり、売り注文を指値で入れ、執行されたら、すぐに成り行きで買い注文を入れる。スプレッドの大きい側では指値注文を使い、スプレッドが小さい側では成り行き注文を使うのがよいだろう。上の価格を使って計算すると、次のようになる。

　9月限の売り　　1.3299(買い気配値)
　12月限の買い　　1.3303(買い気配値)
　実現利益＝962.50ドル－5.00ドル(手数料)＝957.50ドル
　含み益＝1.3303からの買い
　利点　　方法1よりも12月限は1ティック良い価格で執行されることで、12.50ドルの節約になる
　欠点　　複雑になる。12月限が執行されるためには市場を追いかける必要があるかもしれない。指値注文で貪欲になりすぎることで1ティック以上損をすることがある

方法3──取引所によってサポートされているスプレッドロール(かかるコストは方法1と方法2の間)

　取引所はサヤ取り業者を助ける偉大なツールを持っている──クオートを熱心に提供してくれ、スプレッドオーダー(ロールオーバー)を執行するためのトレード可能なシグナルを提供してくれる。このケースの場合、あなたは個々のレッグではなくて、スプレッドを買うか

売るかしようとしている。どちらのレッグも同時に執行される。上の価格を使って計算すると、次のようになる。

スプレッドを4.5（売り気配値）で買う。ただし、これは実際の執行価格ではない。実際の執行価格は取引明細書に提示されるが、あまり重要ではない。したがって、一定の価格を想定して、スプレッドの執行価格が正しくなるようにする。

9月限の売り　1.3329
12月限の買い　1.3329＋0.00045＝1.33035
実現利益＝962.50－5.00ドル（手数料）＝957.50ドル
含み益＝1.33035からの買い

利点　シンプル。1つのレッグのみが執行されることはない。かかるコストは方法1と方法2の間

欠点　ブローカーによってはサポートしていないところもある。例えば、トレードステーションの自動化トレード用のメーンプラットフォームではこれはできない。トレードステーション先物4.0プラットフォームでは手動でやればできるが、このプラットフォームはアルゴリズム戦略用に設計されたものではない。注文がこんがらがってしまい、スプレッドを売るところを買ってしまったりするので、注意が必要だ。スプレッドシンボルをトレードしているからといって、手数料を1回だけ支払えばよいというものではない。なかにはこう考える人もいるが、それは取引明細書をきちんと読んでいないからだ。ブローカーはスプレッドを買いと売りの執行に分け、それぞれを別々の注文として扱う。そして、手数料はそれぞれの注文に対して課される。この方法に関しては、手数料についてはフリーランチはないのだ。

上の例を見ると分かるように、３つの方法の間ではコストの差が12.50ドルある。方法１が最も高くつき、方法２はコストが最も安く、方法３のコストは方法１と方法２の間だ。必ずしもこうなるわけではないが、おおよそはこうなる。

　ここで紹介していない方法がもう１つある。それはスプレッドの両側で指値注文を使う方法だ。抜け目のない読者はロールオーバーの各サイドでスプレッドを節約できるこの方法をすでに思いついたことだろう。この方法をここで紹介しなかったのには訳がある。それはこの方法は「恐ろしい」からである。理論的には買い気配値と売り気配値の２倍分のスプレッドの節約になるが、実際には１つのスプレッドは執行され、価格は２番目の指値注文からは遠ざかることが多い。つまり、ロールオーバーの半分だけ執行される（別の言葉では、フラット）ということである。このように、この方法はうまくいかないことのほうが多いのである。結局、スプレッドコストで数ドル節約できても、それ以上のコストがかかることになる。したがって、私がお勧めするのは上記の３つの方法である。ロールオーバーはさっさと終えて、次のトレードに進もう。

　ロールオーバーのやり方について説明してきたが、私はできるだけ取引所によってサポートされているスプレッドロールを使うことにしている。これは手動で発注できるシステムで可能だ。完全自動化システムでは、コストは高くなるが方法１を使う。方法２を使っているとき、注文で市場を追いかけてしまうことがある。さらに悪いことに、ロールオーバーのことを忘れてしまうこともあり、ロールオーバーするまでイクスポージャーは２倍になる。

第6部
ライブ戦略のモニタリング

Monitoring A Live Strategy

第23章

ライブ戦略のモニタリングの詳細

The Ins and Outs of Monitoring a Live Strategy

　工場では機械が部品を作っているとき、その稼動は入念に監視され、部品の寸法は厳密にチェックされる。これは部品製造プロセスがスムーズに進み、問題が起こったら早めに警告シグナルを出すためである。ライブトレードシステムを評価するときにも同じことが言える。私はトレードしたりインキュベートしている戦略をモニタリングするのにいろいろなツールを使う。

　まず最初に使うチャートは、私が「バードアイビュー（俯瞰）」チャートと呼んでいるチャートだ（**図23.1**）。これを一目見ただけで戦略のヒストリカルなパフォーマンスとリアルタイムのパフォーマンスが分かる。一貫性を保つため、すべてのデータで同じデータソースを使う。私の場合、トレードステーションの「トレードリスト（Trade List）」を使う。どのトレードプラットフォームでも似たようなデータを取得することが可能だ。ただし、これは「実際のリアルマネーデータではない」。これについてはのちほど説明する。

　このチャートは、リアルタイムパフォーマンス（曲線の右側の部分）の全体的な有効性を判断するのが目的だ。リアルタイムデータがヒストリカルテストやインキュベーション期間のデータと一致しているかどうかを見るわけである。一致していない場合、何か欠陥があることになる。例えば、市場状態が変わったために戦略が正常に機能しなく

図23.1　資産のバードアイビューチャート

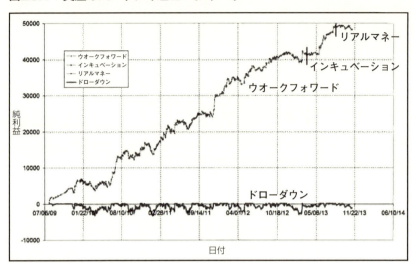

なったのかもしれないし、指値注文の執行に関する前提が現実的ではないのかもしれない。特にスキャルピングタイプの戦略がそうである。ただし、これをチェックするにはリアルマネーの結果が必要になる。前提が悪かったり、それまでの戦略開発テクニックが悪くても、ヒストリカルテストやインキュベーションテストでは現れないこともあるが、リアルマネートレードでは確実に表れる。

　私はこのチャートを数週間ごとに更新して見直すことにしている。こうすることで、戦略が期待どおりの動きをしているかどうか全体的な感触をつかむことができる。期待どおりの動きをしているときは、次のチャートに進む。

　図23.1に示したような資産曲線の作成方法が分からない人のために、作成方法を示しておこう。

資産曲線の作成方法（ドローダウン曲線の作り方も示しておく）

トレードを始めてかれこれ20年以上たつが、時としてある作業は機械的になり、ひところそれを懸命に学んだことを忘れてしまう。資産曲線やドローダウン曲線がそうである。これは私にとっては簡単だが、経験のない人にとっては手ごわく感じるかもしれない。そこで、資産曲線とドローダウン曲線の作成方法を見ていくことにしよう。

資産曲線

資産曲線は手仕舞いしたトレードベースで作成することもできるし、好みの期間で作成することもできる。日中の価格変動からのノイズを避けられるということもあって、私は日々の資産チャートを使うことにしている。現在の資産残高は日々の取引明細書で確認することができる。

日々のデータを使って資産曲線を作成する方法は以下のとおりである。

０日目の資産＝当初資産
１日目の資産＝０日目の資産＋１日目の資産の変動
２日目の資産＝１日目の資産＋２日目の資産の変動
……

Ｘ日目の資産額をプロットすれば資産曲線の出来上がりだ。

ドローダウン曲線

　ドローダウン曲線は、任意の日における、その日の資産額とそのときまでの最大資産額との差をプロットしたものである。例えば、0日目の当初資産が1万ドルだったとしよう。1日目に資産は高値を更新して1万500ドルになる。1日目で高値を更新したので、1日目のドローダウンは0だ。2日目で資産が9700ドルに減少したとすると、2日目のドローダウンは、1万500ドル－9700ドル＝800ドルになる。これを残りの日のすべてについて計算する。資産が高値を更新した日はドローダウンは0で、そのほかの日のドローダウンは、その日の資産額とそのときまでの最大資産額との差になる。

　X日目のドローダウン＝0、または「X日目の資産額－0日目からX日目までの最大資産額のうち最大のもの」

　資産曲線とドローダウン曲線を作成するためのスプレッドシートは本書のウェブサイト（http://as.wiley.com/WileyCDA/Section/id-822115.html　詳細は「本書のウェブサイトについて」を参照）と資料ウェブサイトから入手可能だ。

月々のサマリーチャート

　航空宇宙業界（私は「現実の世界」と呼ぶこともある）で働いていたとき、私の働く小さな会社（年間売り上げは2億5000万ドル）では毎週、「今の調子はどんな具合か」会議と呼ばれる販売・生産会議を開いていた。これは会社の経営陣にとって、各月や各四半期ごとの売り上げや、どんな品質・生産問題が起こっているのか、そして会社の今の状態をいち早く知るのに非常に効果的な方法だった。

図23.2　月々のサマリーレポート

		期待年次リターン	実際の年次リターン	資本金	期待年次利益	実際の年次利益	リターン効率	最大ドローダウン	その月の実際のドローダウン	ドローダウン効率	期待リターン・ドローダウン・レシオ
59	システム1	64%	125%	$12,500	$7,956	$15,625	214%	-4,812	-4,538	6%	1.7
60	システム3	40%	70%	$150,000	$59,976	$105,576	198%	-15,000	0	100%	4.0
32	システム4	88%	74%	$25,000	$21,996	$18,472	146%	-20,205	-11,330	44%	1.1
3	システム6	253%	121%	$15,000	$37,932	$18,130	88%	-30,143	-13,691	55%	1.3
64	システム5	144%	108%	$8,500	$12,268	$9,211	83%	-1,700	-1,028	40%	7.2
35	システム2	63%	23%	$12,500	$7,884	$2,826	45%	-14,205	-4,159	71%	0.6
※1	実際のトレード	86%	76%	$223,500	$148,012	$169,840	115%	($88,065)	($34,746)	60%	

※1　サブトータル

　数年早送りしよう。私は今フルタイムで1人でトレードしているが、自分の戦略や自分のトレードの「今の調子」を一目で把握したいという気持ちは会社で働いていた当時と変わらない。取引明細書や資産曲線を見れば全体像は把握できるが、私にとってはこれでは十分ではない。どの戦略がうまくいっているのか。どの戦略がうまくいっていないのか。インキュベートしている戦略はどんな調子なのか。今トレードしているものを変更すべきなのか。これらの質問に答えてくれるのが、「今の調子はどんな具合か」リポート、つまり月々のサマリーリポートである。

　私はこのリポートを作成するためのスプレッドシートを作成した。このリポートを見れば、私の戦略のパフォーマンスは一目で分かり、必要に応じて絞り込んで調べることもできる。

　最初にあるのが**図23.2**に示したサマリーページだ。このページには今トレードしているすべての戦略が記入されている。また、別の欄には今インキュベートしている戦略も記入されている。このサマリーシートには私が関心があるすべてのデータが表示される（あなたは私とは違う統計量を選ぶこともあるだろうが、それでももちろん構わない）。このサマリーシートにあるデータは、このあと述べる個別シートから取得したものだ。

　簡単にするため、すべての統計量は1枚でトレードしているとしたうえでの数字である。もちろん私は通常、複数枚でトレードしている

が、なぜ1枚を想定しているかというと、このシートの目的は戦略のパフォーマンスが私の期待（計算）と比べてどう違うかを見るためだからである。ポジションサイジングを含めれば分かりにくくなるので、ポジションサイジングは含んでいない。

このシートの数字のなかで、特に興味があるのが次の2つである。

1．リターン効率

リターン効率とは、期待パフォーマンスに対する実際のパフォーマンスを示すもので、実際のリターンを期待リターンで割って算出する。戦略が計算どおりのパフォーマンスを示せば、リターン効率は100％だ。この数字は100％に近いか上回るのが望ましい。私の場合、すべての戦略を合わせると、リターン効率は70〜100％になることが多い。したがって、ヒストリカルテストの結果が1年に10ドルの儲けであれば、実際には7〜10ドルの儲けということになる。

2．ドローダウン効率

これは期待ドローダウンに対する実際のドローダウンを示すもので、リターン効率と同じく、実際のドローダウンを期待ドローダウンで割って算出し、100％を理想値とするために得られた数値を1から差し引く。これは少しあべこべのように感じるかもしれないが、こうすることでどちらの効率も100％が理想値になる。効率は0に近づくほど悪い。

月に1回、パフォーマンスデータを含む各システムシートを更新すると、サマリーシートは自動的に更新される。

毎月のサマリーシートを見ると、すべての戦略の今のパフォーマンスが分かる。サマリーシートは各システムシートからのデータを集約したものだ。今トレードしている戦略やインキュベートしている戦略

図23.3 各システムの月々のチャート

名前	Euro D&N			
戦略名	2 strats			
作業領域名 subscribers at	2013-02 EDandN			
リアルマネートレード	TradeStation			
開始日	8/20/2013			
各月の期待利益	$1,022			
日中最大ドローダウン	($1,700)			
資本金	$8,500			
ウォークフォワードタイプ	StratOpt WFP			
データソース	TS reports, acct stmt			

月	期待累積損益	実際の損益	実際の累積損益	
12/12	$0	$0	$0	
01/13	$1,022	($1,028)	($1,028)	1
02/13	$2,045	$1,359	$331	2
03/13	$3,067	($500)	($169)	3
04/13	$4,089	$418	$249	4
05/13	$5,112	$2,031	$2,280	5
06/13	$6,134	$3,021	$5,301	6
07/13	$7,156	$755	$6,056	7
08/13	$8,179	$1,503	$7,559	8
09/13	$9,201	$118	$7,676	9
10/13	$10,223	($745)	$6,932	10
11/13	$11,246			11
12/13	$12,268			12

期待年次リターン	144%	
実際の年次リターン	98%	
期待の年次利益	$12,268	
実際の年次利益	$8,318	
リターン効率	68%	
最大ドローダウン	-$1,700	
その月の実際のドローダウン	-$1,028	
ドローダウン効率	40%	
最小年次リターン（1年＋2年）	$7,562	
注		

は、スプレッドシート1枚分にまとめられる。**図23.3**は各戦略のサマリーシートを示したものだ。これは非常にシンプルだが、非常に効果的だ。私の期待（これはもちろんヒストリカルパフォーマンスが基になる）に対する各戦略のパフォーマンスが一目で分かる。トラッキングする戦略が30～50ある場合は、こうしたクイックサマリーは非常に役立つ。

　クイックサマリーにはトレードしている戦略の必要な情報がすべて含まれている。クイックサマリーを見ればパフォーマンスを一目で把握することができる。気になる項目があれば、掘り下げて調べる。

　毎月更新しなければならない数字は、「実際の損益」欄の数字だけである。これはその戦略のその月の実際の損益を示している。これは、枚数を修正したあとの取引明細書から取得するか、戦略パフォーマンスリポートから取得できる。通常、私は戦略パフォーマンスリポートから取得する。期待する数字はウオークフォワード・ヒストリカルテストから取得する。

　最大ドローダウンは戦略リポートから取得する。スプレッドシートが算出するドローダウンは月次ベースだが、この最大ドローダウンは日中最大ドローダウンであることに注意しよう。これはまったく正しい数値というわけではない。理想的には同じ期間の長さのドローダウンを比較することだが、私の目的においてはこれで十分だ。

　各戦略の月々のパフォーマンスチャートは、パフォーマンスが良すぎる戦略を見つけるときに非常に役立つ。良すぎるって？　そう、良すぎるパフォーマンスは悪いこともあるのだ。

　この例を示したものが**図23.4**である。この戦略はしばらく前にインキュベーションを始めたのだが、しばらくするとパフォーマンスは飛躍的に上昇した。

　これは「信じられないくらい良い」ケースだった。ヒストリカルパフォーマンスを大幅に上回っている。そのため、インキュベーション

図23.4　驚くほど良いインキュベーションパフォーマンス

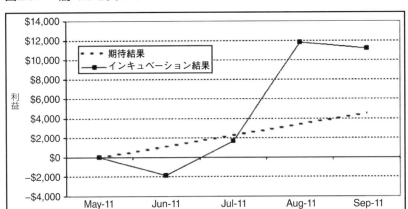

図23.5　ほとんどの戦略は平均に近づく

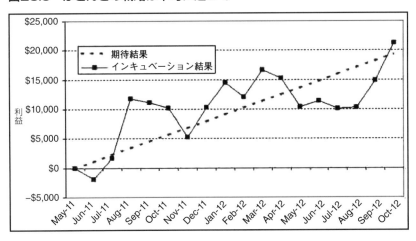

を続けることにした。次の数カ月を示したものが**図23.5**である。

　図23.5を見ると、インキュベーションの結果はヒストリカルな結果にだいぶ近づいてきたことが分かる。しかし、月次パフォーマンスの標準偏差はひどいものだ（パフォーマンスが下落したときの月を見てもらいたい）。掘り下げて調べてみたところ、このシステムは正常に機能していないことが分かった。それでインキュベーションをさらに続

図23.6　さらにインキュベーションを続ける

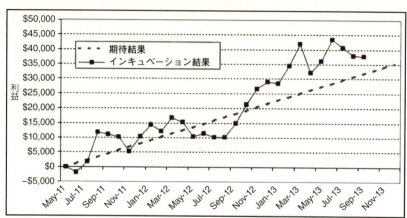

けた。その結果を示したものが**図23.6**である。

　これは、①パフォーマンスが良すぎると悪いこともある、②結果の標準偏差（目で見ただけで変動が非常に大きいことが分かる）は物事がうまくいっていないことを示す早期の警告になる、③月々のパフォーマンスリポートはこれらの情報を分かりやすい形で示してくれる――良い例である。この話の後日談――この戦略はいまだにインキュベーションを続けているが、リアルマネートレードはまだしていない。

　これまで戦略のパフォーマンスをトラッキングするいくつかの方法について議論してきた。これらのツールはシステムの長期的パフォーマンス（数カ月～数年のパフォーマンス）――つまり、戦略が期待どおりのパフォーマンスを上げているかどうか――を評価するうえで極めて有用だ。このように「10キロ先から見る」ことも重要だが、毎週、あるいは毎日見ることも重要だ。これによって新しい戦略が期待どおりのパフォーマンスを上げているかどうかを知ることができる。一方、短期的パフォーマンスを見るには、シンプルな方法から複雑な方法までいくつかの方法がある。まず、シンプルな方法を見てみよう。

　そのために必要なデータは、平均トレードまたは日々の平均結果だ

図23.7　日々のパフォーマンス

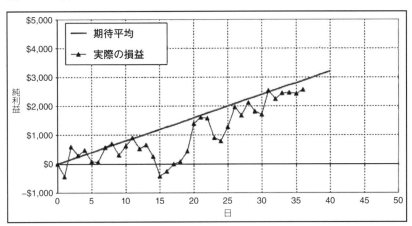

けである。この値の標準偏差が分かれば、もっといろいろなことができる。

やるべきことは、「n×avg」に沿ってグラフをプロットするだけである。ただし、nは1日のトレード数で、avgは平均損益である。これをプロットすれば**図23.7**のようなグラフが得られる。

平均ラインを上回れば、あなたの戦略は思った以上のパフォーマンスを上げていることになり、平均ラインを下回ればパフォーマンスはあまり良くないことになる。

このグラフは時間がたつにつれて役に立つようになる。30日以上の期間にわたって平均に近ければ、その戦略は正しく動いていることになる。これがこのグラフの使い方だ。そして、一目見ただけでその戦略のおおよその状態がつかめる。これは以前に示した月々のトラッキングチャートに似ている。このグラフは便利だが、情報はあまり含まれていない。特にライブ戦略の初期情報は含まれていない。さらに便利にするために、±X標準偏差の2本の曲線を加えてみよう。

　　上の曲線 ── n × avg + sqrt(n) × (std dev) × X

平均直線 —— n × avg
下の曲線 —— n × avg − sqrt(n) × (std dev) × X

ただし、
n＝トレード数
avg＝1トレード当たりの平均損益
sgrt＝正方根
std dev＝平均トレードの標準偏差
X＝標準偏差乗数

図23.8から分かることは、68％（X＝1のとき）または95％（X＝2のとき）の時間帯で、あなたの資産曲線は上と下のバンドの間にあるということである。パフォーマンスの良い戦略の多くは資産曲線が標準偏差バンドの間にある。資産曲線がこれらのバンドの外側に来ると、あなたの戦略はどこかおかしいということになる。

図23.8はX＝2のときのサンプル戦略を示したものだ。注目すべき点は、下の曲線（−2標準偏差ライン）である。このラインは負から始まり、負のままである。これはどういうことなのだろうか。つまり、期待値が正の勝てるシステムでも結果がしばらくは負のことがあるということである。勝てるシステムでも、トレード結果の順序によっては負けるシステムになることがあるのである。

もちろん時間がたてば、期待値は正になり、下の曲線は最終的には正になる。5回トレードして利益が出なければ戦略をすぐに「いじってしまう」トレーダーにとっては考えさせられることが多い。彼はおそらくは勝てるシステムを変更してしまったのだろう。下の曲線は、勝てるシステムでも利益を出すまでには時間がかかることを示しているのである。

このことをよく言い表した言葉がある。これはジョー・ペータ著の

図23.8　パフォーマンスバンドを加えた日々のパフォーマンス

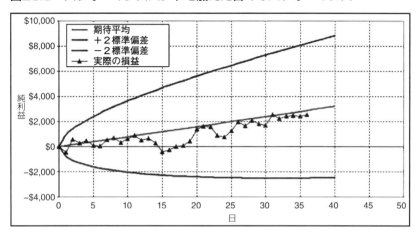

『トレーディング・ベイシズ（Trading Bases）』という本からの言葉だ。

例えば、ルーレット盤の所有権のように、正の期待値を持つベンチャーに投資する機会があったとしたら、あなたはそれを1時間所有したいと思うだろうか、それとも9時間半所有したいと思うだろうか。1時間ではおかしなことが起こる。エッジを持ったハウスでも1時間では利益は保証されないのである。ところが、9時間半たつうちに、ゲームに内在する自然変動がなくなり、損をする確率は小さくなり、時間がたつにつれて限りなくゼロに近づくのである。

　感の鋭い人は、**図23.8**のグラフは標準偏差を使っているので、トレード結果は正規分布に従うことを想定していることに気づくはずだ。実際には、ほとんどシステムは標準偏差には従わず、損切りが置かれた負の領域にスパイクが発生し、利益サイドのテールが長いか、目標値が置かれた正の領域にスパイクが発生するのが普通だ。実際のシステ

図23.9　典型的な実際のシステムのヒストグラム

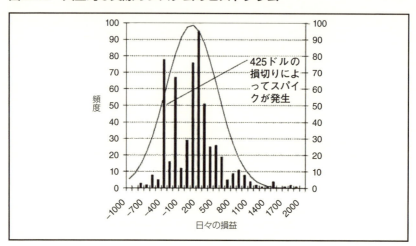

ムのヒストグラムと正規分布に従うシステムの例を示したものが**図23.9**である。実際のトレードの特徴にもよるが、正規分布を想定するのはあまり良い考えとは言えない。

　この問題を軽減するために、繰り返し行ったモンテカルロの結果をパーセンタイルで表すという方法を使うことができる。この方法を使えば、システムの期待範囲がより正確に把握できるはずだ。

　実際のトレードデータに適用する前に、簡単な例を見てみよう。1日の平均利益が100ドルで、標準偏差が±50ドルのシステムを考えてみよう。2標準偏差では、値のおよそ95％が上と下の曲線の間に入る（上限が97.7パーセンタイルで、下限が2.3パーセンタイル）。次に、トレードごとにモンテカルロ分析を行う。各トレード日の値は2.3パーセンタイルと97.7パーセンタイルの値を選ぶ。これらの値は正規分布ではなくて実際のデータを使っているので、実際のシステムをより正確に表している。欠点は、曲線がスムーズではなく、シミュレーションを繰り返すたびに変化する可能性があることだ。これはモンテカルロ分析

図23.10　140日間の日々のパフォーマンス

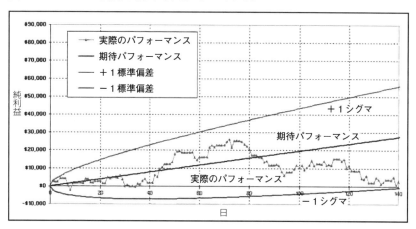

を使ううえでのペナルティーだ。

　ユーロのトレードシステムで毎日モンテカルロ分析を行うと、曲線はどうなるだろうか。標準偏差とモンテカルロラインはかなり一致するが、完璧には一致しない。トラッキング目的ではおそらくはどちらでもよいだろう。私は個人的にはモンテカルロバージョンのほうが好きだ。なぜなら、モンテカルロ分析では基になるデータに仮説を設けないからである。

このグラフの使い方

　日々のトラッキンググラフはトレードを中止する時期を決めるのに使うことができる。例えば、あなたの戦略のリアルタイムパフォーマンスが下の10％ラインを下回ったら、あなたのシステムはもはや機能していないということになる。あなたの戦略がこれよりも良いパフォーマンスを上げる確率は90％あった。現実の世界のシステムの例を見てみよう。

図23.11　200日間の日々のパフォーマンス

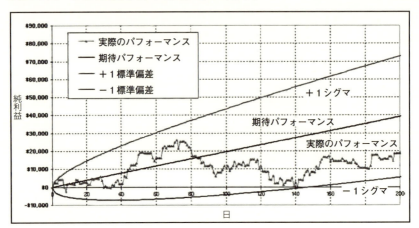

図23.10は私が実際のお金を使ってトレードした現実の世界のシステムのサンプルケースを示したものだ。

●曲線1　140日までのシステムのパフォーマンス（図23.10）。かろうじてプラスで、－1シグマラインに近い。これが意味するものは、その時点では、ヒストリカルバックテストトレードに基づけば、ランダムに生成された資産曲線のわずか16％がこれよりも悪いということになる。ほとんどの人はこの時点でトレードを中止しただろうことは明らかだ。でも私はトレードを中止しなかった。なぜなら、パフォーマンスは悪くても、システムは基本的には壊れていない可能性があったからだ。

●曲線2　200日までのパフォーマンス（図23.11）。私はシステムを稼働し続けた。今、システムは期待値に近づきつつある。

前にも述べたように、私はモンテカルロシミュレーションを使って、戦略が期待値どおりのパフォーマンスを上げているかどうかを調べる。

モンテカルロシミュレーションでは「境界条件」（例えば、一定のパーセンテージのドローダウンが発生したり、口座が破産したらトレードを中止するなど）を含むことができる点以外は、結果は平均と標準偏差を使ったときと同じである。

期待パフォーマンスと実際のパフォーマンスのトラッキング

　本章で示したすべての例では、バックテストソフト（私の場合、トレードステーション）によって生成されたパフォーマンスの数字を使った。これらの数字は次の項目について一定の仮定が設けられた数字である。

●1トレード当たりのスリッページ
●1トレード当たりの手数料
●指値注文の執行ロジック
●「パーフェクト」トレードと現実の世界でのトレード

　あなたのトレードシステムとバックテストソフトに入力した値にもよるが、あなたのシステムが現実の世界でどんなパフォーマンスを上げるかについては、現実的な見方をする場合もあれば、現実的な見方をしない場合もあるだろう。あなたはこれをすでに経験しているはずだ。資産曲線が素晴らしく良いと思ったら、作成者がパフォーマンスデータに手数料とスリッページを含めていなかったとか、eミニS&Pの無敵のスキャルピングシステムを発見したが、よくよく調べてみると、あなたのバックテストエンジンは、価格が指値をした価格を超えたときではなくて、価格が指値をした価格に達したときに指値注文が執行されることを想定していたなんてことがあったはずだ（これはよ

くある過ち。特にトレードシミュレーターではよくある）。あるいは、インターネットの接続不能やデータ遅延といった機械に悪さをする小さな妖精が出現したこともあったはずだ。つまり、あなたが期待するパフォーマンスとあなたが実際に得られるパフォーマンスは違うということである。

　トレードをビジネスとしてやっているのなら、実際のパフォーマンスをトラッキングして、それを予想パフォーマンスと比較することは不可欠だ。結局、実際のパフォーマンスが期待パフォーマンスを下回る場合、何かから、あるいはだれかから盗みを働かれたも同然ではないだろうか。私はそんなふうに感じる。私は予想パフォーマンス以上のパフォーマンスを上げることを期待する。もしそうでない場合、理由を探して間違いを正す。

　私は実際のパフォーマンスは日々のトラッキンググラフでトラッキングする。また、実際のパフォーマンスと予想パフォーマンスを比較した表も作成する。ほとんどの場合、実際のパフォーマンスは予想パフォーマンスよりも若干良い。これは非常に良いことだ。なぜなら、これは手数料やスリッページなどの想定が若干保守的であったことを示すからである。スリッページを少なく見積もってあとあと落胆するよりも、多めに見積もって、実際のパフォーマンスに驚くほうがうれしいではないか。

第24章

リアルタイムトレード

Real Time

　新しい戦略をリアルタイムでトレードするときは、パフォーマンスを継続的に見直して、物事が期待どおりなのか、あるいは良いのか悪いのかをチェックする。本章では、2013年8月の終わりにリアルタイムでトレードを始めたユーロデイ・ユーロナイト戦略について、最初の4カ月間、1週間から数週間おきにリアルタイムで見直していった様子を紹介する。また、その途中で起こった興味深いイベントについても見ていく。

4週間後の見直し ── 最終日は2013年9月13日

　ユーロデイ・ユーロナイト戦略のリアルマネートレードの第4週目が今、終了した。リアルタイムトレードを始めて最初の数カ月間は、**図24.1**に示したように1週間から数週間ごとに、システムの現在のパフォーマンスを見直し、基本的な疑問を問う。この情報はシステムのパフォーマンスが不安定になったときに非常に役立つ。以前起こったことが起こっているのかもしれないし、何かを見落としたのかもしれない。

　サマリー　このシステムをリアルタイムでトレードし始めてから4

図24.1　リアルタイムトレードを始めて４週間後の日々のパフォーマンス

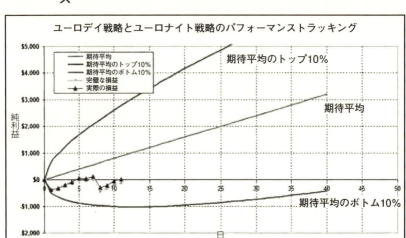

週間後、振り出しに戻る。つまり、ブレークイーブンになったということ。

この結果に驚いているか　まったく驚いていない。これは想定内。

これまでの結果にがっかりしているか　がっかりしている。新しい戦略を始めたとき、最初は儲けたいと思うから。

結果は予想どおりか　予想どおりだ。今の利益は期待した平均利益を下回り、下の10％ラインの少し上といったところ。今はアンダーパフォームしているが、心配はしていない。また、この４週間のうち、２週間は勝ちで、２週間は負けだった。時間がたてば、週のおよそ60％は利益が出ると思っている。したがって、パフォーマンスは予想どおり。

執行とライブトレードはトレードステーションの戦略リポートに一致しているか　一致している。ほとんどの場合、執行価格は私が予想した価格よりもよい。また、スリッページは予想を下回ることがほとんど。

このシステムのトレードを中止する理由があるか　ない。
ポジションサイジングプランを変更する理由はあるか、つまりリスクを減らしたり、増やしたりする理由はあるか　ない。

7週間後の見直し

このシステムをリアルタイムでトレードし始めて7週間がたった。今週のパフォーマンスは悪く、大きな損失を出した日が2～3日あった。累積資産は10％ラインの辺りをうろついている。これはシステムがヒストリカルテストと同じように機能していないという警告サインだ。状況が違っていれば、トレードの中止を考えたかもしれない。「今すぐに中止」しない理由は以下のとおりだ。

1．リアルタイムトレードデータはわずか18日分しかない。これはトレードの中止を決めるには短すぎる。
2．最も重要なのは、リアルタイムトレードを中止する判断基準を設けたとき、日々のパフォーマンスに対するパフォーマンスは考慮に入れなかったことだ（「いつトレードを中止すべきか」を分析するとき、これを考慮に入れるときもある）。この戦略では最大ドローダウンをトレードを中止する判断基準として使った。

改善の余地はあるものの、トレードは続けるつもりだ。
リアルタイムトレードを始めてから7週間後、システムは設計したとおりに動いているのだろうか。まず最初に、トレード数を見てみよう。ウオークフォワード履歴に対してトレード数が急に増えたり減ったりしているのは、市場の動きがヒストリカル市場と異なることを示しており、そのためトレード数が通常よりもはるかに多かったり、少なかったりしたと考えられる。この7週間でシステムがトレードした

日は18日間で、全取引日のおよそ53％である。このシステムのヒストリカルなトレード日は1年におよそ151日（1年の60％）だ。したがって、平均を下回る日数しかトレードしていないことになる。しかし、年によっては、130日（51％）しかトレードしなかったこともあるし、175日（70％）もトレードしたこともある。これらのことを考え合わせると、トレード数は下限ギリギリではあるが、ほぼ期待どおりと言えるだろう。ついでに言えば、ボラティリティは通常よりも低かったと感じた。わずか数ティックの違いで仕掛け損なった日は数えるほどしかなかった（FRB［連邦準備制度理事会］の発表によって大きく動いた9月18日はその好例）。FRBの発表前の数時間の間にボラティリティがもう少し上がっていれば、仕掛けて大きな勝ちトレードになっていただろう。

　次に、平均パフォーマンスと実際のパフォーマンスを見てみよう。システムの18回のトレードでは平均ヒストリカルパフォーマンスは1441ドルの利益だが、実際のパフォーマンスは－746ドルだ。これは「大きな」違いだ。このシステムは明らかに本来あるべき姿のパフォーマンスを示していないということになる。しかし、ここは注意しなければならない点だ。例えば、コイン投げを100回やったとしよう。60回表が出れば、そのコインは「損傷している」、つまり偏っている、と結論づけることができるだろうか。70回、80回、あるいは90回表が出るとどうだろう。100回続けて表が出たら、そのコインは偏っていると結論づけることができるだろうか。ノーである。偏りのないコインでも100回続けて表が出る確率は、ごくわずかだがあるのである。

　トレードシステムについても同じことが言える。「そのシステムは壊れているのか」と問うても、答えは必ずある程度の不確実性を含んでいる。その不確実性は時としてあなたの結論や決定に大きな影響を与える。統計学をまるで福音のように思っている人もいるが、ちょっと気になる話をしておこう。前の仕事をしているとき、私には私のため

に働いてくれる統計学者がいた。私は彼にある仕事を命じた。それは多くのデータ分析を必要とする仕事だった。加えて、ある種の結論も必要とした。仕事の内容をチェックした彼は、仕事を始める前だというのに、私に聞いてきた。「あなたはどんな結論が欲しいんですか。その結論がどんな結論であっても、私はあなたの結論を裏付けるようにデータを操作することができます」。私は心底驚いた。統計学はいとも簡単に操作することができるのだ。だから、統計学に基づいて結論を出してはならない。これは忘れてはならない教訓だ。

さて話を元に戻そう。実際のパフォーマンスは期待パフォーマンスの10パーセンタイルだ。50パーセンタイルが平均だとすると、10パーセンタイルは非常に悪い。しかし、これは可能な結果の範囲内だ。もし実際のパフォーマンスが0パーセンタイルを下回り、システムが最初の18日間で8000ドルの損失を出したとしたら、そのシステムは期待どおりの動きをしていないと結論づけることができるだろう。しかし、不確実性の存在するところでは、話はそう簡単ではない。

現在のトレードがヒストリカルな分布内に収まるかどうかを調べるための統計学的検定もあるが、こういった高度な分析も確実とは言えない。必ず灰色の領域が存在する。灰色の領域はどうかじ取りすればよいのだろうか。私はまず最初に、トレードを中止する時点を決めるパラメーターを決める。パーセンタイルを使えば、トレード中止のルールは次のようになる。「X日後のパフォーマンスがYパーセンタイルを下回っている場合は、トレードを中止する」。XとYの値は私の好みによって自由に決めることができる。最初に作成したルールに従っているかぎり、うまくいく。このシステムの場合、ドローダウンが5000ドルになったらトレードを中止すると事前に決めてあった。したがって、トレードの中止を決めるのにトラッキンググラフのデータを使うことはない。とは言っても、時には使うこともあるが。

まとめると、以下のとおり。

システムは期待したとおりのパフォーマンスを上げているか いいえ。程遠い。期待よりはるかに悪い。

システムは「壊れている」か 壊れているともいないとも言えない。これは「壊れている」をどう定義するかによる。システムが壊れているともいないとも、今ははっきりとは言えない。

トレードを中止するつもりか いいえ。私がトレードを中止するのは、1枚のドローダウンが5000ドルになったときである。これは事前に決めてあった。これはよくよく考えて決めた数値であり、無視することはできない。私はプランに従うつもりだ。しかし、プランに従うということは、船と一緒に沈む船長と同じようなものとも言える。

8週間後の見直し

このシステムをリアルマネーでトレードし始めて8週間が経過した。

まとめ まずは全体像を見てみよう。グラフを一目見ただけで、計画どおりに進んでいるかどうか分かるため、私は定期的に見ることにしている。**図24.2**を見ると、いくつかのことが明らかになる。

1. システムの全履歴（ウオークフォワード、インキュベーション、リアルタイム）にわたって、パフォーマンスはあまり変わっていない。ウオークフォワードの開始時点とインキュベーションの開始時点とを結ぶラインと、インキュベーションの開始時点と現在を結ぶラインを引くと、これら2つのラインの傾きはほぼ同じである。このシステムは次に述べるポイント2のように動作していることは確実だ。
2. **図24.3**を見ると、リアルタイムトレード（▲の付いた濃い線）は

図24.2　8週間後の資産曲線の全体像

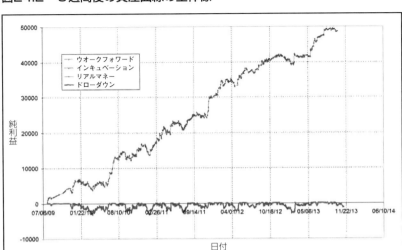

図24.3　このシステムをリアルタイムでトレードし始めてから8週間後の日々のパフォーマンス

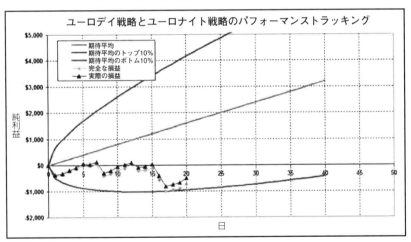

合格水準にまったく達していない。過去2カ月のパフォーマンスは下落している。このシステムは大失敗というわけではないが、がっかりしたことは確かだ。

このシステムをリアルタイムでトレードして8週間後、パフォーマンスは開始時からおよそ5％下落した。

この結果に驚いているか　想定内なのでまったく驚いていない。

これまでの結果にがっかりしているか　がっかりしている。8週間後には若干の利益が出ていることを期待していた。過去8週間のパフォーマンスは長期的平均を下回っているので、がっかりだ。

結果は予想どおりか　予想どおりだ。今の利益は期待した平均を下回り、下の10％ラインに近い。今はアンダーパフォームしている。もし資産が下の10％ラインを下回ったら不安になるだろう。この8週間のうち、4週は勝ちで、4週は負けだった。長期的には週のおよそ60％が勝ち週になることを期待している。そういう意味では、今のパフォーマンスは若干期待外れだ。さらに、非常に悪い週が1週あった。

執行とライブトレードはトレードステーションの戦略リポートに一致しているか　一致している。ほとんどの場合、執行価格は私が予想した価格よりも良かった。また、スリッページも予想を下回ることがほとんどだった。

このシステムのトレードを中止する理由があるか　ない。

ポジションサイジングプランを変更する理由はあるか、つまりリスクを減らしたり、増やしたりする理由はあるか　ない。

　8週間経過したが、このままプランに沿ってトレードを続けるつもりだ。しかし、先行きには不安がある。日の光が欲しい。

9週間後 ── 自動化トレードの問題点

　「自動化トレードは無人トレードではない」という言葉は聞いたこと

があると思う。また、自動化を始める前にブローカーが示す免責条項も読んだことがあると思う。例えば、トレードステーションの場合、口座を開くときには山ほどの免責条項に署名しなければならない。さらに、戦略を自動化するときにはあと2つの免責条項を受諾しなければならない。最初の免責事項は397文字で、2番目の免責事項は593文字と長大だ。たかがトレードを自動化するだけで、難解な法律用語がぎっしりつまったこれらの免責事項を読まなければならない。

しかし、これには理由がある。リスクを覚悟のうえなら、これらの免責事項は無視しても構わない。実は、リアルタイムトレードを始めて9週間後にこれが起こった。詳しく見てみよう。

私のユーロデイ・ユーロナイト戦略では指値注文を使う。指値注文は現在の足でのみ有効だ。その足が形成され、次の足ができ始めたら、未執行注文はすべてソフトによってキャンセルされる。戦略のロジックによっては、別の指値注文が今の足に入れられることもある。

それで、9週間目の月曜日の夜、ユーロナイト戦略は市場より安い価格に買いの指値注文を入れた。この注文はその足のなかでは執行されなかったので、本来ならばキャンセルされるはずだった。ところが、どういうわけだかキャンセルされなかったのだ。こんなことはそれまではなかった。私の経験からすれば、ソフトが注文を自動的にキャンセルする成功率は99％を優に超える。これは素晴らしい数字だが、エラーというものは必ず起こるものである。例えば、航空業界を考えてみよう。商用フライト数は1日におよそ2万8000だ。99.99％が無事に離着陸したとしても、1日に2～3の飛行機は墜落することになる。99％を超える確率で無事に離着陸したとしても、1日に2～3の飛行機が墜落するのでは、こんな数字は無意味でしかない。つまり、100％の確率でなければ必ずリスクがあるということである。

注文は火曜日の朝5時まで取引所に保存されたあと執行された。このポジションが損失を出していることに気づいたのは水曜日の朝だっ

た。マーフィーの法則が示すとおり、私が気づいたのはポジションが利益を出しているときではなくて、損失を出したあとだった。そして、追い打ちをかけるように、ポジションを手仕舞う前、問題を調査しているときに、再び125ドルほど下落した。このポジションは間違いだったことに気づき、手仕舞った。550ドルの損失だった。

だれを責めればよいのだろうか。ソフトは注文をキャンセルすべきだったのにしなかったので、やるべき仕事をしなかった。しかし、だれも、何も、責めることはできない。責められるべきは間違いを犯した自分自身だ。繰り返すが、責められるべきは私である。管理しているのは私なのだから。これは時折あるが、物事がうまくいかなくなったら、それに気づき、それを解決しなければならないのは私である。この失敗の全責任は私にある。こういったことを二度と繰り返さないために、いくつかステップを加えた。

1. 取引明細書は毎日チェックする。もし最初の朝にチェックしていれば、550ドルの損失ではなくて、300ドルの利益を得て手仕舞いできていただろう。
2. プラットフォームを数時間おきにチェックして、キャンセルされていない注文がないかどうか確認する。
3. ポジションのチェック方法を改善する。私は通常ポジションは数時間おきにチェックするが、どういうわけだか、この注文は私のチェックの目をすり抜けた。
4. 執行された注文がチャートにきちんと表示されているかどうかをチェックする。執行された注文は大概はチャートに表示されるのだが、どういうわけだか、この注文は表示されなかった。

致命的な損失ではなかったものの、憤慨するに十分な損失だった。パーセンテージでいえば、損失は口座の7％に当たる。これはひどい。最

終的にこの戦略では、枚数は10枚にまで増やしたい。そのときにはもっと大金がからんでくるだろう。

　私がそのトレードが悪いトレードであることに気づいたのは、仕掛けてからおよそ30時間後のことだった。そして、最悪のときに手仕舞い、550ドルの損失を出した。これよりもおよそ１時間後に手仕舞っていれば、損失は100ドルは少なくできたはずだ。これは私にだけ起こることなのだろうか。それとも、似たようなことはあなたにも起こるのだろうか。事がよく分かっていなければ、だれかが価格をコントロールして、私のポジションを監視し、私の損失を最大化するようなことを意図的にやっていたのだと私は言うだろう。人々がなぜこのように感じるのかは手に取るように分かる。市場が自分に個人攻撃を仕掛けている。人は時としてこう感じるものだ。

　時として襲うこの妄想にも似た感情について、私はいろいろ考えた。なぜこういうことが起こるのか私は知っている。私は自分に起こる良いこと（自分に有利に働く間違い、仕掛けた直後に良いニュースが発表されるなど）を、本当に気づいていないのか、あるいは深く考えようとしないのかは別にして、割り引いて考える傾向がある。急に利益が出てもそれは単なる例外で、資産曲線においてはささいなことでしかない。これは良いことなのだが、すぐに忘れてしまう。しかし、過ちによって発生した損失のことはよく覚えていて、記憶から消えることはない。もちろん、「損をしたことから得られる教訓」は覚えておいたほうがよいだろう。今日の自動化問題はその好例だ。しかし、過ちによって発生した損失は、過ちによって発生した利益と同じようにすぐに忘れたほうがよい。

　昨年、私はこの心理現象について調査してみた。利益につながった過ちと損失につながった過ちをすべて足し合わせてみたところ、正味の影響は、お金に換算するとほぼゼロだったが、心理面ではブレークイーブンにはならなかった。こうした感情（「市場が自分に個人攻撃を

仕掛けている」)は20年以上もトレードをしていると消えてしまうと考える人が多いが、私の場合、消えることはなかったし、これからも永遠に消えることはないだろう。

　9週目は勝ち週になるはずだったのに、前に述べたように、仕掛け時のソフトの誤作動によって負けになった。これによって550ドルの損失を被った。再びこんなことが起きないように私はすぐに措置を講じた。少なくとも今のところは心配は解消された。今、実際のパフォーマンスは完璧な戦略パフォーマンスをアンダーパフォームしているが、これは9週目に起こった問題が原因だと思っている。

　この問題を集約すると次のようになる——コンピューターに発注や注文のキャンセルや注文の変更を任せっきりにしていると、だれかが常に監視していないかぎり、間違いが起こるおそれは常にある。問題は、自動化が絶対に大丈夫だと言えるためには、限りある私の資源（私自身）をどれくらい費やせばよいのか、である。普通にやっていたのではうまくいかない。事実、550ドルの損失を出したのだから。では、どれくらい監視していればこの問題は起こらなくなるのだろうか。さらに、この問題は事前に知ることはできない。何年にもわたって何千という自動化トレードを行ってきたが、こうした問題はこれまでに起こったことはなかった。

　この話はここまでにしよう。パフォーマンスは依然としてアンダーパフォームしており、ユーロデイ戦略システムでは2週間トレードが発生していない（これはボラティリティが低いためだと思う）。でもトレードは続けるつもりだ。

9週間後――指値注文の執行（2013年10月28日）

　良心的でないシステムベンダーは、指値注文は価格が注文価格に到達したらすぐに執行されます、とウソを言う。これがウソであること

は、彼らのトレードの価格チャートを見ればすぐに分かる。足の安値で買われたり、足の高値で売られていれば、彼らがウソをついていることは明らかだ。

もちろん、安値で買ったり高値で売ることは難しいのが現実だ。私の経験から言えば、市場と発注する時期にもよるが、安値で買い、高値で売ることができるのは5～20％くらいしかない。そのほかの80～90％の時間帯は、指値注文が執行されるためには市場があなたの注文価格を上抜くか下抜かなければならない。

これはバックテストで問題になることがある。あなたのバックテストエンジンが、指値注文は価格が注文価格に達したら執行されると想定している場合、結果は楽観的すぎるものになる。逆に、バックテストエンジンが、指値注文が執行されるためには価格が注文価格を上抜くか下抜かなければならないと想定している場合、結果は悲観的すぎるものになる。私は常に悲観的なアプローチを使う。したがって、実際の結果はバックテストより若干良い程度だ。

トレードを始めて9週目、ユーロデイ戦略は足の安値に買いの指値注文を入れた。これが執行されたのは、1枚でトレードしていたおかげでもある。10枚でトレードしていれば、その一部しか執行されなかった可能性は高い。面白かったのは、チャートをリフレッシュすると、戦略エンジンによってそのトレードが消えてしまったことである。価格が私の指値注文価格を1ティック下回らなかったので、戦略エンジンはトレードはないものと思いこんだのである。しかし、そのトレードは実際には執行されたので、口座ではトレードは存在していることになっていた。そのトレードは勝ちトレードだったので、私にとってはうれしいサプライズだった。バックテストエンジンでは存在しないことになっているトレードが、実際の口座では400ドルの利益になっていたのだ。これで前の週に被った500ドルの損失はほぼ取り戻すことができた。

第6部　ライブ戦略のモニタリング

図24.4　12週間後の資産曲線の全体像

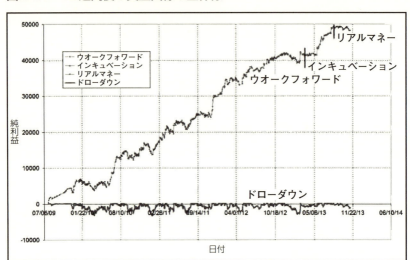

12週間後の見直し

　サマリー　まずいつものように全体像を見てみよう。**図24.4**からはいくつかのことが明らかになる。

1. システム履歴全体にわたって（ウオークフォワード、インキュベーション、リアルタイム）、システムのパフォーマンスはあまり変わっていない。8週間目が終わったときと同じように、ウオークフォワードの開始時点とインキュベーションの開始時点とを結ぶラインと、インキュベーションの開始時点から現在を結ぶラインを引くと、後者のラインの傾きが少しフラット気味だが、2つの線の傾きはほぼ同じだった。つまり、システムは長期的にはうまくいっているということになる。
2. リアルタイムトレードが長期パフォーマンスを下回っているのが

図24.5　リアルタイムトレードを始めて12週間後の日々のパフォーマンス

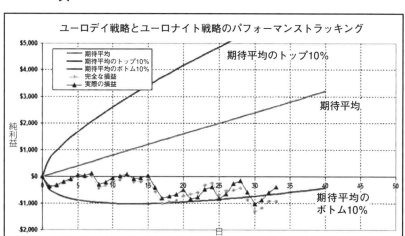

簡単に見て取れる。過去3カ月間のパフォーマンスは下落している。システムは大失敗ということはないが、がっかりしたことは確かだ。

このシステムをリアルタイムでトレードしてから12週間後、算出したパフォーマンスは開始時からおよそ10％下落、実際のパフォーマンスは4.5％下落している（**図24.5**）。

この結果に驚いているか　驚いている。もっと良い結果を期待していた。最悪でも今の時点でブレークイーブンを期待していた。

これまでの結果にがっかりしているか　非常にがっかりしている。過去12週のパフォーマンスは長期的な平均を下回っているので、がっかりだ。

結果は予想どおりか　かろうじて。パフォーマンスは下の10％ライン付近にある。つまり、リアルタイムではウオークフォワードやイン

キュベーションとは異なるシステムになっているということである。しかし、まったく違うというわけではなく、リアルタイムパフォーマンスはウオークフォワードとインキュベーションのパフォーマンスに近づいている。

執行とライブトレードはトレードステーションの戦略リポートに一致しているか　一致していないが、これは良いことだ。①スリッページが予想していたものよりも少なかった、②リアルタイムでは価格が注文価格を上抜くのではなくて、注文価格に達したら執行されたトレードがいくつかあったため、リアルタイムでは予想をおよそ550ドル上回っている。

このシステムのトレードを中止する理由があるか　ない。

ポジションサイジングプランを変更する理由はあるか、つまりリスクを減らしたり、増やしたりする理由はあるか　ない。

12週間のトレードを終えて、今後も計画どおりトレードを続けるつもりだが、このシステムは危機的状況にある。ビッグトレードがいくつか必要だ。

13週間後 —— 期限を決めた見直し

戦略がブレークイーブン辺りで低迷し続けているのを見ると、あとどれくらいリターンなしに資産をリスクにさらし続けなければならないのか迷ってしまう。そこで登場するのが「次にベストな代替戦略」である。

約6カ月ごとに、今トレードしているすべてのシステムとそでで出番を待っているシステム（リアルタイムでトレードする準備はできているが、まだリアルタイムでトレードしていないシステム）をチェックする。出番を待っているシステムのなかで、今トレードしているシ

ステムよりも優れたシステムを見つけ、両方をトレードする十分な資産がない場合（あるいは、相関が高いため両方のシステムをトレードしたくない場合）、今トレードしているシステムをそのシステムと交代させる。したがって、ユーロトレード戦略がそこそこのパフォーマンス（今のブレークイーブンに近い状態とは反対に利益を上げている）を上げていたとしても、このシステムは「次にベストな代替戦略」と置き換える。

　戦略の置き換えは年に2回しか行わない。複雑な相関問題が絡んでくるのも1つの理由だが、主な理由は、新しいシステムをリアルタイムでトレードする場合、正常に機能することが証明されるにはある程度の時間がかかるため、そういった時間を与えるのが公平だと思うからである。ほとんどの人は忍耐力がなく、システムからシステムへと渡り歩き、どんなシステムにも公平な機会を与えることはない。これを野球で例えると、バッターに1回ヒットを打たれただけで、すぐにピッチャーを交代させるようなものである。前にも述べたように、勝てるシステムでも、長期的に正の期待値が現れるまで、しばらくは負け続けることもあるのである。

　このように年に2回の分析を行っても、私の最初のトレード中止時点は依然として有効だ。その時点に達したら、次にベストな代替戦略（キャッシュの場合もある）がどうであれ、私はトレードを中止する。

15週間後の見直し

サマリー　15週間後、ユーロデイ・ユーロナイト戦略はようやく良くなった（**図24.6**と**図24.7**）。全体像を見ると、過去数週間のリアルタイムのパフォーマンスはヒストリカルバックテストのパフォーマンスに近づいているのは明らかだ。まだまだ改善の余地はあるが、以前に比べると明らかに良くなっている。このシステムをリアルタイム

図24.6　15週間後の資産曲線の全体像

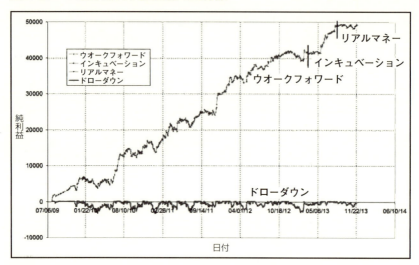

図24.7　リアルタイムトレードを始めて15週間後の日々のパフォーマンス

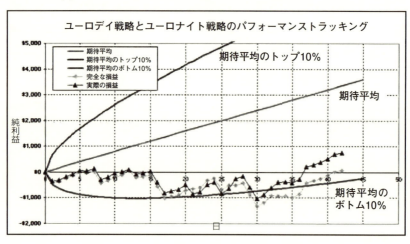

でトレードし始めてから15週間で、算出されたパフォーマンスは開始時からおよそ1％上昇し、実際のパフォーマンスはおよそ9％上昇した。

この結果に驚いているか　もちろんだ。本当はもっと良い結果を期待していたが、現時点で利益を出していることには感謝している。

結果は予想どおりか　結果は期待していたものに近づいている。過去数週間は特にそうだ。しかし、戦略は全体的に依然としてアンダーパフォームしている。前にも述べたように、このアプローチは1年に数回のビッグトレードに依存しているが、これまでのリアルタイムトレードではまだビッグトレードは現れていない。

執行とライブトレードはトレードステーションの戦略リポートに一致しているか　一致していないが、それでも良い。①スリッページが予想していたものよりも少なかった、②複数のトレードがリアルタイムでは執行されたが、バックテストエンジンでは執行されていないことになっている（指値価格の上抜く下抜き問題）ため、リアルタイムのほうがおよそ700ドル良い。

このシステムのトレードを中止する理由があるか　ない。

ポジションサイジングプランを変更する理由はあるか、つまりリスクを減らしたり、増やしたりする理由はあるか　ない。

15週間トレードしてきたが、今後も計画どおりトレードを続けるつもりだ。しかし、このシステムは最初の予測に比べるといまだにアンダーパフォームしている。これはいくつかの大きな勝ちトレードを必要とするトレードシステムの欠点である。このシステムが本領を発揮するまでにはもう少し時間がかかるかもしれない。

将来的なレビュー

このトレード日誌はこのシステムのトレードを中止するまで永遠に続くだろう。トレードを中止した時点で、中止しなければならなかった理由を説明する。アップデートは本書のウェブサイト（http://

as.wiley.com/WileyCDA/Section/id-822115.html　詳細は「本書のウェブサイトについて」を参照）で見ることができる。

第 7 部

教訓となる話

Cautionary Tales

第25章

誇大妄想

Delusions of Grandeur

　ワールドカップ・チャンピオンシップ・オブ・フューチャーズ・トレーディングで優勝した私は、トレードの小さな世界でちょっとした有名人になった。これは非常に気分の良いものだ。悩めるトレーダーも成功したトレーダーも、私の成功を見て私に接触してきた。なかには素晴らしい関係を築いた人もいたし、白熱したトレード議論を繰り広げた人もいた。何と言っても、数年前にシカゴでこのコンテストの4人の優勝者と語り合った日ほど素晴らしい日はなかった。テープレコーダーで会話と議論の様子を録音していたらどんなによかっただろうか。3年続けてコンテストで優秀な成績を収めたことで私には多くの道が開けた。諸々のことを考え合わせれば、トレードコンテストへの参加は本当に素晴らしい体験だった。

　もちろん、有名になることは良いことづくめではない。どうもトレードは「欠陥のある」性格を持った人々を引きつけるようだ。彼らには人格的な欠陥があった。人格的な欠陥は他人には見えるが、本人には見えない。そして、おそらくは彼らのトレードに影響を及ぼす。信じられないかもしれないが、ほかのトレーダーの欠陥を見ることは、あなたのトレードの改善に大いに役立つ。そこで私がトレードしているときに出会ったとんでもない人たちを紹介したいと思う。私は有名なので彼らには実際に会ったことがある。私は彼らのことが好きで、同

情を禁じ得ないので、ここでは仮名を使うことにする。また、傷つきやすい人を動揺させないように事実も多少曲げている。映画の注意書きでよく見る、「名誉棄損のおそれがあるため名前は変えています。生存あるいは死亡しているだれかに類似していても単なる偶然にすぎません」ってやつだ。

「デモ大好き人間」のドン

ドンとはかなり前からの知り合いだ。彼はつもり売買口座で成功した話をいつも私に話してくれる。彼がデモモードで行う自由裁量によるトレードパフォーマンスは本当に素晴らしいの一言だ。eミニS&Pを2枚トレードして1日に1500ドル儲けることができるのだから。彼はとにかく常に利益を出していて、シミュレーションでも10日のうち9日は利益を出す。彼は自分の優れたトレードの腕前をいつも得意げに話す。彼の態度が一変したのは、私がリアルマネートレードについて話したときだった。彼は急に黙り込んだ。問い詰めたところ、最後に行ったリアルマネートレードは散々だったと白状した。彼はこれまで少なくとも5回はこうした災難に見舞われた。しかも、それぞれの災難のあとのデモ口座は素晴らしい成果を上げた。ドンは自分のことを、リアルマネートレードではいつも言い表せないほどの不運に見舞われるだけで、実際は優秀なトレーダーだと思っているようだ。

ドンの話からの教訓 つもり売買はリアルマネートレードとは違う。自由裁量のシミュレーションで利益を出しても、リアルマネートレードとは何の関係もない。デモトレードで成功しても、リアルマネートレードでも成功すると思ってはならない。おそらくそうはならないから。

「グル」のガス

　ガスには会ったこともなければ、話したこともなく、メールをしたこともない。でも、私にコンタクトしてきた悩めるトレーダーから彼のことはたくさん聞いた。彼らによれば、彼はグルのなかのグルだそうだ。彼は実に見事な方法でマーケットのタイミングを計る。彼は指標、トレンドライン、フィボナッチ数をはじめとするテクニカルツールを使い、市場の動きについて神秘的ともいえるストーリーを描く。価格がなぜそうなるのかもいとも簡単に説明してくれた（これは過去形であることに注意）。私は初めてガスのことを聞いたとき、「彼はきっとトレードでたんまり稼いでいるに違いない。だって、だれもが彼は市場の分析にかけては超一流だと言ってるのだから」と思った。でも、実際はそうではなかった。ガスは今はトレードをやっていない。彼の口座はトレードでゼロになったようだ。ブローカーの不法行為だと彼は言うが、トレードするお金がなくなったのはこれが初めてではない。不正行為を働くブローカーに引っかかったか、もっと複雑な何かがあるに違いない。いずれにしても、彼は今、インターネットで助言の商売を行っている。ガスはおそらくはそれほど偉大なトレーダーではないのではないだろうか、と私がそれとなく言うと、グルに心を奪われた彼の教え子たちは私に対して挑戦的な態度を取るようになった。ガスはこれらの魚を引っかけただけでなく、ボートの上のクーラーに氷詰めにし、三枚におろして、今まさにグリルに投げ込もうとしているのだ。

　ガスの話からの教訓　自分で実際にトレードをしないグルにはご用心を。トレードをしないのは、トレードできないからなのだ。

「予言者」のポール

　本章に登場する人物に「とんでもないやつで賞」をあげるとすれば、一等賞はポールだろう。過去6年にわたり、私がポールから受け取ったメールはおよそ1000通だ。1日に20通も来たこともある。ポールは、市場の方向性を予測する天賦の才があると信じている。どんな市場の方向もぴったりと言い当ててみせると彼は言う。彼は自分の偉大さについてみじんのためらいもなく、何回も何回も何回も私に話した。私と手を組むつもりがないときや、私からお金を借りようとするときや、彼の「トレードアドバイス」に対して私に料金を請求しようとするとき、彼はメールで自分の優秀さについて大アピールした。ゴールドマンサックスが彼を雇おうとしなかったときに彼は大いに驚いたし（彼はゴールドマンサックスの仕事に応募しなかったし、リアルマネートレードの経験もなかった）、自慢げな投稿ばかりするので人気のトレードフォーラムから締め出しを食ったときには心底狼狽した。一方、彼を締め出さなかったフォーラムでは、自分の偉大さを理解しないうすのろのメンバーたちに業を煮やし、自発的に去った。私の知るかぎり、彼は5000ドルの口座でトレードしたことがあったようだが、長続きはしなかった。彼からはしばらく音沙汰がないが、私が思うに、インチキなクスリを売っているのではないだろうか。

　ポールの話からの教訓　市場を予測できる人などいない。市場を予測できると言う人には注意せよ。

「複雑王」のカル

　2足す2はいくつか、と聞けば、あなたはすぐに4と答えるだろう。でも、複雑王のカルに同じ質問をすると、彼は次のように答える。「2は指数関数の微分の基数で、ユークリッド空間のなかで自分自身のう

えに自分を置けば——もちろん、無理数性は無視する——、パラメーター空間は同じ数だけ増える」。はぁ？ あなたが私と同じ人間ならば、この男のことはまったく理解できないと思うだろう。ところが驚くべきことに、少数の人気トレードフォーラムにはこういった回答をするカルをカルト教団の教祖のように慕う支持者がいるのだ。彼はありとあらゆるトレード関連のスレッドに顔を出し、意味不明なナンセンスをしゃべりまくり、彼のおべっか者たちに彼の「回答」を攻撃から守らせるのだ。この変わり者が本当にトレードしているのかどうかは疑問だが、もしトレードしていたとすると、利益など出ていないはずだ。そして、トレードを複雑にするばかりだ。

カルの話からの教訓 KISS（Keep It Simple, Stupid）——シンプルにやれ、この間抜け。トレードではシンプルな概念が最もうまくいくときもある。だれかが謎めいた口ぶりで話をしても、その人があなたよりも物事をよく知っているというわけではない。むしろ、あなたよりも物事をよく知らない場合が多い。

「ペイミー」ピーター

私はよくシステムベンダーと話をする。彼らが何を持っていて、何を知っているかを確かめるためだ。時にはすごい人だと思う人もいるが、通常は彼らが隠された価値を持っていることはない。彼らの話はまやかしで、人をけむに巻くようなことを言うだけだ。「ペイミー」ピーターもそうだった。彼はシステムを売っていたので、私は詳細を尋ねた。彼は即金で2500ドル、または500ドルの前金に月々100ドルの月賦でシステムを売っていた。これほど高額なのだから、きっと「聖杯」のように素晴らしいシステムなのだろうと私は思った。そこで私はパフォーマンスリポートを要求した。私は、ニセモノのリポートは1マイル先からも嗅ぎ分けることができる。そのリポートには、年間利益

が10万ドル、ドローダウンはゼロ、勝率は90％と書かれてあった。典型的なバカげたパフォーマンスリポートだった。彼が送ってきたものは衝撃的なものだった──5日間のバックテストの結果が290ドルの純利益。こんなバカなことがあるものかと思った私は、もっと長期のバックテストの結果を要求した。彼は「私にもっと話を聞きたければ、1時間100ドルのコストが発生します。ペイパルでお金を送ってくれれば、喜んでお答えします」と言ってきた。正気な人間がこんなことを言うはずがない。

　ピーターの話からの教訓　自意識過剰はトレードでは破滅をもたらす。私の知る最良のトレーダーは謙虚な人ばかりだ。

「500ドル」のフランク

　数年前、フランクは私にメールで、トレードを始めたばかりだと言ってきた。彼はうまくいくFXロボットを欲しがっていたが、トレード資金は500ドルしか持っていなかった。「どういったものがお薦めですか」と彼は聞いてきた。私は少ない資金しか持っていない新人トレーダーには次のように言うことにしている。「一番のお薦めは、まずできるかぎり勉強して、当初資金として1万ドル以上準備することです。1万ドルに満たない資金で始めれば、すべて失うのがオチです。時間をかけてください。市場は逃げやしませんから」。自分で言うのも気が引けるが、賢明なアドバイスだ。私がトレードを始めたときにこんなアドバイスをしてくれる人がいたら、どんなに良かっただろうと思う。しかし、フランクはそんなふうには受け取らなかった。彼は悪態をつき、私をくそみそに言い、彼がお金を稼ぐのを私がじゃましているのだと言い、じきに大きなスケールでトレードして、私を破産させてやると言ってきた。これほど憤慨したトレーダー志望者には今までお目にかかったことはない。彼は、私との関係を断ち、その後、インター

ネットサイトからロボットを買った。私がこれを知ったのは数年後のことだが、彼は全財産の500ドルは言うに及ばず、さらに多くの損失を被ったことを認めた。

フランクの話からの教訓　だれかが一般的なトレードのアドバイス（株式情報ではない）を与えてくれ、彼らから何かを買うことを強要されなければ、彼らの話に耳を傾けよう。彼らは本当にあなたの手助けをしたいと思っている。また、500ドルでトレードを始めようなどと思ってはならない。

「自慢屋」のビリー

　自慢屋のビリーの話はどこから始めようか。彼はおそらくは知られているあらゆる種類の精神的な障害を負っている。パラノイア？　そう、彼は政府エージェントが彼からトレードの秘密を盗もうと尾行していると信じている。自己中心癖？　そう、彼は自分がいかに頭脳明晰かいつも私に話しているし、高校生のときに天才数学生徒として奨学金をもらった話、志願した2つの大学の両方に合格した話など、彼の自慢話に終わりはない。依存症？　そう、彼はマリファナたばこの常習者だし、YouTubeに投降したマリファナを擁護する彼のビデオは潜在的投資家の間では評判は悪いが、マリファナ常習者の間で評判になっている。妄想家？　そう、彼は自分の戦略は1万5000ドルを1年で10億ドルにする可能性を秘めているため、リアルマネートレードコンテストには参加しないと言った。彼にしてみれば、「参加する意味って何？」ってことだ。こうした問題が解消されれば、彼はそこそこのトレーダーにはなれるかもしれないが、彼は今でも空想の世界に住んでいる。

ビリーの話からの教訓　現実の世界に生きよ。あなたは成功したいともがいているトレーダーの1人にすぎないのだ。現実を受け入れ、自

分の運命を受け入れよ。それすれば成功はおのずとやってくる。

「複利」のコニー

　7～8年前、コニーに初めて出会ったのはCollective2.com（https://trade.collective2.com/）というサイトだった。ほかのトレードサイト同様、このサイトにも良いトレーダーの陰に妄想家たちが暗躍していた。彼女の得意なことは複利だった。彼女は複利について、そして自分のトレードシステムにとって複利がどれほど素晴らしいものだったかについて延々と話をする。問題は、彼女の知識が複利だけだったことである。彼女は、投資やトレードを仕事としてやりたいと思っていること以外、投資やトレードについて、何一つ知らなかった。それで彼女は非道徳的なシステムベンダーがやっていることと同じことをやってしまったのだ。複利による巨大な成長率を示す仮想的な結果を投稿したのである。彼女は自分のお金でも同じ結果になったと言った。不幸なことに、IRS租税裁判所に訴えられていることが知られ、彼女は詐欺師であることが露見した。裁判所は、トレードビジネスの費用を損金処理するには、実際にトレードを行っていた必要がある、という判決を下した。

　コニーの話からの教訓　複利は素晴らしいものだが、トレードはそれだけではない。トレードをやる前に、トレードのあらゆる側面を学ぶことが重要だ。

イアン対啓蒙主義者

　いわゆる啓蒙主義者たちやその種のグループは、小さなトレードサイトを運営するイアンをやっつけようと躍起になっている。彼らが世界中のすべてのトレードは不正に操作されていることをイアンは知っ

ている。そして、イアンは彼らの秘密も知っている。もちろん、わずか数百ドルも出せばイアンはこの秘密をあなたに教えてくれるだろう。彼はいわゆる彼の秘密の暗号をトレードしてお金持ちになることよりも、トレードフォーラムに戦いを挑んだり、フェースブック、ツイッター、ストックツイッツといったメジャーなサイトから締め出されたりといった具合に、オンラインの人々を困らせ、彼らから嫌がらせを受けることのほうを望んでいる。彼が薄汚れた小さなアパートでスズ箔の帽子をかぶって、啓蒙主義者たちからの無線信号をブロックしようとしている姿が目に浮かぶようだ。彼がガラクタを売り歩いていることは知っているが、私はイアンがかわいそうでならない。なぜなら彼は精神を病んでいて、専門家に診てもらう必要があると思っているからだ。

イアンの話からの教訓　あなたにケンカを売ってくるようなベンダーには近づくな。彼らはおそらくは多くの問題を抱えていて、彼らの商品は役に立たないガラクタである可能性が高い。

「スピナー」のスキ

私がスキと出会ったのはトレードステーションのサポートフォーラムでだった。彼は彼の持っている戦略と、私の持っている戦略を交換しようと言ってきた。残念ながら、私のウオークフォワード戦略は彼の戦略には程遠かった（リアルマネートレードでは成功したのだが）。私は意気消沈した。どうしてスキの戦略みたいに良い戦略を開発できないのだろうか。スキは、私と私のトレードスキルを繰り返し非難した。「ケビン、君はどうしてそんなにひどい戦略ばかりを開発するんだ。この偉大なスキはこんなに素晴らしい戦略を開発しているというのに。ほかの仕事を探したほうがいいんじゃない」。数カ月たって、スキは彼のすべての戦略は現在までずっとバックテストしかしてこなかったこ

とをうっかり漏らした。ウオークフォワードテストも、アウトオブサンプルテストも、リアルマネートレードもやっていなかったのだ。彼はシミュレーション百万長者で、シミュレーターバランスを証明するスクリーンショットさえ共有していた。これでは彼にかなうわけがない。彼にとってすべてが詐欺による金儲けだったのだ。

スキの話からの教訓　バックテストには要注意。バックテストは自分で設計しないかぎり、あるいは開発者を完全に信用できないかぎり、ガラクタの山だと思え。バックテストは正しく行わなければならないのだ。

剽窃者のパオロ

道徳心のかけらもない者のなかには実際にトレードすることなく、アドバイスだけを提供する者がいる。パオロはそんな人物だった。FXトレードサイトで評判の良いジャーナリストだったパオロの記事には多くの意見やコメントが寄せられた。彼は知識が豊富で、トレードアドバイスを提供することで良い暮らしをしていると私は思っていた。唯一の問題点は、彼は他人が執筆したものを剽窃していたということだった。彼は私も含め少なくとも6人のトレードライターからパクっていた。これは、「おっといけない、引用符を付け忘れていたよ」といったたぐいのものではなく、他人の作品の完全なるコピペで、それを自分のものとして発表していたのだ。さらに悪いことに、彼が盗んだ記事のほとんどは無料だったので、コピーしても許されると彼は私に言った。盗みが犯罪であることを彼は忘れていたようだ。

パオロの話からの教訓　トレード専門家に夢中になる前に、彼あるいは彼女が本物かどうかをチェックすること。偽の記事は形もサイズもさまざまだ。

「口先だけの男」サム

　「口先だけの男」サムは不誠実なシステムベンダーとトレードルーム運営者を足し合わせたような男だ。サムはあなたを彼のトレードルームやオンラインセミナーに、無料ですよ、といって誘い込み、そのあと徐々に締め付けて、高額な「教育」教材を買わせるのだ。あなたは彼のトレードについての話は聞くだろうが、彼がリアルタイムでトレードしているのをけっして見ることはない。彼がリアルタイムでトレードしているのを見たとしても、彼は上昇トレンドでフラットにし、突然、次のように発表するだろう。「今、買いポジションを手仕舞って、利益が出ました」。あるいは、トレードは見せることはできないが、素晴らしい結果であることを信じてほしい、と言うだろう。ときどき、サムはへまをしでかし、彼のトレードプラットフォームが「デモ」であることがばれてしまうこともある。もちろん、この事実を口外しようものなら、その人はトレードルームからすぐに締め出されてしまう。

　サムの話からの教訓　あなたが出くわすどんなベンダーも彼の秘密を売っていると考えたほうがよい。それは、新米トレーダーを助けたいと思う慈善家ぶった博愛主義者だからではなく、お金が欲しいからである。だからと言って、彼は法を犯しているわけではない。しかし、彼の本当の動機（あなたのお金をあなたから彼に移動させる）を知れば、どんな取引も油断してはならないと思うはずだ。私はトレードを始めて20年たつが、私が買ったシステム、講座、相談はおそらくは10を下らないと思う。でも、私はしっかりとした選択眼を持って選んだので、だまされたことはない。このことは胸を張って自慢できる。

結論 ── 思い込みほど危険なものはない

　この世に完璧な人などいないが、ちょっとした性格の問題でうまく

いっていたトレードがダメになってしまうことは多い。私の最高のアドバイスは、鏡に映った自分の姿を見て、正直になることだ。あなたは最も偉大なトレーダーではないだろうし、何日も前に市場を予測することなんておそらく無理で、トレードで何百万ドルも稼いだことはなく、シークレットエージェントがあなたのトレード戦略を盗もうとしているなんてこともないのだ。あなたが自分のことを無敵だと思っているのなら、リアルマネートレードをやってみるとよい。たちまちのうちにそういった考えはしぼんでしまうだろう。トレードは本当に厳しい仕事だ。戦いに勝つためには精神がタフでなければならない。不完全な性格が障害になるのであれば、一番良いのはプロの助けを借りるか、トレードから遠ざかることである。

結論

Conclusion

　私のトレードの旅もついに終了のときを迎えた。20何年にも及ぶ旅の間には、良いときもあり、悪いときもあったが、ほとんどはそのはざまでもがき苦しむ時期が続いた。私が何よりも望むのは、本書が新人トレーダーたちにとって警鐘を鳴らす役目を果たすことである。ぜひとも私の経験から学んでほしい。

- トレードは厳しい。非常に厳しい。自宅でトレードしているパートタイムのホームトレーダー諸君。君たちの対戦相手はプロなのだ。プロはあなたからお金を盗むことなど朝飯前だ。
- この世に「聖杯」などない。100ドル、1000ドルで買える魔法のトレード戦略などないのだ。1万ドル出したってそんなものは手に入らない。そこそこのものは売られているが、完璧なものなどない。
- 潜在的リワードがあるところには、必ず潜在的リスクがある。資産曲線は方程式の利益サイドしか示さないかもしれないが、そこには必ずリスクがあることを忘れてはならない。リスクは隠されているだけなのである。
- 利益を得るための最良の方法は、自分自身のトレード戦略を見つけることである。あなたの目標と目的に合った戦略を見つけるのである。でも、それはけっして簡単ではないことを覚悟しておいてほし

い。

　私はこれらの教訓――ほかにももっとあるが――を、トレードの方法を本当に理解する前に学んだ。私は今でももがき続けている。どんなトレード戦略でも永遠に続くものはない。競争相手よりも常に先に行くために、私は自分のトレードをいつも見直し、新たな戦略を作成している。少しでも力を抜けば、パフォーマンスは確実に下がるだろう。

　本書ではトレード戦略の構築を中心に話を進めてきた。トレード心理、ポジションサイジング、マネーマネジメントももちろん大事だが、トレード戦略をケーキとするならば、これらはケーキを飾る装飾品にすぎない。私がこのように考えるのには２つの理由がある。

- 世界中のどんなポジティブなトレード心理でも、あなたの戦略が負ける戦略なら、あなたを儲けさせてはくれない。ポジティブシンキング、詳細な日誌、心を静めるための呼吸法などの精神活動は確かに素晴らしいものだが、信頼のできる戦略に取って代わることはない。多くの人々、そして多くのトレード心理のコーチは、正しいマインドセットを持っていれば必ず儲かると思っているようだが、そんなことはあり得ない。
- 勝てる戦略を持っているのならば、正しいポジションサイジングやマネーマネジメントは重要だが、負ける戦略を持っているのならば、ポジションサイジングやマネーマネジメントをいくらやってもムダだ。まあ、口座が破産するのを遅らせることはできるとは思うが、負ける戦略はどんなに取り繕っても、負ける戦略でしかない。トレードをカジノのギャンブルと考えてみよう。ハウスは必ず勝つ。なぜならエッジを持っているからだ。そして、ギャンブラーは必ず負ける。なぜならエッジを持っていないからだ。ベットサイズを変えて

も動かぬ事実を変えることはできない。エッジがなければ負けるのだ。

長期的な成功を望むのなら、勝てる戦略を見つけることだ。勝てる戦略を見つけるには、単調でつらい仕事がたくさん待っている。アイデアを見つけ、それらを検証し、手直しする。そして、あわよくばゆくゆくはそれらのアイデアでトレードできる。数年前、私は自分のトレード戦略開発をトラッキングし続けた。そして分かったことは、自分のお金を使ってトレードする価値のあるアイデアを見つけるには、100～200のアイデアを検証しなければならないということだった。ほとんどの人は100のアイデアを検証する前にトレードをあきらめてしまうだろう。あるいは、「ケビンはうすのろだから100のアイデアを検証しなければならないが、私は彼よりもはるかに賢い。だから、検証しなければならないアイデアは10に満たないだろう」と言う人もいるだろう。残念ながら、こんなことを言う人は、受容可能だと思えるトレードシステムを手に入れるのに、近道をしているか、ズルをしているだけである。近道をする人は長い目で見れば、必ず負ける。

本書の後半では、ユーロ通貨先物の2つのトレード戦略（ユーロデイ戦略とユーロナイト戦略）の開発について見てきた。本書執筆の現時点では、私は自分のお金を使ってこれらの戦略をトレードしているが、パフォーマンスについては注意深く監視し続けている。長期的にはうまくいくことを願っているが、もしうまくいったら、私はそれに応じてポジションサイズを増やすだろう。うまくいかなければ、ほかの戦略に乗り換えるだろう。私の作成する戦略はどの戦略もうまくいってくれることを願っているが、必ずしもそうならないのが現実だ。これら2つのユーロ戦略のパフォーマンスは今までのところは良い。今のところは利益を出しているが、依然としてアンダーパフォームしている。この先もアンダーパフォームが続くかもしれないし、長期的な

平均に戻るかもしれない。先のことはだれにも分からない。だから私は最悪に備え、最善を望むことにしている。最終結果は最善と最悪の中間というのが多いようだ。

　本書を締めくくるにあたり、一言申し添えておきたい。良いトレーダーになることに全力を注ぎ、正しい努力でそれを探求すれば、あなたは必ず成功できる。私がその良い見本だ。あなたの旅は私の旅ほど長くならないことを願っている。しかし、長期的に成功するためには、その目的に対して時間・努力・金銭面で献身的に取り組むことが重要だ。トレードは人生において何か良いことに似ている。もしそれが良ければ、取り組む価値がある。近道や簡単な解決法や魔法の公式や聖杯システムを提供するような人々に惑わされてはならない。彼らはあなたを脱線させるだけである。じっくり時間をかけて、成功しているトレーダーが使っているアプローチを使えば、今よりもはるかに良くなるはずだ。1980年代の終わりにカウボーイトレーダーから先物トレードを初めて学んだとき、そのアプローチを使っていればと、残念でならない。

　幸運をお祈りします。読者諸氏のトレードに幸あれ。

付録A ── モンキートレードの例(トレードステーションのイージーランゲージコード)

戦略1 ── 基準戦略(ランダムではない)

```
input: nContracts(1);
var:ssl1(1);
var:ssl(2000);
    if date >= 1070316 and date < 1080314 then
    begin
       ssl1 = 0.75 ;
    end ;
    if date >= 1080314 and date < 1090311 then
    begin
       ssl1 = 0.75 ;
    end ;
    if date >= 1090311 and date < 1100310 then
    begin
       ssl1 = 0.75 ;
    end ;
    if date >= 1100310 and date < 1110309 then
    begin
       ssl1 = 0.5 ;
    end ;
    if date >= 1110309 and date < 1120310 then
    begin
```

```
        ssl1 = 0.5 ;
    end ;
    if date >= 1120310 and date < 1130308 then
    begin
        ssl1 = 1.25 ;
    end ;
    if date >= 1130308 and date < 1140308 then
    begin
        ssl1 = .75 ;
    end ;


    if date >= 1070316 then begin


if close<close[1] and close[1]<close[2] then begin
buy ncontracts Contracts next bar at market;
End;


if close>close[1] and close[1]>close[2] then begin
SellShort ncontracts Contracts next bar at market;
End;



SetStopContract;
setstoploss(minlist(ssl1*BigPointValue*avgtruer-
   ange(14),ssl));
end;
```

戦略2 —— ランダムな仕掛け、基準的な手仕舞い

```
input:
iter(1),percentlong(.400),holdbars(2.5),exit-
  close(0),oddstradetoday(.47),be
gindate(1070319);
var:posstradetoday(0);


//entry is random

input: nContracts(1);
var:ssl1(1);
var:ssl(2000);
    if date >= 1070316 and date < 1080314 then
    begin
        ssl1 = 0.75 ;
    end ;
    if date >= 1080314 and date < 1090311 then
    begin
        ssl1 = 0.75 ;
    end ;
    if date >= 1090311 and date < 1100310 then
    begin
        ssl1 = 0.75 ;
    end ;
    if date >= 1100310 and date < 1110309 then
```

```
        begin
            ssl1 = 0.5 ;
        end ;
        if date >= 1110309 and date < 1120310 then
        begin
            ssl1 = 0.5 ;
        end ;
        if date >= 1120310 and date < 1130308 then
        begin
            ssl1 = 1.25 ;
        end ;
        if date >= 1130308 and date < 1140308 then
        begin
            ssl1 = .75 ;
        end ;

        if date >= 1070316 then begin


    if close<close[1] and close[1]<close[2] then begin
    sell ncontracts Contracts next bar at market;
    End;

    if close>close[1] and close[1]>close[2] then begin
    buytocover ncontracts Contracts next bar at market;
    End;

        SetStopContract;
```

```
setstoploss(minlist(ssl1*BigPointValue*avgtruer-
  ange(14),ssl));

end;


posstradetoday=random(1); //random number for today's
  trade


If date>begindate then begin

If posstradetoday<=oddstradetoday then begin //trade
  will occur today

  //enter trade
  If random(1)<percentlong then buy this bar at
    close
  Else sellshort this bar at close;
 end;
end;
```

戦略3 ── 基準的な仕掛け、ランダムな手仕舞い

```
input:
iter(1),percentlong(.400),holdbars(2.5),exit-
   close(0),oddstradetoday(.47),be
gindate(1070319);
var:posstradetoday(0);


//exit is random

input: nContracts(1);
var:ssl1(1);
var:ssl(2000);
   if date >= 1070316 and date < 1080314 then
   begin
      ssl1 = 0.75 ;
   end ;
   if date >= 1080314 and date < 1090311 then
   begin
      ssl1 = 0.75 ;
   end ;
   if date >= 1090311 and date < 1100310 then
   begin
      ssl1 = 0.75 ;
   end ;
   if date >= 1100310 and date < 1110309 then
```

```
        begin
            ssl1 = 0.5 ;
        end ;
        if date >= 1110309 and date < 1120310 then
        begin
            ssl1 = 0.5 ;
        end ;
        if date >= 1120310 and date < 1130308 then
        begin
            ssl1 = 1.25 ;
        end ;
        if date >= 1130308 and date < 1140308 then
        begin
            ssl1 = .75 ;
        end ;
        if date >= 1070316 then begin

if close<close[1] and close[1]<close[2] and marketpo-
   sition=0 then begin
buy ncontracts Contracts next bar at market;
End;


if close>close[1] and close[1]>close[2] and marketpo-
   sition=0 then begin
SellShort ncontracts Contracts next bar at market;
End;
```

```
end;


posstradetoday=random(1);  //random number for today's
   trade

If barssinceentry>=random(2*holdbars) then begin
    Sell this bar at close;
    Buytocover this bar at close;
end;

If exitclose=1 then setexitonclose;
```

戦略4 —— ランダムな仕掛け、ランダムな手仕舞い

```
input:
iter(1),percentlong(.400),holdbars(2.5),exit-
   close(0),oddstradetoday(.48),be
gindate(1070319);
var:posstradetoday(0);

  posstradetoday=random(1); //random number for to-
     day's trade
   If date>begindate then begin

  If posstradetoday<=oddstradetoday then begin //trade
   will occur today
       //enter trade
       If random(1)<percentlong then buy this bar at
          close
       Else sellshort this bar at close;

   end;
end;

If barssinceentry>=random(2*holdbars) then begin
   Sell this bar at close;
   Buytocover this bar at close;
end;
```

```
If exitclose=1 then setexitonclose;
```

付録B ── ユーロナイト戦略（トレードステーションのイージーランゲージフォーマット）

```
vars: FirstTime (1800),
      LastTime (2359),
      ATRmult (3),
      TRmult (.5),
      Nb (10),
      NATR (60),
      Stoplo(275);

      FirstTime = 1800 ;
      LastTime = 2359 ;

   if date >= 1090721 and date < 1100104 then
   begin
      Nb = 9 ;
      NATR = 93 ;
      ATRmult = 3.15 ;
      TRmult = 0.51 ;
      Stoplo= 425 ;
   end ;
   if date >= 1100104 and date < 1100617 then
   begin
      Nb = 9 ;
      NATR = 93 ;
      ATRmult = 2.55 ;
```

```
        TRmult = 0.66 ;
        Stoplo= 375 ;
    end ;
    if date >= 1100617 and date < 1101129 then
    begin
        Nb = 14 ;
        NATR = 83 ;
        ATRmult = 2.75 ;
        TRmult = 0.71 ;
        Stoplo= 425 ;
    end ;
    if date >= 1101129 and date < 1110515 then
    begin
        Nb = 14 ;
        NATR = 83 ;
        ATRmult = 2.75 ;
        TRmult = 0.66 ;
        Stoplo= 425 ;
    end ;
    if date >= 1110515 and date < 1111026 then
    begin
        Nb = 19 ;
        NATR = 93 ;
        ATRmult = 3.15 ;
        TRmult = 0.56 ;
        Stoplo= 425 ;
    end ;
    if date >= 1111026 and date < 1120412 then
```

```
begin
    Nb = 14 ;
    NATR = 83 ;
    ATRmult = 2.95 ;
    TRmult = 0.61 ;
    Stoplo= 425 ;
end ;
if date >= 1120412 and date < 1120924 then
begin
    Nb = 14 ;
    NATR = 93 ;
    ATRmult = 2.95 ;
    TRmult = 0.61 ;
    Stoplo= 425 ;
end ;
if date >= 1120924 and date < 1130310 then
begin
    Nb = 19 ;
    NATR = 73 ;
    ATRmult = 3.15 ;
    TRmult = 0.71 ;
    Stoplo= 425 ;
end ;
if date >= 1130310 and date < 1130826 then
begin
    Nb = 14 ;
    NATR = 93 ;
    ATRmult = 2.95 ;
```

```
        TRmult = 0.51 ;
        Stoplo= 425 ;
    end ;
    if date >= 1130826 and date < 1140101 then
    begin
        Nb = 14 ;
        NATR = 93 ;
        ATRmult = 2.55 ;
        TRmult = 0.71 ;
        Stoplo= 425 ;
    end ;


Var: LongPrice(0), ShortPrice(0), LongTarget(0), Short-
    Target(0);



//limit entry prices
ShortPrice = Average(Low, Nb) + ATRmult * AvgTrueR-
    ange(NATR);
LongPrice = Average(High, Nb) - ATRmult * AvgTrueR-
    ange(NATR);



{code to ensure only 1 order is entered at each bar -
    order closest to
price}
var:diff1(0),diff2(0),EntrytoPick(0);
EntrytoPick=0;
```

```
diff1=absvalue(close-LongPrice);
diff2=absvalue(close-ShortPrice);
If diff1<=diff2 then EntryToPick=1;
If diff1>diff2 then EntryToPick=2;



if date >= 1090721 and MarketPosition = 0 and Entrie-
   sToday(Date) < 1 and
Time >= FirstTime and Time < LastTime then begin
If EntryToPick=1 then begin
   Buy("Long Entry") next bar at LongPrice limit;
end;

If EntryToPick=2 then begin
   Sell short("Short Entry") next bar at ShortPrice
      limit;
end;



end;



If MarketPosition=-1 then begin
   ShortTarget = EntryPrice - TRmult * TrueRange;
   Buy to cover("Short Exit") next bar at ShortTarget
      limit;
end;
```

```
If MarketPosition =1 then begin
    LongTarget = EntryPrice + TRmult * TrueRange;
    Sell("Long Exit") next bar at LongTarget limit;
end;


Setstopposition;
setstoploss(stoplo);


SetExitOnClose;
```

付録C ── ユーロデイ戦略（トレードステーションのイージーランゲージフォーマット）

```
var:xb(2),xb2(50),pipadd(1),Stopl(400),proft(5000);
   if date >= 1091118 and date < 1101025 then
   begin
      xb = 4 ;
      xb2 = 70 ;
      pipadd = 2 ;
      Stopl = 275 ;
   end ;
   if date >= 1101025 and date < 1110929 then
   begin
      xb = 4 ;
      xb2 = 72 ;
      pipadd = 5 ;
      Stopl = 225 ;
   end ;
   if date >= 1110929 and date < 1120904 then
   begin
      xb = 3 ;
      xb2 = 74 ;
      pipadd = 8 ;
      Stopl = 425 ;
   end ;
   if date >= 1120904 and date < 1130812 then
   begin
```

```
        xb = 3 ;
        xb2 = 74 ;
        pipadd = 11 ;
        Stopl = 425 ;
    end ;
    if date >= 1130812 and date < 11400101 then
    begin
        xb = 5 ;
        xb2 = 80 ;
        pipadd = 8 ;
        Stopl = 425 ;
    end ;


var:cs(0),tradestoday(0),startprof(0),start-
    trades(0),stoplo(0);

cs=currentsession(0);

If cs<>cs[1] then begin
    tradestoday=0;
    startprof=NetProfit + OpenPositionProfit;
    starttrades=TotalTrades;
    Stoplo=stopl;
end;


If totaltrades<>starttrades  or  marketposition<>0  or
    startprof<>NetProfit +
OpenPositionProfit then tradestoday=1;
```

```
If tradestoday=0 and time<1500 and date >= 1091118 then
  begin

//entry rules

If (high>=highest(high,xb) and close<close[xb2] ) then
  begin
    sellshort next bar at high+pipadd/10000 limit;
end;
If low<=lowest(low,xb) and close>close[xb2] then begin
    buy next bar at low-pipadd/10000 limit;
end;
end;

//exit rules

Setstopposition;
setstoploss(stoplo);
setprofittarget(proft);



  setexitonclose;
```

本書のウェブサイトについて

本書のウェブサイトは、http://as.wiley.com/WileyCDA/Section/id-822115.html（パスワード davey14）。

このウェブサイトでは5つの補足スプレッドシートをはじめとするいろいろな情報を提供している。あなたの旅にぜひとも役立ててもらいたい。

- 日々のトラッキングワークシート
- 開発ワークシート
- 資産曲線とドローダウン曲線ビルダー
- モンテカルロシミュレーター
- 月次サマリーシート

さらに、本書に登場する戦略の四半期ごとのパフォーマンスアップデートも入手可能だ（より短期のパフォーマンスアップデートについては、http://kjtradingsystems.com/book-updates.html を参照してほしい）。

アップデートとそのほかの資料については、http://as.wiley.com/WileyCDA/Section/id-815644.html を参照してもらいたい。上部右端の「Free Trader Resources」をクリックして登録すればアクセスできる。

■著者紹介
ケビン・J・ダービー（Kevin J. Davey）
プロトレーダーで、システム開発の第一人者。ワールドカップ・チャンピオンシップ・オブ・フューチャーズ・トレーディングでは、アルゴリズムトレードシステムを使って、148％、107％、112％と3年連続で3桁リターンをたたき出した。彼のウェブサイト（http://kjtradingsystems.com/index.html）ではトレードシステム、トレードシグナル、メンタリングなどの情報を提供している。また、『フューチャーズ・マガジン』や『アクティブトレーダー』などにも執筆し、ブレント・ペンフォールド著『システムトレード 基本と原則』（パンローリング）では「マーケットマスター」として紹介されている。SNSにも活発に参加しており、ツイッター（@kjtrading）には1万5000人近いフォロワーがいる。大学では航空宇宙工学を学び、MBA（経営学修士）も取得。20年以上にわたって個人トレーダーとして活躍してきた。今後も、フルタイムでトレードを行い、アルゴリズムトレード戦略開発に精力を注ぐ。

■監修者紹介
長尾慎太郎（ながお・しんたろう）
東京大学工学部原子力工学科卒。北陸先端科学技術大学院大学・修士（知識科学）。日米の銀行、投資顧問会社、ヘッジファンドなどを経て、現在は大手運用会社勤務。訳書に『魔術師リンダ・ラリーの短期売買入門』『新マーケットの魔術師』など（いずれもパンローリング、共訳）、監修に『高勝率トレード学のススメ』『ラリー・ウィリアムズの短期売買法【第2版】』『コナーズの短期売買戦略』『続マーケットの魔術師』『続高勝率トレード学のススメ』『ウォール街のモメンタムウォーカー』『システマティックトレード』『株式投資で普通でない利益を得る』『成長株投資の神』『ブラックスワン回避法』『市場ベースの経営』『金融版 悪魔の辞典』『世界一簡単なアルゴリズムトレードの構築方法』など、多数。

■訳者紹介
山下恵美子（やました・えみこ）
電気通信大学・電子工学科卒。エレクトロニクス専門商社で社内翻訳スタッフとして勤務したあと、現在はフリーランスで特許翻訳、ノンフィクションを中心に翻訳活動を展開中。主な訳書に『EXCELとVBAで学ぶ先端ファイナンスの世界』『リスクバジェッティングのためのVaR』『ロケット工学投資法』『投資家のためのマネーマネジメント』『高勝率トレード学のススメ』『勝利の売買システム』『フルタイムトレーダー完全マニュアル』『新版 魔術師たちの心理学』『資産価値測定総論1、2、3』『テイラーの場帳トレーダー入門』『ラルフ・ビンスの資金管理大全』『テクニカル分析の迷信』『タープ博士のトレード学校 ポジションサイジング入門』『アルゴリズムトレーディング入門』『クオンツトレーディング入門』『スイングトレード大学』『コナーズの短期売買実践』『ワン・グッド・トレード』『FXメタトレーダー4 MQLプログラミング』『ラリー・ウィリアムズの短期売買法【第2版】』『損切りか保有かを決める最大逆行幅入門』『株式超短期売買法』『プライスアクションとローソク足の法則』『トレードシステムはどう作ればよいのか 1 2』『トレードコーチとメンタルクリニック』『トレードシステムの法則』『トレンドフォロー白書』『スーパーストック発掘法』『出来高・価格分析の完全ガイド』『アメリカ市場創世記』『ウォール街のモメンタムウォーカー』『グレアム・バフェット流投資のスクリーニングモデル』『Rとトレード』『ザ・シンプルストラテジー』『システマティックトレード』『市場ベースの経営』『世界一簡単なアルゴリズムトレードの構築方法』（以上、パンローリング）がある。

2017年5月2日　初版第1刷発行

ウィザードブックシリーズ ⑱

システムトレード 検証と実践
―― 自動売買の再現性と許容リスク

著　者	ケビン・J・ダービー
監修者	長尾慎太郎
訳　者	山下恵美子
発行者	後藤康徳
発行所	パンローリング株式会社
	〒160-0023　東京都新宿区西新宿7-9-18-6F
	TEL 03-5386-7391　FAX 03-5386-7393
	http://www.panrolling.com/
	E-mail　info@panrolling.com
編　集	エフ・ジー・アイ（Factory of Gnomic Three Monkeys Investment）合資会社
装　丁	パンローリング装丁室
組　版	パンローリング制作室
印刷・製本	株式会社シナノ

ISBN978-4-7759-7219-9

落丁・乱丁本はお取り替えします。
また、本書の全部、または一部を複写・複製・転訳載、および磁気・光記録媒体に
入力することなどは、著作権法上の例外を除き禁じられています。

本文　©Emiko Yamashita／図表　©Pan Rolling 2017 Printed in Japan